常规管理 · 组织协调 · 学习指导

生涯教育 · 心理辅导 · 文化建设

班主任

工作原理与策略

薛晓阳　蔡　澄　申卫革　主编

江苏大学出版社
JIANGSU UNIVERSITY PRESS
镇　江

图书在版编目（CIP）数据

班主任工作原理与策略 / 薛晓阳，蔡澄，申卫革主编．— 镇江：江苏大学出版社，2020.6（2025.2 重印）
ISBN 978-7-5684-1317-6

Ⅰ．①班… Ⅱ．①薛… ②蔡… ③申… Ⅲ．①中小学-班主任工作 Ⅳ．①G635.16

中国版本图书馆 CIP 数据核字（2020）第 106616 号

班主任工作原理与策略
Banzhuren Gongzuo Yuanli yu Celüe

主　　编/薛晓阳　蔡　澄　申卫革
责任编辑/张　冠　米小鸽
出版发行/江苏大学出版社
地　　址/江苏省镇江市京口区学府路 301 号（邮编：212013）
电　　话/0511-84446464（传真）
网　　址/http：//press. ujs. edu. cn
排　　版/镇江文苑制版印刷有限责任公司
印　　刷/镇江文苑制版印刷有限责任公司
开　　本/718 mm×1 000 mm　1/16
印　　张/17. 75
字　　数/290 千字
版　　次/2020 年 6 月第 1 版
印　　次/2025 年 2 月第 4 次印刷
书　　号/ISBN 978-7-5684-1317-6
定　　价/56. 00 元

常 规 管 理 ◦ 组 织 协 调 ◦ 学 习 指 导

生 涯 教 育 ◦ 心 理 辅 导 ◦ 文 化 建 设

班主任

工作原理与策略

薛晓阳　蔡　澄　申卫革　主编

江苏大学出版社
JIANGSU UNIVERSITY PRESS
镇　江

图书在版编目（CIP）数据

班主任工作原理与策略 / 薛晓阳，蔡澄，申卫革主编. — 镇江：江苏大学出版社，2020. 6（2025. 2 重印）
ISBN 978-7-5684-1317-6

Ⅰ. ①班… Ⅱ. ①薛… ②蔡… ③申… Ⅲ. ①中小学-班主任工作 Ⅳ. ①G635. 16

中国版本图书馆 CIP 数据核字（2020）第 106616 号

班主任工作原理与策略
Banzhuren Gongzuo Yuanli yu Celüe

主　　编/薛晓阳　蔡　澄　申卫革
责任编辑/张　冠　米小鸽
出版发行/江苏大学出版社
地　　址/江苏省镇江市京口区学府路 301 号（邮编：212013）
电　　话/0511-84446464（传真）
网　　址/http：//press. ujs. edu. cn
排　　版/镇江文苑制版印刷有限责任公司
印　　刷/镇江文苑制版印刷有限责任公司
开　　本/718 mm×1 000 mm　1/16
印　　张/17. 75
字　　数/290 千字
版　　次/2020 年 6 月第 1 版
印　　次/2025 年 2 月第 4 次印刷
书　　号/ISBN 978-7-5684-1317-6
定　　价/56. 00 元

前言

2011年教育部相继出台了《教师专业标准》《教师教育课程标准（试行）》及《教育部关于大力推进教师教育课程改革的意见》，2018年教育部等五部门又印发了《教师教育振兴行动计划（2018—2022年）》，其中提出十大行动，具体包括师德养成教育全面推进行动、教师培养层次提升行动、教师教育改革实验区建设行动、高水平教师教育基地建设行动、教师教育师资队伍优化行动、教师教育学科专业建设行动和教师教育质量保障体系构建行动等。这些相关文件更加注重教师的专业技能培养和实践教学，提出"把教学改革作为教师教育课程改革的核心环节"，"充分利用模拟课堂、现场教学、情境教学、案例分析等多样化的教学方式，增强师范生学习兴趣，提高教学效率，着力提高师范生的学习能力、实践能力和创新能力"，并"要将优秀中小学教学案例作为教师教育课程的重要内容"。所有这些新的要求，都为教师教育改革指明了方向。

扬州大学师范学院作为江苏省"综合性大学卓越教师培养模式创新实验基地"，一直在探索教师教育改革模式，其中教师教育课程是改革的重点。通过大量的调研和讨论，我们认为，目前师范生最大的问题不是缺少先进的教育理念和专业知识，而是缺少对教师职业最基本的了解，以及对未来教师职业生活的情感和意识。在这个背景之下，我们试图编写一套适合当前师范生需求的教师教育教材。我们于2010年编写出版了公共教育学教材《教育原理与策略》，该教材于2014年获批江苏省"十二五"高等学校重点教材立项，2016年修订再次出版。该教材的编写与使用进一步完善了教育类课程的目标与体系，突出以提高师范生教育专业精神和职业情感为主导，教学过程以充分体现对中小学教育教学生活的感知体验为主要特点，以案例教学、活动教学、视像教学为主要教学形式。教育学教材《教育原理与策略》目前已经使用八年，效果普遍反映较好，受到学生的欢迎，改变了教育学课堂教学的氛围，也改变了教育学老师的心态和情绪。承担教育学课程的教师普遍反映课堂的气氛变化了，学生的态度不同了，在教学过程中，老师们找到了自我和自信，也找到了教育学作为一门学科的自我和自信。教师不仅是有意义的职业，而且也是有趣的职业。教育学不仅是有用的学科，也是有趣的学科。

班级管理是教师教育课程标准规定的基本课程模块，掌握班集体建设与班级管理的策略是教育部颁布的教师专业标准的重要内容和基本要求，班主任工作的艺术和能力已经被视为中小学教师最基本的专业素养之一。事实上，班级管理的知识和技能一直在传统教育学教材中有专门的章节，但是这显然已经不能满足今天教师职前专业训练和素质发展的要求。班主任的专业化既是近些年来对班主任工作的要求，同时也是教师专业标准和培养未来卓越教师的重要内容。

基于公共教育学课程改革的基本理念，我们于 2012 年编写出版了《班主任工作原理与策略》，根据近年来对教师教育课程改革方案的不断推进与探索，并基于综合性大学卓越教师培养模式创新实验及扬州大学卓越教师教育计划实施方案，我们对传统模式的教材结构和框架进行了重新设计，充分体现以专业精神和职业情感为目标，以感受和体验为主导建构教学过程，以案例教学、技能训练和活动教学为基本模式的课程改革思路。教材在章节的编排上按照班主任工作的模块进行设计，每一模块的内容彻底打破了原有教材的框架与结构，除第一篇理论部分外，每一部分由基本原理、案例分析、活动设计、技能训练四个模块组成。新的教材体系改变了传统教育类课程重知识教学、轻能力培养和技能训练的特点，充分体现了对专业能力和专业精神的重视与培养。该教材使用近六年来，教学过程凸显实践性教学的中心位置，把案例教学、情景教学、活动教学等以学生参与为主的教学方法运用到教学中来，改变了以知识传递为主的传统教学模式，真正让师范生学有所获。

随着国家教师教育改革的深入，扬州大学十分重视教师教育课程改革，并努力推进本科课程的教材建设，于 2017 年将《班主任工作原理与策略》确定为扬州大学第一批本科课程重点教材。在这一建设平台的基础之上，我们反思以往教材的不足，以《教师教育振兴行动计划（2018—2022 年）》“强调要深入实施‘卓越教师培养计划’，建设一流师范院校和一流师范专业，分类推进教师培养模式改革，推动实践导向的教师教育课程内容改革和以师范生为中心的教学方法，变革注重教学基本功训练和实践教学”为指导，重新修订了该教材，希望进一步提升师范生班主任工作的能力水平，为中小学建设一支高素质、专业化的创新型教师队伍而努力。

本书编写者为：申卫革（第一篇），赵明玉（第二篇），蔡澄（第三篇），翟楠（第四篇），周鸿羽（第五篇），石文山（第六篇），葛春（第七篇）。全书由薛晓阳、蔡澄、申卫革主编、统稿和定稿，陈秋苹、查永军等同志参与了本书体系、书稿内容的多次讨论。本书的编写参考和引用了一些国内外学者的研究成果，特在此向这些学者表示诚挚的谢意。本书的出版得到了吴锋、潘洪建、刘久成、张奇勇、王颖、冯进、钱小莉、郑珍珍、耿景萍、王峰娟等同志的支持和帮助，也得到了扬州大学重点教材出版基金的资助，在此一并致谢。

由于修订时间仓促，加之水平有限，我们改革的设想远未能实现，不成熟之处在所难免，恳请专家、同行批评指正。

薛晓阳

2020 年 1 月

目录

第一篇　班主任工作基本理论

第二篇　常规管理

第三篇　组织协调

第四篇　学习指导

第五篇　生涯教育

目录

第六篇　心理辅导

第七篇　文化建设

第一篇

班主任工作基本理论

一、成长共同体——班级对学生成长的重要影响

（一）什么是班级

班级是现代教育的基本教学单位，班级是学生学习、生活和成长的重要场所，它是按照班级授课制的培养目标和教育规范组织起来的社会心理共同体。班级是学校进行教育教学及管理活动的基本单位。班级组织是学生成长的重要时空，是促进学生社会化和个性化的重要教育环境。

（二）你了解班级吗

班级是一个社会性组织。班级组织是由学校根据有关规定、教育规律和学生身心发展水平统一编制的，并且具有一系列规范化的规章制度和组织纪律，成员一旦编制成班，就不能随意更换。班级管理主要是班主任根据培养目标对学生提出社会化的规范性要求，班级中的活动也会反映社会对教育者的培养要求，以及社会环境的渗透和影响。无论是在班级正式组织还是非正式组织的活动中，学生都要和教师、同学群体中的成员进行交往和互动，这就构成了班级的社会关系。

班级是一种特殊的社会组织，因此，有人说班级是一个“小社会”。班级不仅是以社会化学习为中心的社会关系体系，而且是一种为社会需要培养未来人才的社会组织。班级组织具有各类社会组织的共同特点，通常包括职权结构、角色结构和信息沟通结构等在内的组织结构。班级中的师生、生生之间的互动，不仅要通过正式的规章制度来维持，而且也要通过各种非正式的方式和手段来维持。

班级是一个教育性组织。班级组织是一个由教师和若干有着不同家庭背景、不同文化背景、不同性格、不同气质的学生组合而成的文化生态组织。整个学校的教育功能主要在班级中实现。作为学校组织的一个基本成分，班级组织不仅是教育性的学习组织，也是教育性的生活组织。它作为一种独特的教育力量，是现代教育最具代表性的一种教育形态。

在现代学校教育中，人们更多地关注班级作为学校教育的单位对学生社会性发展的影响，也就是强调班级的教育性。团体动力理论告诉我们，要影响和改变一个人，最好先改变这个人所处的组织。组织在一个人的发展中发挥着十分重要的作用。班级是学生学习和生活中的一个最重要的组

织，因此，班级在学生成长中发挥着难以估量的作用。班级教育不同于企业管理，不是生产以盈利为目的的产品，而是为了培养全面发展的人。学生在班级里不仅要学习科学文化知识、积累社会技能，还要通过课程、活动和人际关系等载体学习社会经验，树立正确的人生观、价值观。

班级是一个文化性组织。作为一种组织亚文化，班级文化的重要内容和手段之一就是塑造良好的班级形象。班级文化是班级的特色所在，是班级作为教育组织的重要特性，它具有凝聚人心、建立身份认同的力量。班级文化缔造积极的人文关怀，将班级品味由内而外地弥漫在整个班级之中。班级文化体现师生共同认同与维护的理念，具有无形的教育功能和强大的教育力量。班级文化的作用在于引导，给学生精神世界以充分关照，使之得以拓展。

班级是一个学习型组织。对于班级中的学生而言，首要的属性是“学习者”，其基本任务是学习。学生学习是为将来进入社会生活做准备的“奠基性学习”。班级组织为学生的角色学习提供了多方面的条件：班集体的目标、规范和人际关系中的角色地位。在班级教学过程中的师生交往和小组学习中的伙伴交往，以及集体生活中其他多种多样的情境，为学生积累交往经验、学习变换角色、提高担当角色的能力，提供了锻炼和体验的机会与条件。

班级介绍[①]

我们11班是一个团结友爱、活泼向上、天真率直的班级，是一个由65个人组成的集体。在“孙主任”（班主任孙老师）含辛茹苦的“拉扯”下，我们班正以一种不断奋进的姿态迎接一个又一个明天。

我们11班是一个个性极为突出的班级。本班教学十分不错，跟了“蒋委员长”（数学老师蒋老师）两年，每个同学的思维都变得很活跃，语言谈吐风趣幽默，下课间笑声常不绝于耳。对待学习大家都是一丝不苟，常常愿为一个问题争得面红耳赤，学习气氛十分浓厚。

---

① 余文森，等主编：《班级管理与班主任工作》，福州：福建教育出版社，2008年，第4页。

所以我们班的学习成绩正稳步提高。搞活动我们班也很积极，曾被授予“优秀红十字班级”之称号。

我们11班也是一个相当前卫的班级，从歌手的新专辑到热门的网络游戏再到新近的世界聚焦，我们班无不冲在潮流的浪尖。但我们班同学唯独不拘小节于吃穿，在衣食方面属于典型的“不戚戚于贫贱，不汲汲于富贵”。

（三）你了解班级对学生成长的作用吗

班级是学校和教师对学生进行教育的基本组织形式，是学生学习与成长的人生场所，是学生认知世界、学会生存的“生命舞台”。班级组织是一个典型的“儿童社会”，也是社会影响学生和个人进入社会生活的通道之一。班级作为一种生活的时空，伴随着学生的成长，蕴含着促进学生个体生命成长的价值。

班级的社会化功能。个体社会化是指主体在特定的社会和文化环境中，逐渐形成与社会一致的社会态度、价值观、信念及人格特征，遵循社会所公认的行为方式，成长为社会的积极成员的过程。班级组织作为一个共同体，具有以下三个本质特征：第一，高度的社会倾向性。班级组织不是一个封闭体系，而是包含在社会关系的整个体系之中的，班级作为社会组织的一个有机组成部分，反映社会的政治、经济、道德、人际、审美等方面的表现。第二，高度的组织性。班级的组织模式在横向和纵向层次上都具有倾向性，把组织看作一个系统，不只限于各班委的相互联系和作用及由此产生的整体效应上。第三，高度的社会主体性。在社会活动中，群众是活动的主体；在班级活动中，学生是主体。在学校的各种活动中，最能体现社会活动的是班级活动，班级活动的目的、价值和内容受到社会制约，而班级最能培养集体意识和自觉的、统一的社会心理。因此，班级具有高度的社会主体性①。

班级是根据学校行政管理的需要组织起来的基础群体。因此，班主任和任课教师按照一定社会的要求，以班级为重要单位，通过教学工作和其

① 罗念国：《创建良好的班集体　促进学生个体社会化》，《教育导刊》，2000年第11期。

他各种教育活动，向学生传授社会经验、指点生活目标、教授社会规范并培养学生的社会角色，即促进学生的社会化过程，从而实现学生从“班级人”向“社会人”的转化。班级组织是学生社会化的重要场所，表现为：班级是学生生成社会价值观的场所；班级是学生获得社会技能的场所；班级是学生习得社会规范的场所；班级是学生培养社会角色的场所。

班级的个性化功能。个性是一个人的整个心理面貌，即具有一定倾向性的各种心理特征的总和。在班级组织中，学生的个性发展意味着“每个学生的个性在集体的交往中都得到不同程度的发展”。学生的成长与发展存在着差异性，这形成了学生自己的特色和个性。

班级组织的个性化功能意味着：班级组织促进学生的个性发展；在班级组织的目标建设中，要为每个学生精心设计与拟定个性图景和性格发展途径；在班级社会化学习、交往、公益劳动、游戏、社会生活、集体自治等多种活动中形成和发展学生个性；指导学生自主学习、自我教育、自我发展。

班级的归属功能。班级组织的归属功能是满足学生身心发展的需要，实现学生的归属感、尊严感、安全感。我们说，班级是学生最主要的社会环境，是学生在校生活的“小社会”。它不仅是学生掌握系统的文化科学知识与技能的场所，也是学生学习和内化社会规范、学会认识自我和评价自我的场所，同时还是学生满足自尊、丰富个性、健康发展的场所。

根据马斯洛的需要层次理论，归属的需要是人的基本需要之一。群体性是人的本能之一，所以归属的需要也是学生的基本需要之一。班级使学生获得了第二次归属，第一次归属是家庭。这种同龄归属交往能获得许多家庭归属所不能给予的东西，这是个体健康成长必不可少的。归属的需求是个体的自主需要，是身心发展到一定阶段的必然产物。班级学习实现了归属交往过程的满足，给予了学生个别学习所不能获得的心理健康成长的营养素。社会心理学家指出：交往是一种营养，是个体社会化不可缺少的营养，有了这种营养，个体才有可能完成社会化的进程。班级创造了同龄人际交往环境，学生在这种交往中相互了解、相互学习，传递各自的思想、感情及对周围世界的认识。

二、人生导师——班主任是学生发展的“重要他人”

班主任究竟有多重要？①

对于整个教育大局而言，或许我们每个班主任的力量都微弱到可以忽略不计；但对一个个走进校园的孩子而言，我们每一个班主任的责任却又沉重如山。

在学校教育体系中，班主任是最重要的，没有之一，甚至比校长和中层干部都重要。有时候校长离开学校一段时间，学校依旧能正常运转。但当一群班主任离开一段时间，学校可能就会乱套。如果说教育是一场战争，那么班主任就是在最前面冲锋陷阵、浴血奋战的一群人，他们付出最多，最辛苦，风险最大，我想这一点是不容否认的。如果每个班主任都把自己的班级管理得井井有条，如果每个班级都充满阳光和正能量，那么这所学校的校风与学风一定不会差。

（节选自乌蒙流浪者新浪博客）

（一）何谓“重要他人”

中小学班主任是学生发展的“重要他人”。“重要他人”是社会学的基本概念。按顾明远主编《教育大词典（第6卷）》的解释，“重要他人”是对个体自我发展（尤其是在儿童时期）有重要影响的个人和群体，即对个人智力、语言及思维方式的发展和对个人的行为习惯、生活方式及价值观的形成有重要影响的父母、教师、受崇拜的人物及同辈群体等。

影响人一生发展的人很多，在婴幼儿期，影响其发展的大多是父母、家人，在中小学学习阶段，影响其发展的有父母、其他亲人、朋友、老师、同学等。其中，对个体的成长、发展有重要影响或起关键作用的人，我们称之为“重要他人”。每一个体的发展都有各自的“重要他人”。如《假如给我三天光明》的作者海伦·凯勒的发展与成功，其“重要他人”

① http：//blog. sina. com. cn/s/blog_443d60340102xe6f. html。

是安妮·沙利文。海伦·凯勒从出生后的第 19 个月起，就失去了视力和听力，是终身的盲、聋、哑人。但她一生创作了 14 部文学作品，并被译成多种文字，赢得了世界各国人民赞誉，得到许多国家政府嘉奖，被美国《时代周刊》评选为 20 世纪美国十大英雄偶像之一。海伦·凯勒的发展与成功，除了她本人惊人的毅力外，应归功于沙利文对其心灵的培育。海伦·凯勒 6 岁时，沙利文来到她身边，从此成为海伦·凯勒人生发展中最重要的老师——“重要他人”。

（二）班主任为什么可能成为学生成长过程中的“重要他人”

《中小学班主任工作规定》中明确指出：“班主任是中小学日常思想道德教育和学生管理工作的主要实施者，是中小学生健康成长的引领者，班主任要努力成为中小学生的人生导师。班主任是中小学的重要岗位，从事班主任工作是中小学教师的重要职责。”对中小学生来说，班主任最可能成为影响其发展的“重要他人”。这也体现了班主任不同于非班主任老师的特殊性。为什么说班主任最可能成为学生发展的“重要他人”呢？这与班主任在学校教育和班级教育中的地位、作用密切相关。班主任是在班级中贯彻教育方针、实现学校培养目标的主要教师。

日本筑波大学所编《现代教育学基础》一书中的有关论述可以帮助我们更好地理解这一论点：“（1）班主任教师在接触所在班级学生的机会方面，比别的教师更多，条件更优越，所以能很好地理解每个学生的个性、能力、交友关系、家庭状况及其他问题。（2）在此基础上能够在综合地、移情地理解学生的前提下，通过各种机会，有计划地针对每个学生进行适当的持续的指导。（3）每个学生总是抱有某个问题并要求给予适当的指导的，这种指导从上述的理由看，班主任是最适当的。”

班主任的人格对学生心灵的滋养。在学校的各种影响学生人格成长的因素中，班主任的人格对学生的人格产生着极其重要的作用。因为教师的人格对于年轻的心灵来说，是任何东西都不能代替的有益于学生发展的阳光，而班主任是班集体的灵魂，所以，班主任的人格对学生的心灵有着潜移默化的作用。“学高为师，身正为范”，可以说，一个教师的思想品德、行为习惯、价值观念、人生观都会被学生模仿、学习，尤其是一位好的班主任，往往被学生们称为“恩师”，他的言谈举止都会在学生们的心目中留下深刻的印象。

班主任的人格对学生人格的影响主要有以下几个方面：第一，班主任的健全人格为学生树立了正确的榜样。青少年单纯幼稚，模仿是他们的天性，班主任是与学生接触最多、对学生影响最大的，因此，班主任是学生最接近和最熟悉的模仿对象，班主任人格对于学生人格的塑造起着领航和导向的作用。第二，班主任的人格是纠正学生人格偏差的教育力量。在成长的过程中，有些学生由于种种原因，可能会在人格上出现一些偏差和障碍，班主任良好的人格与真诚的师爱，能够对这些学生人格的健康成长产生积极的作用。第三，班主任的人格修养对班集体的建设具有决定性的作用。班主任对学生的关心、爱护，有助于形成良好的班集体氛围。班主任的以身作则、为人师表和健全人格更是促成良好班集体形成的关键。健康的班级氛围、正确的班级舆论、良好的班级纪律都是形成学生健全人格的重要保证①。

一个教师只有做了班主任才能称得上是完整的教师②

你越是和学生打成一片，你就越有感情收获；而你越是有感情收获，你就越想与学生打成一片。这是班主任工作中的“感情良性循环”。同样的道理，当我们越是全身心地投入，对教育就会有越来越多的感受和思考，自然就会有越来越多的教育成果，而这些“成果”又会鼓舞和激励着我们以更大的热情投入到班主任工作中去——这是我们事业上的“良性循环”。有人问我：“当班主任真的不累吗？”我反问道：“那些通宵打麻将的人累不累？——人啊，一旦迷上了什么特别感兴趣的东西，是无所谓‘累’的。”而且，一个教师只有做了班主任，才能称得上是真正完整的教师。他的教育情感因此而更加充沛，他的教育理解会因此而更加深刻，他的教育智慧因此而更加丰富，他的教育生活会因此而更加幸福。

班主任是学生的精神关怀者。班主任所从事的是以心育心、以德育

① 刘建明：《班主任工作对学生成长的重要作用》，《学习月刊》，2009 年第 5 期。

② 李镇西：《教育是心灵的艺术——李镇西教育随笔选》，上海：华东师范大学出版社，2015 年，第 68 页。

德、以人格育人格的精神劳动；班主任应是对学生充满关怀、爱护的感情，以精神关怀培养学生的关怀精神，对学生的精神关怀是班主任的天职。精神关怀是班主任的首要任务，也是根本任务。这至少可以从两个方面理解：其一，班主任要关心学生方方面面的发展，但应以关怀学生的精神生活、精神发展为核心。“精神关怀者”表达了班主任对待学生的态度要求。澳大利亚学者 W. F. 康纳尔曾提出 20 世纪教育“人性化”的转向观点，学生是人，班主任不仅应在认识上、口头上承认学生是人，更应在实际教育过程中尊重学生人格，从“对待物的方式转到对待人的方式”。“学生不是盛知识的容器，也不是盛美德的口袋，学生是精神主体、情感主体，对学生要以对待有思想、有情感的人的方式，给学生以真切的关心。”①

“主任”咏叹调②

本人自任教以来，居然官运亨通，一下子成了“主任”，掌管着六七十名高中生的命运，可谓任重道远呀！干了几年不由得要咏叹几句。

一曰主任者，保姆也。事无巨细，均需一一顾及：晚休要常说不懈，及时就寝，勿点蜡，以免失火；早操应常抓不止，及时起床，坚持跑，利于身体；冬天，注意防寒；夏夜，挂好蚊帐；感冒，打针吃药；学习，劳逸结合；饮食，合理有度……人言之“婆婆嘴”者，所言不虚也。

二曰主任者，会计也。试想，每学期的学杂费、住宿费、书费、资料费等等，一五一十均得亲自收齐，丝毫不差地交给会计室吧？且在收费中，不知不觉就练就了一双“火眼金睛”，纸币色泽如何，质地咋样，眼睛一扫，手指一捏，得，真假立辨！

三曰主任者，医生也。惩前毖后，治病救人，绝非医生之特权，主任者，同样有此责任。试想，面对祖国之希望、之未来，岂可掉以

---

① 班华，等：《发展性班级教育系统》，南京：南京师范大学出版社，2000 年，第 69-70 页。

② 张金林：《“主任”咏叹调》，《中国教育报》，2002 年 3 月 19 日，第 6 版。

轻心？头疼也罢，脑热也好，主任不可无睹。察言观色，望闻问切，日常小病，药方基本不错，岂不怪哉？身体小恙，打针吃药，一般无妨，但若思想有问题，切不可等闲视之。试想芸芸众生，难免有玩世不恭者，有不求上进者，有灰心丧气者，有蠢蠢欲动者，不一而足。于此，主任须对症下药，不一定起死回生、立竿见影，但至少可以缓解病情吧？

四曰主任者，警官也。首先，保一班之平安，责无旁贷。其次，须铁面无私，执法必严。尤其是考试时，须眼如火炬，心如铁石，稳如泰山，迅若惊雷，否则，不足以警戒“不法分子”也。

五曰主任者，鼓动家也。鼓动与激发起学生的情绪，使其投入学习中，此项工作，实不可缺。须知青春时期乃人生黄金阶段，此阶段若不能使学生学到宝贵的知识，实为误人子弟也。由此，主任必须练就“金口玉言”，必要时口吐莲花也罢，声泪俱下也好，滔滔不绝也可。总之必须使其投入学习中，调动起其学习积极性，如此方不愧为人师也。

六曰主任者，良师也。须知，一名好班主任的前提必须是一名良师。良师，要有扎实而精到的专业知识吧？要有广博而丰富的基础知识吧？在此基础上，还应钻研教材教法，提高课堂授课技巧，激发学生的学习兴趣；还应关心国家大事、国际局势，时时将最新消息传达给学生，使其树立起为民族腾飞而读书的信念；还应“三更灯火五更鸡”，正是作业批改时，否则何以面对那一双双求知的眸子？

……

一班之主任，可谓集百家之长于一身，看来，便宜占大了。为何？工作上，可说是样样通，专业精吧！生活中，这叫既有女性的细心，又有男性的威严哪！或者说，按老百姓的说法，叫既当爹又当妈。苦吗？有点吧！累吗？有点吧！充实吧？充实！值得吗？值得！

三、新的挑战——学生时代特点对班主任工作的新要求

学生的生活是一种基于个体多样性之上的集体生活，个性不同、性格各异的学生构成一个集体后，他们的生活便形成了一定的共同性。虽然在这种共同性之下依然涌动着多样性和差异性，但集体生活的共性总是以更加明显的面貌特征标识着这一群体和其中的成员。在如今这样一个多元化、信息化的特殊时代，学生的生活更是具有了不同以往的新特点。

主体意识的日益增强。主体意识和主体能力的培养是教育的重要目标之一，它表现为学生自主性的提升，在生活中表现为自主选择和自主判断能力的提升。但是主体意识增强的另一面就是自我意识的过分膨胀，有的甚至以自我为中心，无视规则和纪律，团结合作意识较差，这些都会给班主任工作带来一定影响。

行为的趋同性。从学校教育的角度讲，学生过的是一种集体生活，他们一起学习、一起生活、一起活动。在课堂上，他们在相同的时间和地点接受着同样的教育；在课外，他们按同样的作息时间安排自己的活动。相仿的年龄和相似的受教育经历，使得他们对外界的人和事物有着类似的感受和体验，他们喜欢在一起交流和分享各自的体会，因此学生的生活在一定程度上具有趋同性。比如，在穿着打扮、语言、行为方式等方面喜欢赶时髦，以体现青春活力；对流行的东西过分好奇，甚至于亦步亦趋；对明星的集体追捧和模仿几乎成为生活的一部分；等等。这些特征在学生身上体现出了趋同性和相似性，他们互相模仿、相互影响，甚至进行攀比。这些特征不应该成为教师衡量学生的唯一依据，教师也不应该对此类学生产生偏见。因为这是学生集体生活中的一种普遍现象，体现的是一种善于模仿和追逐新鲜事物的好奇心，是青少年学生具有的年龄特征。但是，教师应该对学生中流行的不正确、不健康的事物和思想加以制止和引导，将学生对新鲜事物的好奇和集体追捧引导为对健康的、积极向上的事物的好奇和模仿，在学生群体中营造一种健康、积极的教育氛围，预防和杜绝不良社会风气和流行事物对学生健康成长的不利影响。

交往的虚拟化。随着互联网在社会生活中的广泛应用，学生这一群体迅速成为网络生活的重要组成部分，成为“虚拟的一代”。网络是一个虚拟空间，它的方便快捷、信息资源丰富等多种优点拓展了学生的知识面，

给予了学生遨游的空间，使得学生获得了更多的知识。然而，网络始终是把双刃剑，它在带给学生便利的同时，也带来了许多隐患。据调查显示，很多中学生上网就是为了玩游戏，其次就是为了娱乐和交友；不少的小学生成了小“网虫”，沉溺于网络生活中，将90%的课余时间用到网络游戏上，做了网络的俘虏。虚拟性是网络游戏的最大特点，很多在现实生活中得不到认同的学生往往会通过网络游戏的方式寻求自我认同。在网络生活中，学生所面对的是一个脱离了现实生活的虚拟世界，不必承担现实生活中的压力和责任，还能从中获得对自身的认可。

虚拟世界冲击着学生的价值观，使学生在价值判断、民族认同感和行为取向等方面产生认识偏差。同时，虚拟世界的交往缺乏“现实实践性”，是片面的、间接的和以充满想象为特征的，很多时候是对现实世界的人际交往互动的异化，造成青少年在处理现实世界中人与人的关系、人与社会关系时“我不知道我是谁”的自我角色意识的迷失。角色意识的迷失是社会化的严重障碍，人只有在现实的生活中，才能更好地认识自我、体验自我、表现自我。然而虚拟世界的虚幻环境在一定程度上阻碍了学生的社会化过程，使得学生逐渐迷失了角色自我、情感自我和规范自我，这不可避免地给学校教育特别是班级管理带来新的挑战。教育者应当引导学生正确认识网络的两面性，将学生从虚拟的世界中唤醒，使其学会理性地利用网络。

价值的多元化。无论是处在哪个阶段的中小学生，他们总的来说都还是未成年的个体，在个人心智和社会经验等方面都不够成熟，处事容易冲动，难免具有一定的盲目性。尤其在价值多元的现代社会生活和网络生活背景下，学生的这种盲目性体现得更为明显。在社会文化急剧变化的时期，许多传统价值观念逐渐丧失其魅力，而新的价值观念还未完全建立。在这种新旧价值观并存且相互冲突的复杂社会环境中，学生很难根据他们原有的知识经验合理而准确地选择某种价值观念，从而使他们陷入无以参照、无所适从的境地。面对多元价值的冲击，教育应当发挥应有的引导作用，培养学生正确选择的能力。从一定意义上讲，学生生活的这种盲目性就是教师对其进行教育和引导的必要性所在。

知识社会背景下学生生活的高压力。知识社会的到来对人的知识、能力等提出了越来越高的要求，这种要求突出地体现在了当代学生的身上。虽然基础教育一直在提倡“减负”，但当前高中、初中甚至小学学生中多数学生学习压力依然很大，因不堪压力而选择过激行为的案例屡见报端。除了学校给予的学业压力外，社会竞争的影响过早地在学生身上展现了出来，成年人所要承担的社会生活压力无形中传递给了正在成长中的学生。同时，家庭在其中也起到了推波助澜的作用，家长对子女的高预期使学生不仅要承担繁重的课业负担，还要牺牲大量课余时间参加辅导班、兴趣班等，这无疑加重了学生的学习压力和精神压力。知识社会在给人创造更多进一步学习、发展机会的同时，也给人们带来了更大的压力。作为知识社会新生代的学生群体，这种压力正在不断地下移到他们身上，过大的压力给学生的身心发展带来了极大的负面影响，这是需要全社会都来关注的重要课题，同时也给班主任工作带来了新的挑战。

四、发展之路——班主任专业化与自我成长

班主任是教师队伍中比较特殊的群体，承担着比一般教师更重要的任务，是班级工作的组织者、班集体建设的引导者、学生健康成长的引领者，是思想道德教育的骨干，是沟通家长和社区的桥梁，是实施素质教育的重要力量。正是由于班主任在教育工作中的特殊地位和作用，因而，实现班主任的专业化是必然选择，班主任专业化实质上是教师专业化在微观层次的深化和发展。

（一）专业化给班主任带来新的发展机遇

专业化发展为班主任的专业地位和社会地位的提升创造机会。在整个社会系统中，每一个职业都有一定的社会地位，包括社会权利、经济待遇、职业声誉、发展前途等，职业的专业化过程就是提高职业的社会地位的过程。班主任是社会分工中的一个群体，长期以来被认为是无关紧要，甚至遭人冷落的工作，要改变这种现状，只有靠班主任自身行动起来，通过提高自己来改变社会对本职业的偏见。专业化发展为班主任获取社会的肯定和认可创造了一个良好的契机，积极改变职业形象，努力提升专业地位和社会地位将是班主任专业化发展的重要目标。有人认为班主任有三重境界，由低到高分别为事务型、业务型和专家型，专家型班主任是专业发展的最高境界。专家型班主任最可贵的品质在于思想有高度，视野有宽度，影响有广度，站在为学生终身发展负责的高度上谋划班级管理、学生教育工作，不仅关注学生的学业管理，更关注学生的品行教导；不仅关注

当前，更关注未来；不仅关注学生的外在言行举止，更能够从其内在的思想、心理、情感等方面追根溯源，探寻出教育的一般规律；不仅自己的班主任工作非常出色，还能够对其他班主任的教育管理工作发挥出较为广泛的示范引领作用①。

专业化发展为班主任专业素质的提高提供条件。班主任对学生影响的全面性和复杂性，要求班主任必须成为专业化的教育工作者，具备班主任工作所需的专业素质，才能培养出身心健康发展的学生，以专业知识、专业技能、专业道德和专业个性为核心内容的专业化发展为班主任专业素质的提高提供了有利的条件。

专业化发展是班主任搞好班级建设的有力保障。班级建设是班主任工作的核心，包括班级思想、文化、学习、组织及作风等方面，这是班主任对学生实施教育影响的重要途径。建设良好的班级关键在于优秀的班主任，优秀的班主任需要具备优秀的管理智慧和管理能力，而专业化发展为班主任组织管理能力的培养，为班主任搞好班级建设提供了重要的保障。

（二）专业化发展给班主任带来新的变化

当前我国基础教育改革呼唤教师教育培养高素质、专业化的新型教师，而我国中小学教师供求关系正在由总量不足转变为结构失衡，教师教育面临从满足数量需求向质量提高的重大转变。班主任是教师队伍中占少数却肩负重任的教师，更要注重提高质量，树立专业角色意识，做好角色转换。

班主任要从“一次受教育”向“终身学习”转变。一些班主任教师忽视自身学习的重要性，认为学习是学生的事情，当老师的做好自己分内的事就行了，常常把自己置身于学习之外，以为一次受教育就可以受益终身，以至于有的班主任从教数年仍在“吃老本”，坚守着过时的教育观念、死板的教学方法、僵化的管理方式，这些都严重地影响了教育教学质量的提高。布兰克曼曾指出，不论时代如何演变，也不论是自发的还是被动的，教师始终都是持续的学习者，这种学习就是“专业发展”。只有班主任率先成为终身学习的模范，才有利于学习型班集体的形成。

班主任要从“经验型”向“研究型”转变。经验直接源于教育实践，并对实践有着指导意义。班主任在工作中积累的经验尤其难能可贵，往往

---

① 肖慧君：《班主任工作的三重境界》，《教学与管理》，2018 年第 14 期。

给工作带来很大的方便。可是，经验一般是零碎的、具体的，带有很大的主观片面性，而现实情况是，许多一线的班主任在处理日常班级事务时习惯凭经验判断，跟着感觉走，导致工作盲目随意，缺乏在专业理论指导下的系统性和条理性，特别是在遇到突发事件的情况下，就会觉得手足无措。专业化发展要求班主任具备专业理论知识和技能，这就需要班主任不断钻研，把经验上升为理论，做专家型的班主任。只有以系统而坚实的理论知识做基础，班主任的工作质量才能得到保证。

班主任要从“被动型”向“自主型”转变。班主任在充当学生领导者的同时，也是学校领导者实施教育教学工作计划的得力助手和骨干，学校的教育影响通过班主任的传达、组织和实施等工作得以起作用。这种上下级的关系经常使班主任变成被动的接受者，充当上级领导的执行工具，绝对并机械地执行领导的决定，因而造成班主任工作缺乏多样性、灵活性，班级活动千篇一律，自主权利的丧失也严重影响了班主任在学生中的威信，大大降低了教育的效果。专业化的基本内涵之一是要有专业的自主性，这就要求班主任从盲目服从与紧密束缚的学校管理中走出来，走向自主和自律的专业化道路。

解放班主任[①]

“解放班主任”不仅仅是学校领导的事。对于每一位班主任来说，更应主动在思想上、行动上“自我解放”。思想上的“自我解放”，就是要勇于更新教育观念；行动上的“自我解放”，就是应善于改革教育方法。

更新教育观念，要求班主任用教育科学理论武装自己的头脑，明确自己的使命是引领人格，而非管制学生；自己的身份是学生思想的引路人，而非学生集体的独裁者。在此基础上，班主任的思想应实现三个转变。

一是变事务应付为教育科研。班主任随时以科研的态度来对待自己的每一项工作，把自己所带的班级当作自己的科研基地。这样班主

① 李镇西：《做最好的班主任》，桂林：漓江出版社，2014年，第32-35页。

任每一天的工作都会有新的发现、新的收获，因而同样紧张的工作也变得有兴趣、有意义了。

二是变个人权威为集体意志。一些班主任之所以感到太累，原因之一是他们过分注重自己的个人权威，对班上的事什么都不放心，非亲自过问不可。然而，由于集体意志并未形成，班主任的努力收获不大。一个班当然离不开班主任的权威，但这个人权威应该通过健康舆论、班级规范转变为集体意志，使班级由“我的（班主任个人）”变为“我们的（学生集体）”，这样，班级凝聚力才会形成，班主任的工作才会事半功倍。

三是变孤军奋战为师生合作。这是教师个人权威转换为集体意志后的必然结果。班主任应该把一个班级的重担让几十个学生分担，学生源于教师对自己的信任而产生的自觉性不可忽视，学生潜在的组织能力、管理能力更是不可低估。班主任应为学生提供自我教育和自我管理的机会。当每一个学生都以主人的姿态与班主任协力建立班集体时，班主任就不会感到累了。

改革教育方法，目的在于使班主任摆脱繁多杂事的缠绕，为此班主任应该大胆放手、民主管理。民主管理绝不是依靠几个班干部，而是引导全体学生制定出班级规范，以制度的形式保证每一位学生参与班级管理的权利与义务，同时每一个人（包括班主任）都要受到班集体的监督，变以“人”（班主任）治班为以“法”（班级规范）治班，使学生真正成为集体的主人，班主任自然从繁重的事务性劳动中解放出来了。

“解放班主任”的意义在于，使班主任由体力型的勤杂工成为科研型的教育者。班主任获得“解放”后，真正还原成了“学生心灵的关怀者”，他们可以有充裕的时间找学生谈心，研究学生的思想；可以有充沛的精力结合一个班的教育实践，探索教育改革；可以看书学习，不断吸取新知识……

（三）了解班主任专业化的内容

2006 年 6 月，教育部颁布了《关于进一步加强中小学班主任工作的意见》，明确指出："班主任岗位是具有较高素质和人格要求的重要专业性岗位。"目前我国有教师专业标准，但是对班主任尚没有制定相应的专业标准。有人认为，班主任工作的专业标准由基础标准、核心标准和理想标准组成。其中，基础标准是班主任作为教师该具有的一般标准，即学生为本、德育为先、能力为重、终身学习；核心标准是班主任专业标准的核心标准，由班级建设、学生指导、沟通协调三方面构成；理想标准是班主任专业标准的引导性标准，由师德高尚、业务精湛、专业引领、教育创新四方面构成①。作为班主任的教师，其专业标准应该有比普通教师更高的要求。同时也有研究者认为，班主任与普通任课教师相比，受尊重感和生存需要被更多满足，有更高的职业生活质量满意度②。那么具体而言，班主任岗位需要哪些专业素质呢?

班主任的专业理念。班主任对自身职业应该有清晰的认知，有明确的专业化意识，认识到班主任工作是教师专业能力的重要内容，是一项专业化的工作。具体包括教育观、学生观、人才观等。

班主任要树立育人为本的教育观。教育的使命是引导学生正确认识人的价值和生命意义，理解生活的真正含义，学会做人，学会生存，学会求知，学会创造，实现教育个性化和人本化。因此，班主任的工作不能局限于"管理"二字上，要从经营的角度来从事班级建设，经营学生的幸福生活。

班主任要树立科学的学生观。班主任要具有"认识学生，研究学生"的态度。学生是发展中的人，具有独特性、差异性、时代性、主体性等特点。学生是学习怎样生存的人，是学习怎样生活的人，是学习如何了解生命、珍惜生命和怎样使生命有价值、有意义的人。

---

① 江涛:《班主任核心素养及专业标准体系建构——基于德尔菲法的研究》,《教育科学研究》, 2018 年第 12 期。

② 何玲，胥兴春:《中小学青年教师职业生活质量现状调查———以四川省为例》,《长春教育学院学报》, 2017 年第 1 期。

每个儿童就是一个完整的世界，没有重复，各有特色。如果这个世界显示在你面前，如果你感觉到每个儿童都有个性，如果每个儿童的喜悦和苦恼都敲打着你的心，引起你的思考、关怀和担心，那你就勇敢地选择崇高的教师工作作为自己的职业吧，你在其中能找到创造的喜悦。

——［苏联］苏霍姆林斯基

班主任应有恰当的人才观。班主任在人才观上应主张发挥学生的潜能，相信每一个学生都能成功。人才观是对人才标准的理解和认识，教育者在人才观上的差异会直接导致评价倾向的不同。学生中有各种各样的人才，而这需要班主任和其他老师的培养，有些学生如果只按照分数来看，他可能算不上人才，但只要把人才的标准放宽，就会发现大量的人才。班主任只有认识到人才的多样化，班级管理时才能避免用一把尺子衡量每一个学生，才能客观地看待每一个有差异的学生，使他们各自得到充分发展。班主任要树立全面发展与个性发展相统一的评价观，克服“一刀切”的评价观。

班主任的专业道德。班主任良好的道德修养对学生来说是丰富的教育资源，足以影响学生的道德品质，也必然会对学生的人格产生巨大影响。在具体的教育过程中，班主任良好的专业道德包括对学生的理解、宽容、赏识和信任。学会关心、理解、尊重、信任学生，是班主任专业化的必然要求。关心、理解、尊重、信任是相互联系的，都是对人的认识和态度，也是教育的基础，是教育的力量。关心与理解是紧密联系的，只有在关心中才能获得理解，只有理解学生才能善待学生。关心以尊重为前提，也是尊重的表现，信任也是尊重的表现①。

教育不是人和物的关系，是人和人的关系，是心灵和心灵的关系。教育者应该有一颗童心，童心比爱心更重要，爱心需要培养，而童心只需要保持。

——李镇西

班主任的专业知识。（1）任教学科知识。班主任首先是一名合格的教师，必须具备一名教师的基本素质，精通所教学科的基础知识，熟悉学科

① 班华：《专业化：班主任持续发展的过程》，《人民教育》，2004年第15-16期。

的基本结构和各部分知识之间的内在联系，了解学科的发展动向和最新研究成果。（2）教育学科知识。班主任必须具备教育学和心理学方面的知识，根据教育学和心理学规律科学地指导学生的思想、生活和学习，并使各项管理措施符合学生身心发展的特点和规律。（3）管理学知识。班主任应掌握一定的管理科学尤其是学校管理、班级管理方面的知识，以便更有效地开展班级管理工作。

班主任的专业能力。班主任不同于科任教师的是要对班集体进行建设与管理，要组织开展丰富多彩的班集体活动，需要一系列专业能力。（1）组织管理能力。研究学生、学生家庭和社会的能力，组织班集体活动的能力等相对要强，并具备一套教育管理的技巧。（2）策划能力。班主任在经营班级过程中需要策划能力。班主任要制定一个长远规划，精心设计活动。班级策划时，将班内的具体活动和学校的常规要求结合起来。实施过程中，边实施边修整，边补充边完善。没有策划，就等于没有目标，形不成独立的、有特色的班集体，班集体的凝聚力就会受损。（3）学习能力。学习能力是终身学习的能力，不仅包括知识信息的学习能力，还包括提高自身能力以对变化的环境做出有效应变的能力。班主任应该是一个“杂家”，博采众长。（4）研究能力。班主任要做探究者、引领者、实践者，如果没有一点研究的精神，没有一点研究的兴趣，没有一点研究的能力，就不会有独到的见解，就不会形成自己的风格，也就不会有发展。班主任要研究与工作相关的领域，可以对学生进行个案研究，可以对某一活动展开研究等。（5）协调沟通能力。协调沟通能力是班主任最重要的专业能力之一。班主任面对一个多维的人际网络，时时需要协调各种人际关系，这需要班主任具备良好的沟通能力，包括与学生沟通的能力，与科任老师沟通的能力，与学生家长沟通的能力，与领导沟通的能力，与社区沟通的能力，等等。任何一个方面沟通不好，都可能给班主任工作带来阻力和问题。（6）执行能力。班主任执行能力的大小往往决定班级管理的成败。执行能力表现在三个方面：第一，执行学校工作的力度；第二，独立自主地开展班级活动的能力。班主任是班级工作的组织者、指导者、引领者，敢于并擅于开展班级活动是衡量一个班主任工作能力和工作魄力的重要标志；第三，班内事务及班与班之间的事情、摩擦，是用自己的力量协调处理，还是动不动就上报校方，是衡量班主任行动力的又一方面。（7）创新能力。创新是班级和学校管理的灵魂。不同的班情，不同的班主任，必然会产生不同的管理方法，造就各具特色的班集体。没有固定不变的班级管理模式，没有一种放之四海而皆准的管理办法，这就要求班主任不断探索，勇于创新，寻求适合自己风格和班级情况的管理办法。

学生叛逆行为分析与教育策略实施[①]

叛逆心理较严重的学生往往是最令班主任头疼的，在教育这些学生时，班主任老师常常会觉得无从下手。其实，班主任只要了解学生叛逆的原因，采取一定措施，叛逆学生问题并非无解。

第一，了解学生叛逆的原因。

叛逆行为的产生有一定基础和诱因，只有搞清楚这些原因，才有可能采取有针对性的帮教策略，其中最重要的工作就是调查研究、分析思考，调查重点是学生的家庭背景、成长经历、生活环境、社交情况，弄清楚他为什么会、从什么时候开始、对哪些人有叛逆行为。

第二，适度容忍，不一味弹压。

面对叛逆的学生，有些教师往往会动用职业权威和行政力量将学生的反叛强压下去。强压的后果可能有两个：一是被压下去了，学生的行为得到了控制；二是招致学生更为激烈的反抗。无论出现哪种局面，这样的对抗都是没有赢家的。前者学生口服心不服，为班主任以后的工作埋下了隐患，甚至导致学生心理扭曲；后者有可能出现严重的后果。

面对学生的种种行为问题，班主任要表现出良好的职业素养和一定的专业知识，“适度容忍”就是标志之一。容忍，不是忍气吞声，不是纵容，适度是指有原则和边界，在可控范围内。适度容忍，不仅仅是对学生的行为表现出一定弹性和宽容，更要同时指出学生的问题，并且明确告知学生底线在哪里。班主任不能和学生斗气逞强，更不能以战胜学生为目的。“战胜”了学生，问题并没有得到解决，反而会在暗中演化得更加严重。

---

① 陈宇：《学生叛逆行为分析与教育策略实施》，中国班主任网，http：//www.banzhuren.com/xsjy/2017-03-29/1039.html，2017 年 3 月 29 日。（有删改）

第三，适当放一放、等一等。

教育讲求节奏感，符合学生成长节律的教育才是美的、有效的，就好比是荡秋千，不是穷追猛打就一定能奏效。对于叛逆学生，在合适的时候引导一下，在不合适的时候适当地放一放，给学生一个自我调节的时间，帮助学生平稳地度过这段“不安分”的时期。事实上，过度干预往往是好心办坏事，吃力不讨好，是加重学生叛逆的重要因素。班主任一定要避免步入“越教育越反叛”的恶性循环。

第四，选择适合的帮助伙伴。

大多数学生的叛逆并非针对所有人，班主任自己可以成为学生最信任的人，也可以发动第三者做工作，对叛逆学生实施引导帮助。伙伴的影响作用是巨大的，仔细观察、用心寻找这样的合适人选就是班主任要做的。通过结对子、选同桌等常规管理工作，可以不留痕迹地把教育意图贯彻下去。

第五，为某些叛逆学生提供适当的发展平台。

一些学生的叛逆行为是能力得不到发挥，才华无处施展导致的。他们认为班主任没有眼光，看不到自己的长处，怀才不遇，所以会无事生非，处处和班主任过不去。学生表面的行为背后往往隐藏着这些心理原因。对于这类学生，消除其叛逆行为的最好方法莫过于提供适合其特点的工作机会，让他（她）做自己喜欢的事。学生的心理得到满足了，能量有了发散渠道，就能发挥正能量（我认为叛逆行为就是负能量的宣泄）。

第六，改善班级环境。

环境可以影响人。班级大环境如果是友善、宽容、积极向上的，学生的叛逆就会消弭于无形之中。从战略角度看，班主任的目光不仅仅要落在班里几个叛逆学生身上，更要致力于营造班级整体的和谐氛围。在这样一种氛围中，叛逆学生不仅会改善其行为（否则就会与群体表现不协调，造成心理失衡），而且即使有叛逆行为也不会得到集体认可，环境让他们不得不做出调整。

叛逆期，很像是人在成长中患的某些疾病，一旦得到较好治疗，痊愈后即可获得终生免疫能力。学生的叛逆等于是给班主任出了一道难题，把这道难题解开，不仅对班级管理有利，对当事者本人成长的意义也非常重大。当然，这样的挑战对增长班主任教育智慧的作用也是非同寻常的，所以，请勇敢地接受挑战，把它作为研究教育的宝贵资源来对待。

（四）班主任应该如何提升专业化水平

班主任专业化对于班主任来说，既是机遇，也是挑战。全方位审视专业化发展，它不只是一个目标，一个理论，而是一个系统工程。有研究者认为，“班主任的专业成长既包括班主任群体的外在专业性的提升，同时也包括班主任个体的内在品质的提升与完善”①，个体专业化的发展是群体专业化发展的前提和基础。作为班主任个体来说，抓住机遇，迎接挑战，从日常工作做起，以提高自身专业化水平来推进整体专业化的发展是一条切实可行的道路。

学会学习，增加专业知识。未来的文盲不是不识字的人，而是不会学习的人，可见，学会学习是未来社会生存的必要条件。班主任作为学生的榜样，应该做一个终身学习的实践者。首先，班主任应经常参加继续教育和在职进修；其次，班主任应制订自我学习计划，包括短期和长期的计划；最后，班主任应该多读书，多读教育专著，结合班级工作实践写读书笔记、教育感想等，做到“工作学习化、学习工作化”。同时，班主任的专业知识不仅要有深度，而且要有广度，深入学习教育理论规律，广泛涉猎社会自然百科知识。正如班华教授所说，终身学习、持续发展是班主任的权利，也是义务，是责任；是班主任自我提升、自我实现所必需的。总之，学会学习，增加专业知识是实现班主任专业化的前提。

读书是最高级的化妆品，是老师最长远的备课。如果说有字书是光合作用，无字书就是化学反应。读书，让教师从容、淡定、祥和，从而驻颜有术。

——窦桂梅

① 冯建军：《班主任专业化初论》，《教师之友》，2012年第8期。

学会研究，提高专业技能。“研究态度与能力是一个人创造力的集中显现，是一个人主体性的能动体现，是人发展的基本手段。”因此，学会研究，提高专业技能是实现班主任专业化的基础。首先，从研究的内容上，班主任要研究教学课程，研究教学策略，更要研究学生，包括他们的兴趣、心理、个性等。其次，从研究的方式上，一是反思，班主任应不断分析自己班主任工作的有效性，不断反思当前教育实践，总结经验，吸取教训，以提高专业技能；二是积极参加教育科学研究，班主任应善于把工作理论与日常实践结合起来，用理论指导实践，在实践中发展自己的理论知识。

基于大数据的精细化班主任工作[①]

浙江省玉环县城关一中数字化校园建设中，创新性地利用“玉环e学堂”的德育平台将学生、教师和学校德育工作小组日常在校的数据记录起来，涵盖学校德育纪事、班级德育管理、综合查询等方面内容，形成独特的城关一中学生德育“大数据”，在日常德育管理流程中实现三向互动。

一方面，德育平台上值班人员反馈的值日数据，可以通过平台第一时间反馈给班主任，提醒班主任及时关注学生的在校动态，跟踪学校班级的德育状况，并协同德育处共同处理学生的违纪问题。

另一方面，基础性的班级事务管理，繁杂的班级数据（包括学生个人信息、学生表现、家访记录、班级工作进程等）都可以通过德育平台进行定期存储，建立起完善立体的学生个性成长档案。这样能够实现对学生各学段身心状况的纵向、横向比较，科学精准地了解重点学生的身心变化，为预测学生的未来成长趋势提供真实数据。

学会合作，提升专业道德水平。优秀的教师应该是一个教育合作者，班主任是连接各种教育因素的纽带和桥梁，更应善于和学生、同事、家长沟通与协作。专业化要求班主任从“领导者”转变为“服务者”，而学会

① 蔡英娟，等：《基于大数据的精细化班主任工作》，中国班主任网，http://www.banzhuren.com/tbtj/2018-12-17/1617.html，2018年12月7日。

合作，提升专业道德水平是实现专业化的重要保障。首先，班主任要与学生合作。与学生建立起朋友般的师生关系，用心去倾听学生的心声，做到权为生所用，情为生所系，利为生所谋。其次，班主任要与同事合作。同事间在工作中的互相帮助和配合是班主任取得进步的动力。最后，班主任要与家长合作。班主任可以通过做家访、开家长会等方式加强与家长的沟通和交流，以增进彼此的理解，达到一致的教育目的。

学会创新，发展专业自主。班主任工作之所以具有无法替代的专业意义，全赖于班主任的专业自主。专业化发展要求个体发挥自主性，班主任的自主发展是发展教师的个性和特长，使个体的潜能充分发挥出来，这要求班主任善于突破常规，有所创新。在思想上，不能满足于知识的积累，要善于“知新”，树立创新意识；在教学中，善于运用现代化教学手段创建新型课堂；在班级工作中，不盲从，依据自己班级现状，自主实施有针对性的改革，构建个性化班集体。创新是发展的生长点。学会创新，发展专业自主是班主任专业化持续发展的动力。

以科研的态度研究后进生①

我把每一个后进生都当作科研对象来研究。同样面对后进生，换一种科研的眼光去打量，感觉大不一样。正如我在拙著《与青春同行》的序言中所写：“班集体的发展和学生的成长，是一个跌宕起伏有时甚至是惊心动魄的过程，比如，面对一个后进生，无论多聪明的教育者，也无法预料明天他会给自己惹出什么祸事。也正是在这个意义上，我说过：‘教育，每天都充满悬念！’这里的‘悬念’，主要就是我们通常所说的教育的难题。期待着每一天的‘悬念’，进而研究、解决不期而遇的‘悬念’，并享受解开‘悬念’后的喜悦，然后又期待着下一个‘悬念’……如此周而复始，这便是教育过程的无穷魅力！”享受这种魅力，也是作为一名不断超越自己的班主任的幸福所在！

（选自李镇西：《做最好的班主任》，题目为编者加）

① 李镇西：《做最好的班主任》，桂林：漓江出版社，2014 年，第 31 页。

除了上述班主任专业化的个体实现路径之外，政府通过制度建设加强对班主任工作的管理和支持也是实现班主任专业化的重要路径。目前，我国关于班主任的待遇、权利和专业发展的相关制度尚需要进一步完善，这是促进班主任专业发展的重要保障。从对班主任工作研究的角度来看，关于班级的教育学理论研究也是比较薄弱的领域，因此对班主任专业的研究、对班级教育的研究需要进一步加强，这是班主任专业发展的理论基础。

思考与讨论

1. 结合自己的经历，谈谈对你成长影响深刻的班主任。你认为班主任为什么可能成为学生成长的“重要他人”？

2. 结合学生的时代特点，谈谈当前班主任工作可能遇到的挑战有哪些。

3. 你认为班主任的专业素质应包括哪些内容？班主任应该如何提升自身专业化水平？

拓展阅读

1. 中国班主任网：http：//www. banzhuren. com。

2. 期刊《班主任之友》。

3. 李镇西：《做最好的老师——李镇西30年教育教学精华》，漓江出版社，2019年。

4. 李镇西：《做最好的班主任》，漓江出版社，2014年。

5. 余文森，等：《班级管理与班主任工作》，福建教育出版社，2008年。

6. 魏书生：《班主任工作漫谈》，文化艺术出版社，2011年。

7. 王晓春：《做一个专业的班主任》，华东师范大学出版社，2008年。

8. 丁如许：《给班主任的建议》，教育科学出版社，2010年。

附：教育部关于中小学班主任工作的规定（2009）

中小学班主任工作规定（2009）

第一章 总 则

第一条 为进一步推进未成年人思想道德建设，加强中小学班主任工作，充分发挥班主任在教育学生中的重要作用，制定本规定。

第二条 班主任是中小学日常思想道德教育和学生管理工作的主要实施者，是中小学生健康成长的引领者，班主任要努力成为中小学生的人生导师。

班主任是中小学的重要岗位，从事班主任工作是中小学教师的重要职责。教师担任班主任期间应将班主任工作作为主业。

第三条 加强班主任队伍建设是坚持育人为本、德育为先的重要体现。政府有关部门和学校应为班主任开展工作创造有利条件，保障其享有的待遇与权利。

第二章 配备与选聘

第四条 中小学每个班级应当配备一名班主任。

第五条 班主任由学校从班级任课教师中选聘。聘期由学校确定，担任一个班级的班主任时间一般应连续1学年以上。

第六条 教师初次担任班主任应接受岗前培训，符合选聘条件后学校方可聘用。

第七条 选聘班主任应当在教师任职条件的基础上突出考查以下条件：

（一）作风正派，心理健康，为人师表；

（二）热爱学生，善于与学生、学生家长及其他任课教师沟通；

（三）爱岗敬业，具有较强的教育引导和组织管理能力。

第三章 职责与任务

第八条 全面了解班级内每一个学生，深入分析学生思想、心理、学习、生活状况。关心爱护全体学生，平等对待每一个学生，尊重学生人格。采取多种方式与学生沟通，有针对性地进行思想道德教育，促进学生德智体美全面发展。

第九条 认真做好班级的日常管理工作，维护班级良好秩序，培养学生的规则意识、责任意识和集体荣誉感，营造民主和谐、团结互助、健康向上的集体氛围。指导班委会和团队工作。

第十条　组织、指导开展班会、团队会（日）、文体娱乐、社会实践、春（秋）游等形式多样的班级活动，注重调动学生的积极性和主动性，并做好安全防护工作。

第十一条　组织做好学生的综合素质评价工作，指导学生认真记载成长记录，实事求是地评定学生操行，向学校提出奖惩建议。

第十二条　经常与任课教师和其他教职员工沟通，主动与学生家长、学生所在社区联系，努力形成教育合力。

第四章　待遇与权利

第十三条　学校在教育管理工作中应充分发挥班主任的骨干作用，注重听取班主任意见。

第十四条　班主任工作量按当地教师标准课时工作量的一半计入教师基本工作量。各地要合理安排班主任的课时工作量，确保班主任做好班级管理工作。

第十五条　班主任津贴纳入绩效工资管理。在绩效工资分配中要向班主任倾斜。对于班主任承担超课时工作量的，以超课时补贴发放班主任津贴。

第十六条　班主任在日常教育教学管理中，有采取适当方式对学生进行批评教育的权利。

第五章　培养与培训

第十七条　教育行政部门和学校应制订班主任培养培训规划，有组织地开展班主任岗位培训。

第十八条　教师教育机构应承担班主任培训任务，教育硕士专业学位教育中应设立中小学班主任工作培养方向。

第六章　考核与奖惩

第十九条　教育行政部门建立科学的班主任工作评价体系和奖惩制度。对长期从事班主任工作或在班主任岗位上做出突出贡献的教师定期予以表彰奖励。选拔学校管理干部应优先考虑长期从事班主任工作的优秀班主任。

第二十条　学校建立班主任工作档案，定期组织对班主任的考核工作。考核结果作为教师聘任、奖励和职务晋升的重要依据。对不能履行班主任职责的，应调离班主任岗位。

第七章　附则

第二十一条　各地可根据本规定，结合当地实际情况，制定中小学班主任工作的具体实施办法。

第二十二条　本规定自发布之日起施行。

第二篇

常规管理

一位班主任的心声

我是一名初中班主任。在日常工作中，我一直采用“时间战”和“体力战”的方式，“跟紧班、紧跟班”是领导对我的评价。我带的第一届学生成绩非常优秀，考试成绩稳居年级前两名，班级六个学期都被评为校先进班集体，我也被评为优秀班主任、市优秀教师。后来，这种“体力战”持续了多年，我所带的班级一直非常出色，各种荣誉和表彰扑面而至。但是，高强度、低智慧的工作方式让我无法长期承受，我就像希腊神话中推着石头上山的“西西弗斯”，“当下”永远是我的奋斗之时，却不是我的成功之地。……我认真负责，难道就是一个好班主任了吗？我追问自己。……我在收获学生感激的同时，也让一些学生抱怨甚至不满，很显然，我的苦和累并没有得到学生的认同。我意识到，做一个优秀的班主任，不仅仅是工作态度兢兢业业就可以了……

专题一　基本原理

班级常规管理是学校教育行政管理中的重要组成部分，它对于一个学校、一个班级、一个学生的前途命运会产生重要的影响。对于教育工作者来说，管理也是一种教育。班主任是联系学生与班级、学生与教师、班级与学校、学校与家庭的重要纽带。在班级内部，班主任则是学生集体的组织者、领导者和教育者。班级管理过程是一种有组织、有目的的师生互动过程，是学校教育教学活动中不可忽视的重要因素，管理程度的好坏直接影响着教育教学效果的优劣。如果班主任能够在班级管理的过程中为学生提供一种有效的常规管理，不但可以保持班级秩序稳定，提高班级管理工作成效，而且能激发学生的潜能，培养学生的良好素质。因此，班主任不仅要了解自身在班级管理中的主要职责，还应掌握班级常规管理的基本技能，形成班主任的实践智慧。

> 为了更好地进行教育，教师的任务与其说很多的“怎样”，还不如组织一个学生集体，叫他们自己形成正确的关系。
>
> ——［苏联］A. C. 马卡连柯

马卡连柯（1888—1939），著名苏联教育家。1905年起担任小学教师和校长，在15年的教育实践中积累了丰富的经验，奠定了他的教育思想的基础。1920年后开始从事对流浪儿童和少年违法者的教育改造工作，提出了通过集体和生产劳动来教育儿童，以及在集体中进行教育的原则和方法。

班级管理是班主任按照一定的原则和具体要求，对班级中的各种资源进行计划、组织、协调、控制，以实现各种共同目标而进行的管理活动。班级常规管理是班主任工作的主要内容，建设班集体则是班级常规管理中的基础工作。建设一个健全的、和谐的、高效的班集体是班级管理的中心工作。建设和谐的班集体既有助于形成学生的集体意识，又有助于培养学生的社会交往、适应能力与自我教育能力。班集体的建设主要包括如下内容：确立明确的班级目标与规则；形成班级良好的纪律风气；培养高素质的班级干部；做好学生个别教育工作；等等。

一、走进新班级

班主任在接手新班级时通常都会经历一个磨合期。新班级的磨合期是指新的班级组成后，师生、生生由相聚、相识、熟知到默契，成为一个班集体的过程。新班级能否快速、平稳、顺利地度过磨合期，决定着能否很快形成良好的班风、建设一个团结和谐的班集体。

“四字诀” 助你顺利度过磨合期[①]

1. “早”字诀。新生入学，百端待举，必须预先理出头绪，否则开学后班级将陷入一片混乱。开学前要准备好各种资料：学生情况调查表、班级座次表、学生登记表、值日小组安排表、家长联系电话表及班级各项规章制度等，以便新生入学后循序渐进地开展工作。同时，做好开学第一天的准备工作，以便新生报到后，有条不紊地开展各项工作。

2. “快”字诀。一是快速了解学生。开学第一天，新生报到后，立即发放学生情况调查表，迅速了解学生信息，做到心中有数。二是快速安排好座位和工作分工。根据身高排好座位，指定各项工作的临时负责人（如课代表、值日组长等），填好座次表，贴在讲桌上，为任课教师提供方便。三是快速熟悉学生。新生入学3天内应记住所有学生的姓名并对号入座。四是快速建立家校联系渠道。第一天就向学生公布自己的电话号码，统计学生家长的联系方式，鼓励学生及其家长与班主任沟通。

3. “缓”字诀。接手新班级最忌讳急躁。一是确定班干部人选要缓。确定班干部不能过快，可以采用试用或周轮值的方式，对学生进行观察试用，从中选出优秀者。也可以采用班干部轮换制，让更多学生得到锻炼机会。二是批评学生要缓。开学初期，应以指导、提醒和鼓励为主，第一周不批评学生，每周至少有一天为“无批评日”，切忌当众批评学生。三是处理突发事件要缓。新班级、新学生、新教师，都处于相互熟悉的阶段，处理突发事件一定不要急躁。……

4. “特”字诀。特殊情况特殊对待。在管理新班级的时候，要坚持原则和灵活性相结合。……

二、设计班级共同奋斗目标

班级的共同奋斗目标，是班级的理想和前进的方向，班级如果没有共

① 郑杰：《“四字诀”助你顺利度过磨合期》，《班主任》，2009年第12期，第17页。（因篇幅所限，原文内容稍有删改）

同追求的奋斗目标，就会失去前进的动力。所以，一个积极向上的班级应该有一个集体的奋斗目标，这个目标应是远期、中期、近期目标的结合，逐步实现目标的过程会产生梯次激励效应，形成强大的班级凝聚力。作为班级组织者的班主任应结合本班学生思想、学习、生活实际，与学生共同确定本班的奋斗目标。在实现班级奋斗目标的过程中，要充分发挥集体每个成员的积极性，使实现目标的过程成为教育与自我教育的过程，每一集体目标的实现，都是全体成员共同努力的结果，要让他们分享集体的欢乐和幸福，从而形成集体的荣誉感和责任感。

“未来班”是我教育诗篇的第一行美丽的文字①

我有幸于从教之初，便从苏霍姆林斯基的著作中结识了这位可亲可敬的教育家。在读苏霍姆林斯基的日子里，他的许多精辟的观点让我想到了自己的教育，并情不自禁地解剖自己的教育。作为班主任，我立志让我所带的班富有勃勃的生机和强烈的凝聚力，让每一个孩子都能因为在我的班上而感到成长的快乐。这当然是没有错的。但要达到这个目的，首先就得把教师的意图变成学生的意图——当然不是把教育者的意图简单地强加给学生，而是在教育者的目的同孩子的愿望之间找一个自然和谐的结合点，应该让全班学生有一个统一的奋斗目标，因为只有目标才能产生动力，正如苏霍姆林斯基所说：“集体主义教育的实践，首先在于激励学生自由地、自觉地实现集体的目标。”特别重要的是，这个目标不应该仅仅由教师一个人提出来（过去我正是这样做的），而应该在老师的引导下由学生提出来。

于是，我通过一系列的引导和启发，让学生为自己所热爱的班集体提出一个奋斗目标。经过反复讨论，大家一致认为我们班应成为既洋溢着集体主义温暖又充满进取创新精神的富有鲜明个性的班集体。学生还提出了基本实现这一目标所需要的时间——两年，同时又决定为自己的班集体取一个响亮的名字，并设计一系列标志。

① 李镇西：《做最好的老师》（节选），http：//www.jxteacher.com/content.aspx？id=cc51dd5c-f337-43e6-a7a8-31058d192363，2012-8-22。

为什么我要给班集体取一个名字并设计标志呢？这是为了让我们的班变得“有意思”一些，让孩子们觉得“我们的班就是与众不同”，这是符合儿童心理的。所谓“情趣”，所谓“浪漫”，都在这种种“与众不同”之中了。

更何况，我把确定班名、提出班训、创作班歌、构思班徽、绘制班旗的过程，引导为对学生进行集体主义教育和创造精神培养相统一的过程。人人动脑，个个动手，并通过“班名班训讨论会”“班徽班旗图案展评”“班歌歌词朗诵会”“最佳班级标志评选”等主题班会，充分调动每个人关心集体的热情和创造精神。

班主任应清楚地认识到学生个体充分的发展是班级组织设计的第一位目标，也是班集体共同奋斗的最深刻的目标指向，是班集体的强大凝聚力所在。其他外化的具体目标都是围绕着这一目标设计的。为了体现学生充分发展的目标指向，班集体的目标设计要体现包容性、灵活性和创造性的特点。所谓“包容性”，是指班级目标要涵盖班级成员合理的个体目标，实现班级目标和个体目标的相互渗透，达到求同存异、和而不同的境界。“灵活性”是指班级目标要根据社会环境的变化和学生的个体差异，围绕着学生的充分发展，体现与时俱进的特点。窗外的风景是会改变的，所以，一方面我们必须每隔一段时间就重新审视一下我们的目标，看看它与窗外的风景是否合拍；另一方面，必须在制定目标时留有余地。“创造性”是指围绕着变化和发展，班级目标的制订和实现途径要创新，同时要创造性地帮助个体实现自己的目标，引导学生调节和修正自己的目标。

三、师生共同制定班级规则

中小学阶段的学生正处在学习知识、修养品质、长身体、增智能的重要时期，也处在心理、生理迅速变化的时期，更是逐步形成人生观、世界观、价值观的时期。在班级管理中，不应该压抑学生个性的发展，因为每一个学生都具有自己色彩斑斓的个性，但他们在校的学习和生活主要是在班级内进行的，更应该注意“无规矩不成方圆”，学生遵守班级规则与班级纪律是班级正常进行管理，顺利开展各项教育活动的重要保障。

“班规”——听到这个词，大部分人认为，无非就是由班主任制定的一些用来约束学生，以免他们犯这样或那样的错误的规矩。实际上，班规应在班级奋斗目标的基础上由班主任和学生充分讨论，共同制定。师生也应该作为班级规则的执行者与遵守者。班主任应提供机会让学生参与制定班级规则，但在确定所期望的班级规则时，教师要考虑这样几个问题：所确定的要求是否有利于学生的身心发展？要求是否影响班级秩序和学生的学习？要求是否体现了对学生的尊重？要求是否切实可行？要求是否具有改变或修正的可能性？制定的班级规则要少而精，内容表述以正向引导和正面表述为主，多用积极的语言，形成良好班级规则的积极的正向强化，这有利于产生“班主任期望效应”，从而会促使学生积极主动自觉地遵守班级规则。同时，班级规则应及时制定、引导与调整。教师应抓住一学年开始的机会制定和调整规则，并引导学生掌握如何遵守班级规则。

良好的班级规则管理应该是自觉的纪律教育，它具有以下特征：第一，尊重学生人格，尊重学生自尊心，严格要求学生与尊重学生人格相结合。第二，积极引导学生自己管理自己，以积极的纪律教育为主。第三，以培养良好的纪律行为为主，惩罚不良行为为辅。第四，实行民主管理，注重班主任的主导作用与学生的主体作用的有机结合。

师生共同制定班级规则要遵循学生心理发展的特点。学生心理发展特点表明，学生的行为动机具有冲动性，同时具有逆反心理，情绪化较强，越是强加给自己的越是违反。因此，制定规则时要充分发挥班主任“引”和“导”的作用，使学生懂得遵守班级规则的重要性，激发学生内在的动力。

某小学班级的班规①

一、进校：穿戴整洁重仪表，备齐用品准时到；进校说声老师好，相互问候有礼貌。

二、早读：勤奋好学争分秒，贵在自觉效率高；语数英语同重要，书声琅琅气氛好。

① 《班规班约》，http：//ishare. iask. sina. com. cn/f/359o1hnpOaP. html，2017-9-18。

三、升旗：升旗仪式要搞好，热爱祖国第一条；齐唱国歌感情深，肃立致敬要做到。

四、两操：出操集队快静齐，动作规范做好操；每天眼操做两次，持之以恒视力保。

五、上课：铃声一响教室静，专心听讲勤思考；举手发言敢提问，尊敬师长听教导。

六、课间：课间休息不吵闹，文明整洁不乱跑；勤俭节约爱公物，遵循公德很重要。

七、学习：各门功课要学好，遵守纪律最重要；预习复习要自觉，环环扣紧才生效。

八、作业：审清题意独立做，格式规范不照抄；本子整洁字端正，保质保量按时交。

九、活动：科技文体热情高，体魄健壮素质好；思想觉悟要提高，班队活动少不了。

十、生活：爱惜粮食要记牢，进餐午休不乱叫；服从管理加自理，遵守纪律觉悟高。

四、每日关注班级纪律

纪律是为了培植和形成学生对规则的认同感。纪律与规则是孪生兄弟。活动必须有规则，学习活动应有学习规则。有了规则，活动才会有序和有效。纪律也是为了培植和形成学生对班集体的归属感。纪律总是与集体联系在一起。几乎所有的学生都有一种强烈的愿望，希望成为自己班级中重要的一员。如果班主任和班级中的其他成员给予重视和尊重，并在活动中包容他们、平等地对待他们，那么他们就会找到这种归属感。而当学生无法在班级中获得这种归属感时，他们经常转向错误的目的。因此，要求和帮助学生守纪，让学生获得并保持这种对班集体的归属感，使自己的行为指向正确的目的——遵守集体的纪律，关心集体，维护集体，成为集体中的重要一员，是班主任重要的职责。纪律还是为了给学生带来真正的快乐和自由，而不是带给学生束缚和制约，是让学生在良好的氛围和状态中去想象和创造。由此看来，纪律是永恒的，无论是过去、现在还是未来，都应有纪律存在，都要关注纪律，建设良好的纪律。

（一）纪律管理的核心在于自律

什么是自律？自律就是学生从自身内部向自己施加准则与控制，换句话说，也就是自己约束自己。自律是对人的一种高要求，是学生纪律性发展的最高阶段，是班级管理的最终目的，因此，它是纪律的核心。实现由他律到自律的转变，是一个比较复杂的系统工程，是一个深层次的育人过程，需要学校、家庭、社会形成强大合力，经长期努力才能形成。培养学生的自律品质须做好以下几方面工作：

尊重学生人格与严格要求相结合。纪律最重要的特征是尊重个人的人格。学生的纪律问题在客观上是受到各种因素的影响，在主观上是由于某些需要没有得到满足，这就要求班主任应理解、关心、爱护学生，尊重学生人格，同时班主任要严格要求学生，对学生遵守班级纪律提出明确要求，加强班级纪律的目的性教育。对班级纪律问题不能采取不闻不问的态度，因为这种态度在某种意义上有意无意地助长了违反班级纪律的不良现象。

外部监控与自我调控相结合。自律并不意味着抛弃一切外部的控制、准则和指导，而是在班主任的指导、调控下通过对纪律价值的不断内化逐渐形成的。班主任的外部监控必须通过学生的接受内化才能形成自律，要形成和发展学生的自律品质，必须发展学生的自我调控能力。班主任要引导学生树立对班级纪律的正确、积极的态度，让学生产生积极的纪律情感体验，培养学生自觉遵守纪律的良好习惯和意志力，引导学生进行自我分析、自我检查、自我反思、自我评价、自我监督、自我锻炼，并通过自我鼓励、自我奖赏、自我誓言、自我命令、自我禁止等自我强化手段，维持合理的班级管理行为，消除班级纪律问题，以实现学生自我监控，从而形成和发展学生的自律品质。

利用集体舆论导向和集体规范的约束。健康、正确、良好的班级舆论反映了班级多数人的意愿、态度和倾向，是鼓舞、激励和约束学生言行的巨大精神力量，有利于增强班级凝聚力。班级规范是学生在共同生活中所形成的处理班级问题的倾向性认识，是约束班级内学生的行为准则。集体规范一经形成，就为学生划定了活动的范围，规定了学生行为的方向，成为引导学生班级管理行为的指南。在班级中，即使个别学生有违纪倾向，但由于班级管理规范的压力，也势必使其产生符合班级规范的管理行为。

（二）违纪行为的矫正与处理

作为班主任，对于学生的缺点或错误如何进行批评、教育是一个非常重要而且含有技巧的问题。有效的、成功的、具有激励性质的批评，可以改变一个学生，使他一生受益，将他引向成功；相反，一个伤学生自尊心的、令学生消沉的批评（如讥讽、嘲笑），可能会让他从此一蹶不振，失去前进和向上的动力，就是我们平常所说的“破罐子破摔”（建议参考本篇案例分析中的案例二）。诚然，班主任面对有缺点的学生，怒其不争的心是好的，但也应当检讨自己的批评教育方式是否正确，是否具有“励志”性，是否能催人向上，使学生自觉自愿地改正缺点和错误，立志成才。每一位班主任都会遇到学生的违纪行为，对学生违纪行为的矫正与处理，要注意以下几方面：

全面准确把握出现违纪行为的根本原因。只有准确把握出现违纪行为的根本原因，才能恰当处理。班主任首先要保持冷静，不发怒，然后认真找原因，妥善处理。须知每个学生都会犯错误，这正是教育学生的好时机。

正确认识批评与惩罚的教育意义。苏联著名的教育学家马卡连柯指出：“合理的惩罚制度不仅是合法的，而且是必要的。这种合理的惩罚制度有助于形成学生的坚强性格，培养学生的责任感，能锻炼学生的意志和人的尊严感，能培养学生抵抗引诱和战胜引诱的能力。”惩罚不一定意味着不尊重，但惩罚不是体罚。

正确地运用惩罚。惩罚的对象是学生的违规行为，而不是学生本身。任何指向学生的身体、尊严、人格、心灵本身的惩罚都是反教育的。班主任惩戒权或教育惩罚的实施还应当遵循一定的原则，受到一定程序上的限制。漫无目的、毫无节制的惩罚肯定是非专业、不科学因而可能是反教育的。

五、培养高素质的班级骨干

班主任亲自动手把班级大小事情管理得再好，也只是一个能干的班主任。班主任管理班级的智慧还应该包括善于培养与任用班干部，共同做好班上的事情。学生能做的，班主任坚决不做；学生能够完成的，班主任决不插手。一个良好的班级，必须拥有一批团结在班主任周围的积极分子，组成班集体的核心，有了这个核心，才能带动全班同学去努力实现集体目标。因此，建立健全的组织机构尤为重要，它会让班级管理工作起到事半功倍的效果。

（一）如何挑选精兵

班主任要选择一些品学兼优、责任心强、有一定工作能力、乐于为同学服务的学生担任班干部。在选拔班干部前，要开展一些活动，使学生发挥特长，展示才艺，展示自我，从中了解学生品德、才能、性格，然后可以通过民主选举、毛遂自荐或公开竞选的方式产生，并根据他们性格、能力的差异，安排相应的工作，使他们成为同学的榜样，带动同学不断进取。

（二）如何培养良将

选拔班干部后，班主任要培养、指导和提高他们的工作能力。一是培养班干部独立的工作能力。大胆放手让学生自己去管理自己，管理班级，使他们充分意识到班级的事就是自己的事，自己是班级的主人。班干部选拔出来后，班主任给他们定工作目标，定计划，教方法，然后放手使用。二是培养民主的工作作风。班主任要经常教育班干部树立为集体服务的光荣感和责任感，要求他们努力学习、团结同学、以身作则，鼓励他们既要大胆工作，又要严格要求，注意工作方法。三是教育他们严格自律。班主任首先要求他们严格遵守学校的各项规章制度，要求同学们做到的，他们一定要首先做到。对有了缺点和犯了错误的班干部决不能姑息迁就，必须进行必要的严肃批评，甚至当众批评，使班干部感到，不论是谁，犯了错误都要受到批评，做到“一视同仁”。

（三）怎样建立亲密的“师干”关系

班干部与班主任接触频繁，教师的人格、品行和教育素质在言传身教中潜移默化地影响着他们。班主任要以宽广的胸怀、积极的心态去对待班干部，要以自身的高尚师德和人格魅力感染班干部，为班干部顺利工作创造条件，在班干部指出班里不良现象时应该给予鼓励，做好班干部的保护伞，并及时做好受批评同学的思想工作。

为班干部减“副”吧①

那是一个阳光灿烂的清晨，我踏着轻松的步伐走进教学楼，还没上楼就听到一阵喧闹，正是从我班传来的。原来，两个同学在晨间值日时把垃圾撒了一地，被检查卫生的值勤碰了个正着。这下可好：班长、副班长、这天的班级值日生、纪律委员、调解委员、卫生委员、卫生监督员都一哄而上，七嘴八舌闹了个不可开交。

也许你要问：怎么会有这么多的班干部呢？这事还得从我设计的“雏鹰行动”计划开始说起。校园里刮起了一股风：要让每个同学都能当上班干部，给他们锻炼自己的舞台，体验主人翁情感。

在这种氛围下，面对孩子们想当班干部的热情和渴望，我积极筹划我们班的“雏鹰行动”。费了不少脑筋，调查研究分组、培训上岗竞选，协调好各方面的关系，设置了以下班干部：班长1人，副班长2人，中队长1人，学习委员、卫生委员、体育委员、文娱委员、宣传委员、纪律委员、调解委员各1人，生活委员2人（男女各1人），组长8人，课代表4人，班级值日生队长8人（每值日小组1人），安全委员6人，卫生监督员6人，放学路队队长8人（分别负责4条主要街道的队形及道路安全）。一个66人的班级，班干部的人数达到了53人，虽然还没能做到每人头上都有一顶“官帽”，但基本上做到了皆大欢喜。

这么多的班干部怎么管不好一个班？于是，我严肃批评了这种情况，立即组织班会，让他们说说他们班干部应该怎样各负其责。他们似乎意识到了自己的不足，但又对自己为集体出力却遭到批评而感到委屈。我想：也许是刚刚开始，他们还没有习惯上班而已，多进行几次这样的培训，就一定能好起来，我对自己的“雏鹰计划”充满了信心。

然而，事情并没有按我设计的道路顺利进行下去。终于，在一节自习课上，教室乱成了一团。班长想：不是有负责纪律的副班长吗？

① 《为班干部减“副”吧》,http://xgycaiguozhang.blog.163.com/blog/static/1733345832011867546611,2011-9-6。

副班长想：不是有值日组长对一天的纪律全面负责吗？值日生想：你纪律委员是白当的吗？纪律委员却寻思：有班长在，还轮到我来指手画脚吗？结果大家相互扯皮，相互推诿，这么多的班干部竟无人来管！

我冷静分析其中的原因：班干部多了，其含金量就打了折扣，威信也受到了影响，矛盾渐渐明显起来。你是班干部，我也是班干部。今天你在班上点了我的名，明天我也要想方设法挑到你的刺。结果，一些本来可以忽略的小纠纷反而引起两个班干部的争吵，每天都有不少芝麻大的小事交给我来处理，班干部喊破嗓子，学生却当耳边风。有的班干部本来以为全民参与，人人是管理者，又是被管理者，都能体会到管理和被管理的感受，也就能在处事时换位思考，合理、文明解决问题，但是结果却事与愿违。再加上什么“班长和当天的值日组长哪个权力大?”“副班长在早餐时违了纪，卫生委员能不能批评?”“为什么我的成绩比他好，他的‘官儿’却比我大?”，干得不顺心的开始有了怨言，今儿这个说要不干，明儿那个说要辞职，这个觉得委屈，那个觉得权力受阻。诸如此类的问题，在孩子的眼里却是上纲上线、爱憎分明，搞得我是焦头烂额。

我不禁对这种全民皆“官”的做法产生了怀疑。在慎重召开了班会后，大家一致同意对班干部进行调整。我决定大幅度减少班干部的人数！全班一共只设9名班干部：班长、中队长、卫生委员、学习委员、体育委员各一人，组长4人，他们同时也兼任课代表、安全监督员等，每人都身兼数职。还采取“班干部轮流制”“双向互动”等办法促进学生之间的竞争意识。同时，班干部还要接受同学的监督与批评，打破班干部“终身制”，打破“干好干坏一个样”。班干部的人数少了，班干部的权力大了，班干部也不是随随便便就能当上的了。

班干部的产生要经过这样的程序：先由同学讨论，提出要求：他们必须品学兼优，有一定管理能力，能以身作则，对同学一视同仁；再由愿意参与班级管理的同学对照条件自我申报，发表竞选演说；再投票选举，公示候选人；再确定职务，明确各自的分工。这一套程序下来，每个人对班干部的重要性、职责、要求都有了深刻的认识。由于这个职务确实来之不易，他们也倍加珍惜。

虽然目前我班上只有9名班干，但其管理效果却远远超过了以前的几十个班干部，班级也连获学校的纪律、卫生“循环红旗”，而且矛盾少了，纪律顺了，成绩好了，孩子们笑了。

不同的班主任对班干部有不同的理解。通过这个案例，我想：优秀班干部应是风，一缕春风；其他学生是水，一池春水。二者风生水起，相互辉映。在教育的天地间，要让每一个学生都成为一朵激越的浪花，让一个班集体翻卷成一幅幅壮丽的美景。班主任要驾驭好这股风，既不能“无风不起浪”，让教育死水一潭；又不能狂风大作，让教育失控。润物细无声是春风的追求，百舸争流忙是春水的境界。

小班级大世界，中国青年报曾刊登了一篇文章。治理“官患”刻不容缓，旨在提升办事能力，实现高效履职的改革，不仅需要狠抓机构的精简、调整，而且需要狠抓领导体制和干部人事制度的建设、完善。山不在高，有仙则名；风不在大，有为则灵。班干部也需要精兵简政优化组合，我们也该为班干部减减“副”了吧！

六、个别教育需要先读懂学生的心理

个别教育与集体教育相对而言，二者是相辅相成的。班主任要关心每一个学生，教育好每一个学生，除了通过集体来进行教育外，还应当经常地、深入细致地做好个别教育工作。只有使每个学生都进步，班集体才能健康地发展。集体中的个人都是有个性特征的，都有自己的优缺点，他们在各项活动中，会有先进、后进和中间状态之分。他们的思想状况、道德情操、学习成绩、活动能力和水平各有不同。这就要求班主任从每个学生的特点和实际情况出发，做好个别教育，发扬积极因素，克服消极因素，使后进赶先进，先进更先进，不断扩大先进，人人都进步。

苏霍姆林斯基与“困难生”①

在苏霍姆林斯基的帕夫雷什中学里形成了这样一个观念：相信一切孩子都能被教育好。这里没有“差生”的概念，只存在“困难学生”或“难教育学生”的说法。在教育实践中，对这类学生一般不单纯由某个教师去进行教育，对他们进行教育往往是整个集体的义务。苏霍姆林斯基一生中就教育过178名“难教育的学生”，这178名学生都有一个艰难的教育过程。每周苏霍姆林斯基都要走访困难孩子的家庭，以便深入了解形成他们道德的最初环境，他跟家长们、家长的邻居们、教过这些孩子的老师们进行交谈。

这一天，他来到了小学生高里亚的“家庭”。这个“家”给他留下了这样一个印象：高里亚是个非常不幸的孩子，他从小失去了父亲，母亲在他刚满周岁时，又犯了严重的罪行，被判处十年徒刑。高里亚从小住在姨母家，姨母把他看成额外的负担。高里亚成了一个典型的“难教育学生”，这就是他的家庭背景。高里亚从上学一个月后，大家就对他产生了一个鲜明的形象：这是一个懒惰成性、常会骗人的学生。在短短的一段时间里，他就表现出了“难教育”的特点。秋天，当高年级学生植树时，他有意破坏了几株树苗的根部，并向全班同学夸耀自己的“英雄行为”。有一次课间，他把手伸进别人的书包，拿出课本，用墨水把它弄脏，再放回原处，并以天真无辜、泰然自若的态度来欺骗教师审视的眼光。还有一天，他们班去森林远足考察，他一路上撞这儿打那儿。当班主任——一位女教师故意不理睬他，向其他学生讲解山谷、丘陵、山和冲沟的有关知识时，他走到全体学生面前，做出滑稽动作，还登上峭壁往下看。老师旁敲侧击地提醒：“同学们，不能走近冲沟边缘，跌下去十分危险！”他突然高声喊道：“我不怕！这个冲沟我滚下去过！”说着就卷起身子滚了下去……

苏霍姆林斯基根据家访的情况，找来班主任等有关教师共同分析高里亚上述行为产生的原因。他提出了自己的看法：高里亚对自己的行为所抱的态度，是故意装出来的、不自然的。家庭环境的影响，使

① http：//baike. baidu. com/view/39195. htm，2012-8-22。（标题为编者附）

高里亚对人们失去了信心。对他来说，生活中没有任何神圣的、亲切的东西。苏霍姆林斯基的看法对教师们思想触动很大。大家一致认为，高里亚之所以不好，是因为过去大家只看到他恶劣、放荡的一面，而没有主动关心、挖掘他身上闪光的地方。这个学生表现出来的缺点，是在向周围的人对他漠不关心、冷淡无情的态度表示抗议。这样的分析增强了教师们的同情心、关注之情、教育的敏锐性和观察力。

一次，苏霍姆林斯基发现这个孩子单独玩耍，好像很随便的样子，他把高里亚请进了生物实验室，要高里亚帮忙挑选苹果树和梨树的优良种子。虽然高里亚装出不屑栽培树苗的样子，可是孩子的好奇心还是占了上风，他们两人一起做了两个多钟头，直到很累为止。这件事引起了高里亚的极大兴趣，当班主任再次去高里亚家时，已发现他正在施肥栽树。此后，班主任老师因势利导，在班级栽树活动中，让高里亚指导别的孩子。及时地发现和鼓励温暖着这个孩子的心灵。虽然后来高里亚曾多次反复出现不良倾向，老师们却着眼于长善救失，循循善诱。“功夫不负有心人”，在这个教师集体的共同教育下，这个孩子在三年级时，光荣地加入了少先队，以后还经常帮助有困难的其他同伴，为集体默默地做好事。高里亚好像重新变成了另一个人了。

瓦·阿·苏霍姆林斯基（1918—1970），苏联著名教育实践家和教育理论家。他从 17 岁即开始投身教育工作，1948 年起担任家乡所在地的一所农村完全中学——帕夫雷什中学的校长。在他一生长期的教育实践中，既当校长，又当普通教师；既教课，又当班主任；既做具体工作，又搞科学研究。苏霍姆林斯基被人们称为“教育思想泰斗”。他的书被称为“活的教育学”“学校生活的百科全书”，他所领导的帕夫雷什中学被列为世界上著名的实验学校之一。

（一）摸清情况，分析原因

优秀生是怎样成长起来的，需要总结经验；暂时处于后进状态的学生情况是怎样的，有什么原因甚至教训也需要总结。摸清情况，因材施教是应该永远遵循的原则。

（二）掌握心理特点，调动积极因素

人总是有积极向上的因素的，特别是青少年学生，应该相信个别学生处于某些方面的后进状态是暂时的，是可以教育好的。班主任要善于发现他们心灵上发光的东西，要懂得他们的心理状态往往是十分复杂的。有的表现为自卑，内心恰恰有强烈的进取心；有的常犯错误对受表扬的学生表现为瞧不起，心里却又常泛起羡慕之情；有的受到表扬时，会兴奋不已，得意扬扬，而当犯错误时会出现不同程度的懊悔，有一定程度的改正错误的愿望，但又由于约束自己的能力较差，常会重犯错误，因而丧失信心，甚至想破罐子破摔，倘若及时得到教育帮助和关怀，又可能鼓起勇气重新做起。因此，班主任在开展个别教育时，必须透过消极的东西看到积极的因素，应当依靠学生的优点帮助学生克服他们的缺点，调动积极因素克服消极因素。

（三）动之以情，晓之以理

青少年学生处在生长发育阶段，在学校主要是受积极的正确的教育，这是主流。有些学生思想上、行为上有不健康的东西，但他们既能通情又能达理。“动之以情”就是说对他们要有信任、尊重的感情，从思想上爱护他们，从生活上关心他们，从学习上帮助他们，使之从内心为之感动，愿意接近你，信任你，说知心话。同他讲道理，既要讲具体的、明白的、和学生有直接关联的小道理，又要讲他们能够接受的大道理，做到深入浅出，循循善诱。

（四）抓反复，反复抓

学生犯了错误，有的往往会出现反复，班主任应视为正常现象。要“导之以行，持之以恒”。因为学生思想觉悟的提高、道德行为习惯的形成是一个反复发展的过程，绝不能指望“一蹴而就”“一劳永逸”。要正确对待学生进步过程中的反复，要深入调查了解反复的原因，仔细琢磨研究原因在哪里，坚持不懈地、耐心细致地做好反复教育工作。对他们仍然要尊重、信赖、不嫌弃、不放弃，问题不解决不撒手。当然，最好要把工作做在前头，以防患于未然。

专题二　案例分析

案例一

“差乱班”的新班主任[①]

一、案例描述

刚开学没多久，学校领导收到高一（6）班家长们的纷纷投诉，要求加强对班级的管理，换班主任。领导找我谈了好几次，请我一定把这个班接下来。经过激烈的思想工作，我接手了这个全校最差的班级。……这是一个怎样的班级呢？想想都让人感到头疼。……卫生是出了名的脏乱差，从来就没有看过讲台的真实面目（永远有一大堆东西和灰尘），地面看不到原来的颜色，教室拥挤不堪，后面是个垃圾场，最后一排学生每天坐在一堆垃圾上上课。没有人管卫生，更不用说其他的了。课堂纪律是这样的：打上课铃后，教室里仍然是一片混乱，没有人意识到应该坐到自己座位上，原来坐着的依旧是坐着，原来站着的还是站着，各个想干什么就干什么，想说什么就说什么。上课时也是这样，大面积的人不听课，上课就睡觉、闲谈、看漫画、玩手机、玩游戏机，搞得课堂不得安宁。有人开学两个月以来没有交过一次作业，没有听过一节课。在这样的班级上课，绝对是一种对教师精神和体力的折磨。大量的学生晚上回家什么书都不看，考试平均分只有三四十分，最高分的成绩刚刚及格，其余都是不及格。班级的大部分学生都是交了大笔的“赞助费”才来的，而且，家长的投资不是一次性的，学生每天大把地花钱，买饮料、零食、杂志，玩游戏，喝不完的饮料随手扔，淌得满地都是。课上到一半有的男生就憋不住了，要跑出去抽烟。最重要的，是班级风气不正，没有人愿意维护集体利益，谁都不把班级当回事。生活在这样一个班级里，很多人都深感绝望。正气压不住邪气，学生当然没有集体荣誉感。

面对这样的班级，开始我并没有下猛药大刀阔斧地整改，而是用情感教育感化他们，因为这个班级的大多数学生都是长期缺乏教师关爱的，他

---

① 陈宇：《让我们有尊严地活着》，http://blog. sina. com. cn/s/blog_4d5c70c60100kou 5. html，2010-09-11。（案例内容略有删改，标题为编者附）

们对正面的教育很抵触，对说教很反感，对高压管理也已经不当回事。我用真心感动他们，和他们交朋友，鼓励他们，用积极的暗示激发他们藏在内心深处的善良，将全部的时间和精力都扑在班上。在我不断地努力下，几个月后，班级的面貌有了很大改变，各方面的进步都很大。在这个过程中，我深感哪怕是一个很小的进步也要付出很大的代价，但即使再艰难，也不能放弃，因为一旦放弃，就意味着前面的努力白费。渐渐地，我开始向他们身上一些根深蒂固的坏习惯开战。

考试作弊，恐怕是每一个教师都很头疼的问题。……我的班上学生大多数学习上有困难，成绩很差，考试作弊也被视为家常便饭。针对这个问题，我始终在找突破口，用有效的教育使他们自己能自觉地远离作弊。如果他们自己厌恶考试作弊，那就比任何强制的措施都有效果。我努力寻找可以深入到学生心灵的教育手段，而不是泛泛地讲“诚信”问题，因为学生从小到大听得太多，对这些大道理已经听够了……

二、案例分析

班主任一般都不喜欢中途接班，尤其是又接了一个“差乱班”，这种感觉一定不会太好。也许我们将来遇到的班级中的问题不会像案例中那么极端，但实际上这些情况，行为习惯、风气，包括个别问题不同程度地都会发生。总的来说，该班级存在的主要问题有三个。一是缺乏规范的养成，没有一个良好的行为习惯，例如卫生习惯、学习习惯等，自由散漫严重，有些违规违纪行为已“习惯成自然”了，他们感觉不到。二是班级缺乏正确的舆论导向，正气不足，凝聚力不强，一些班干部、团员起不到“领头羊”的作用。三是学习目的性不够明确，后进生居多。

对于一个班级而言，树立健康向上的优良班风，是班集体建设的一项重要内容，而这一点对于案例中的班级尤为重要。案例中的陈老师是把考试作弊、诚信问题作为建立良好风气的突破口。搭建平台，通过活动增强凝聚力，转化后进生，以循序渐进地达到“班风学风转好，学习成绩提高”的管理教学目标。该班级中的学生对教师的说教很反感，唯有用情感教育、用真心感动他们，和他们交朋友，鼓励他们，用积极的暗示激发他们藏在内心深处的善良，才能发挥作用。因此，对于新接手这样班级的班主任来说，建议老师们找到扭转班风的突破口，树立正派的班级风气，渐渐形成新的班级精神，让学生由原来的生活在自卑之中转化为为自己所在的集体自豪。从常规抓起，抓反复，反复抓，矫正部分学生的不良行为，培养班级的领军团队、优势项目，用新的管理模式来吸引学生，把“挚爱”和“严教”组成一个统一体。

三、讨论题

1. 结合案例谈谈新接手一个班级的班主任时，应如何度过新班级的磨合期。

2. 假设你是案例中的班主任，接下来将采取哪些措施呢？

案例二

班规应该管老师吗？①

一、案例描述

李老师刚被学校委任为班主任后，头脑中马上想到的就是“没有规矩，不成方圆”的古训。经过几天的深思熟虑和明察暗访，考虑到班级生活所涉及的方方面面，李老师煞费苦心拟制的一份长达 60 条 3000 多字的班规终于出炉了。它内容详尽——学习、纪律、劳动，卫生等无所不包，而且措辞严密，没有漏洞。这应该是一份不错的制度吧？李老师暗自想。

为保证制度的落实，李老师给每个学生都复印了一份班规，要求学生首先自学，又利用班会课时间集中学习了两次。两三个礼拜过去了，结果却令李老师大跌眼镜，不仅没有出现想象中的大好局面，就连常规的仪表检查都接连遭到扣分，其余的如自行车摆放、值日卫生、课堂纪律等就更不用提了，在年级都倒数了。

苦苦思索之后，李老师似乎找到了问题的答案。又一次班会课来临了，李老师走进班里，再次让大家拿出班规，教室里立刻发出不满的声音。李老师不慌不忙地说：“此次学习的主要目的是充分发挥大家的主人翁意识，看一看有哪些班规需要改进？不适合的，就予以删减。”

如同平静的水面投下石子一样，学生们将信将疑地看着李老师，李老师接受了大家疑虑的目光，肯定地点点头。学生的兴趣一下子起来了。有人说第三款的第二条必须简化；有人说第四款的第一条已经过时，应该删

① 徐秀玲：《李老师和班规的故事》，http：//i. yanxiu. com/blog/9819626/505451485651 735! cateid=0，2014-10-4。(案例内容略有删改，标题为编者附)

掉。听着大家七嘴八舌互不相让，李老师趁机宣布两项任务：一是每人都要在规定时间内为班级设计一条班规，大家择日交流；二是每组挑一个同学组成“班规建设委员会”，由他们征集大家意见，决定讨论修订日程。

自从那天开始，班里的气氛就变得十分活跃，设计什么样的班规成为同学们下课之后最热门的话题。两周后，班级“班规建设委员会”负责人通知李老师下周一利用班会课表决新班规。带着疑惑和一些担忧的复杂心情，李老师旁听了此次表决，令人意想不到的是，新班规虽然条款减少了，却更为实际和有操作性，例如其中的一条是针对值日生的，“拖把攥干净，以提起不滴水为宜”。原来，他们听说最近其他班接连发生了地湿滑倒的现象，就进行了专门调查，调查结果是地湿滑倒的主要原因在于值日学生怕弄脏手从而导致拖把攥不干净，针对这种现象做出了明确要求。有的规矩则充满了孩子们才想得出的灵气。如为了防止学生迟到，他们组织了“根据地”（根据居住地域结成小团体），利用电话、楼下叫喊等“招法”进行帮“困”。

新班规顺利通过了，因为是全班同学共同劳动的结晶，遵守新班规也成了每位同学的自觉行动。两个月下来，全班竟然没有发生一起违反新班规的行为，班级的各项工作也很快走在全年级十个平行班的前列。

日子在风平浪静中很快过去了，转眼到了第二学期。按照班级“班规建设委员会”的要求，新学期需要重新讨论班规修订问题，表示认可的同学就在承诺书上签名通过。等到收上来一看，李老师发现一个问题：上面只有50名学生的签名，张强、王易两人没有签。这是为什么呢？

放学后，李老师把他们单独留了下来：“张强、王易，今天你们为什么不签名呀？是不是发现班规上有什么问题？”两人低头不语。为了减轻他俩心里的紧张，李老师给他们分别搬了一张凳子，让他们坐在对面，继续说：“我相信你们有自己的想法，你俩比其他同学更心细，更关心班级。有什么建议，尽管提出来。只要在理，对班级建设有利，我们可以再次修改班规！”

他俩见李老师颇有诚意，就放松了些，可还是谁也不肯先开口。李老师又开导说：“放心，就算是对我有意见也没有关系，可以直接提！”听到这句话，两人对视了一眼，张强吞吞吐吐地开口了：“老师，我们确实是对您有意见……”李老师愣住了，但马上平复了一下情绪：“什么意见？”“您平时总说老师和学生是平等的，老师也是班集体的一员，可班规全用来约束我们，没有一条约束老师的，我们觉得……有点不公平。”王易补充道。

二、案例分析

接班之初，李老师就敏感地意识到了制度的重要性，因而想到了通过班规建设来促进良好班风的形成，应该说抓住了问题的本质：人管人还是制度管人？但在接下来的实践中，李老师却忽略了一个重要的问题：什么样的制度才能管人？或者说，制度来自于谁？制度制定的过程是自上而下还是自下而上？由于对这些的疏忽，李老师精心制定出的详尽而且规范的制度在执行之初就遭到了同学们的软抵抗。因为未能经过民主参与而制定的班规，表面上看起来是“法治”，骨子里却仍然是“人治”，因为它只代表制定者本人一厢情愿的单方面要求，即使能够得到执行，也是标准的“他律”而并非“自律”。

班主任是一个“教育型的管理者”。管理是教育的手段而不是教育的目的。育人为先始终是教师应该秉承的教育理念，所以制度管理的最终目的不是用他律来强行限制学生的行为，而是通过规范的强化和认同，通过民主管理的过程来唤醒学生的主体意识觉醒，将行为进行内化，形成自律。

同学们的抗议引起了李老师的思考，大家不仅提出了班规制定的权力归属的问题，还提出了内容设定上的问题——繁文缛节还是简约实用？条目太多记不住怎么办？价值趋向的问题——重在约束还是重在激励？全是不许和不准，到底应该怎么做？随着李老师开始改变策略，让同学们以主人翁的精神来参与班规制定，这个改变取得了令人欣喜的结果。同学们以极大的热情参与到班规的建设中，创造性地改进了班规，并且做到了真正意义上的自律。案例的结尾也让我们看到，学生们在自主管理过程中发现了更有趣、更有深度的问题。

三、讨论题

1. 案例中的班主任在制定班规过程中有哪些经验值得我们学习？
2. 你认为班规是否应该管老师？请谈谈你的看法。

案例三

排座引发的思考——不是问题的问题①

一、案例描述

我们班的女同学小辉是一个非常调皮的学生。她很聪明，但成绩一般，是什么原因使得她的学习成绩总是停滞不前呢？我分别了解了各位科任教师，他们一致认为小辉科任课太能说话了。班干部们也说："老师，除了您的课，科任课她没有不说话的。"我心想：坏了，问题严重了！是不是她的同桌也不能很好地约束自己，从而导致她们互相影响？于是我在争得小辉同意后，让她和一个比较老实的男同学小龙一桌。

刚调桌没几天，就又有老师和同学反映说："小辉实在是太能说了，就连不爱说话的小龙也和她说起话来了！她和谁一桌谁就遭殃！"面对这种情况，只有两个办法：一是将小辉调到最后一排；二是让她坐在讲桌边，单独一桌。调到最后一排的结果可能导致原本聪明的小辉对学习的最后放弃，但不会影响其他同学；而若要调到讲桌边单独一桌，对她的自我控制和学习成绩无疑是非常有益的，只是不知道对她的心理是否会造成影响？会不会让她觉得自卑？因为我一直把特爱说话但又没有放弃学习的男生放在讲桌边单独一桌。

思前想后，我还是决定把小辉放在讲桌边上。因为我觉得对她这样的孩子绝对不能放弃。在放学后我就找到了小辉，我说："老师想给你调个座位，主要是为你的成绩考虑的。你很聪明，就是上课时太能说话了，因此，不但你自己的成绩没有提高，而且也影响大家共同进步呀！老师想给你调到讲桌边，先和你商量一下，你同意之后，我再与刘力商量。人家刘力自从坐在讲桌边，成绩直线上升，我还不知道刘力愿不愿意和你换呢？讲桌边的座位可是好座位啊！刘力可是我同事的外甥！很多人想坐在那里，我还舍不得呢？"小辉听到这里爽朗地笑了，说："老师，我也知道我自己的毛病，就是管不住自己的嘴。我愿意换座。您和刘力好好说说吧，我要是坐在这里，也一定不再说话了，我的成绩一定能提高的！""好的，那老师明天就找刘力谈。"

---

① 《编排座位拓展案例：特殊座位》，http://lan. yuer. blog. 163. com/blog/static/12009977120104283219688，2010-05-28。（案例标题为编者附）

做通了小辉的工作，刘力的工作就相当容易做了。因为谁不愿意换到正常的座位呢？我这样和刘力说：“刘力，你最近的表现不错，成绩进步也很快，现在你和小辉换一下座位吧，老师相信你坐到学生中间一定会遵守纪律的！”刘力满心欢喜憨声憨气地说：“谢谢老师，老师放心！”

这次的座位调完之后，小辉的课堂纪律果然大见起色，成绩也有明显的进步。她和她的家长都很满意。这次特殊的调座位，让我意识到特殊座位还需特殊的对待，只要工作做细致，没人要的座位可能变成人人争的座位。事实也证明确实如此，我们班现在有很多淘气孩子都要求到讲桌边来坐呢！

二、案例分析

教育的最终目的是让每一个学生都得到发展。教育无小事，事事都育人。班级学生座位的编排看起来是小事，却蕴含着许多教育思想和教育原则。案例中，班主任能细心发现小辉同学虽然生性聪明但学习成绩一般的情况，针对她有好说话的特点，选择了从调换座位入手，以促其潜能开掘、成绩提升。这表现了班主任有较强的责任心，能关注班中个别学生。尤其是调换座位后，班主任能持续关注，发现收效甚微时，经思考、分析，再次选择了二度座位调换的应对策略，此间显现出了班主任的自信与执着。而且为了稳妥起见，能辅之以个别思想教育工作，于是与小辉、刘力分别进行了真诚、友善且不乏智慧的沟通，使两名学生在感受尊重与信任中，在领受激励与期待中，欣然应允了座位调换的提议。事实的结果表明：特殊座位的调换使小辉同学获得了教师的期望效应，不但没有因此造成不良的心理影响，反而使特殊座位从此成为更多同学的向往。可见，座位调换也能成为班主任教育个别学生的有效路径，当然，其间需要班主任积极关注并研究个别学生，能与学生进行心理置换，维护学生的自尊，并讲求教育艺术，这样，能使原本不言而喻带有几分贬义的特殊座位，自然地增添几分荣誉感。

班级座位的编排是班级管理的一部分，合理科学地编排座位有利于班风建设和学生的身心发展，否则就会由此产生师生之间、同学之间的冲突和矛盾，出现不是问题的问题。如：某家长走后门请老师调座位，引发其他学生对老师教育的排斥；某两名个性不和的学生同桌，引发同桌打架，影响课堂秩序；某男女生同桌，产生早恋现象；某学生因看不见和听不清老师讲课内容而逃学……魏书生老师认为，座位是为每一个学生发展服务的，安排座位应当充分考虑学生的个头高矮、视力好坏、自控能力强弱、互助能力高低等特点，而对于这些特点学生自己最了解。把选择座位的主动权交给学生，不仅是对学生上进愿望的信任，而且能对“座位”这一教育资源实行合理配置。当然，每个座位都要学生自愿申请、左邻右舍共同评议，教师视其理由充分与否加以裁夺。这样做了以后，不少学生通过最佳搭配，达到了扬长抑短或相扶相长的学习效果。

三、讨论题

1. 结合上述案例及分析，总结班主任在班级座位编排时应遵循哪些原则。

2. 在进行座位编排时，班主任除了考虑学生的身高，还要考虑哪些因素?

专题三　活动设计

富有教育意义和创新性的共同活动是促进班级学生发展的具体情境设计，是帮助学生成长成才、营造学生成长环境的具体表现。现代学校班级的重要功能之一，就是为学生提供一个良好的互动环境，而班级活动具有灵活性、开放性、综合性、趣味性和自主性的特点，有助于实现班级目标，培养和锻炼班干部，形成正确的集体舆论和良好的班风，班级活动还能够激发学生求知的欲望，培养学生良好的意志品质和高尚的思想情操。

一、主题班会的策划

班会是以班级为单位，在班主任指导之下由学生自己主持开展的全班性会务活动。它能促进良好班风、学风的形成，推动学生自我教育、自我管理、自我完善；在学生中实现更广泛的思想交流，而且有利于学生口头表达能力、思辨能力、创新能力的发展。通常我们把班会类型分为这样三种：固定班会、临时班会、主题班会。主题班会与临时班会、固定班会的最大不同是它要围绕一个主题进行。一般来讲，主题班会是指在一定的阶段围绕某个主题开展，对学生进行思想教育的班会。其主要功能是德育，通过主题班会对学生进行思想品德的教育。主题班会的主要形式包括：主题报告会、主题汇报会、主题讨论会、科技小制作成果展评会、主题竞赛、主题晚会等。主题班会的组织一般包括确定主题、组织准备、具体实施、效果深化等几个阶段。

（一）班会主题的确定

设计主题班会最重要的一点就是确定班会的主题。主题的确定通常可依据三个方面——班级生活中的现实问题、班级偶发事件或学生自选主题。

班主任可依据学生的实际学习生活、思想动态确定班会主题。班主任必须经常了解本班情况，掌握第一手材料，做到有的放矢，即针对学生思想实际及班级存在的主要问题，选择那些具有启发性、对学生思想情况起潜移默化作用的主题来组织班会活动，以保持学生的健康发展。班主任要及时了解学生的学习生活情况和思想动态，以确定一些带有普遍性的东西，开展主题班会活动，适时地帮助学生弄清是非，提高认识。

图片来源：某初中班级主题班会图片，
http：//jinrujin. eduol. cn/archives/2008/480920. html

班主任可依据班级偶发事件来确定班会主题。有的偶发事件在意想不到之中提供了教育的良好契机，要注意及时抓住这一主题，否则时间久了，可能会失去这一契机。如：学生有乱丢纸屑的习惯，而屡次教育都无效，可开展“建设班集体，从身边的小事做起”的主题班会；有学生打架斗殴，则可开展“远离暴力，还学校一片净土”的主题班会。所以，面对偶发事件，班主任要反应敏捷，果断决策，及时确定主题。

班主任也可让学生自主选题。班主任先拟定一个大致范围，然后由学生确定主题；可个别征询，或动员每个同学出主题；或由班干部在广泛听取同学意见的基础上选定。不管采用哪种方法，所选主题都要代表学生普遍存在的、感兴趣的、关心的问题，这样才能使大多数同学从活动中受到启发和教育。当然，也可根据节令、纪念日、时事等确定班会主题。总而言之，班会课主题的确立要做到贴近学生、贴近生活、贴近时代，能够引起学生共鸣，有利于学生成长。

（二）组织准备

一次成功的主题班会就像一台进行现场直播的综合性电视节目，具有较强的可预见性和不可预见性。因此，对于从班会的开始到结束的每一个细节，在开会前都要做好周密的安排。主题班会课能否达到预期的教育目标，关键在于班主任的思考和策划。班主任对主题班会课的思考要以人为本，不脱离学生的实际，即学生的年龄、阅历、兴趣和认识水平。活动是看得见的、有形的，而教育和启发是看不见的、无形的。让有形的活动去吸引学生，让无形的教育去启发学生，使学生兴趣盎然地参加，不知不觉地受到感染。这样，日积月累地熏陶，最终让学生形成健康的人生态度、良好的个人修养和明确的生活目标。

主题班会要开得成功，必须有全体同学参与。召开主题班会前，班主任必须先召开班委会，讲清活动的目的和意义；并组织大家讨论活动的形式、具体内容与安排、主持人的确定，以及班干部的具体分工与落实。大概提前一周布置任务，让每一名同学都搜集材料做准备。如：“诚信”主题班会，要求每名同学搜集一则名人故事或自己身边的故事。确定主题班会的主持人很关键。到时控制班会场面和处理突发事件，除了班主任临场指导外，一般由主持人来把握。所选主持人要具备带动力，可以带动全班学生情绪，并有一定的组织能力与应变能力，还要对全体学生进行动员。

为了使学生在活动中接受教育，可以在班会中穿插合适的节目。在形式上可包括相声、朗诵、小品、辩论、小舞蹈、小游戏、唱歌、知识竞赛等；在内容上应该是健康向上的，这一点应由班主任与班委事先审定，然后放手让学生积极准备。

有些主题班会中还可以邀请嘉宾。邀请嘉宾有针对性地谈对某问题的看法，可以使学生受到更全面、深刻的教育。如：以“学习经验交流”为主题的班会，可以邀请语、数、英等其他科的老师来讲如何学好这些课程。请优秀教师来谈经验、谈方法会使学生收获更大。而“怎样看待男女交往过密问题”的班会，则可邀请心理老师来解答学生在交往过程中遇到的困惑和问题。

会场布置最重要的是突出主题、美观大方。教室布置合理，可以使班会的目的更明确，使班会顺利进行。(1) 黑板布置。可在教室黑板上写上主题，并配上美术设计。(2) 物质准备。如话筒、多媒体设备、音响设备、抢答器等。(3) 学生座位的布置。可根据主题让全班学生围成一个圆圈，也可分成几个小组，以使气氛更为活跃，也便于交流合作。

某高中班级主题班会策划书①

班会时间：2008 年 3 月 25 日

班会地点：高一（10）班教室

班会目的：

1. 帮助学生认识到什么是真正的自己，学会走进自己的内心，不盲目追求外在形式。

2. 帮助学生正确认识成长中的问题，端正自己的心态，明确是非观。

3. 感悟自己的价值，学会树立目标，并努力追求、实现自身价值。

4. 帮助学生增强责任意识，树立正确的人生观和价值观。

班会准备：

1. 组织班会策划小组，进行 2～4 次讨论会，明确和深化主题，确定班会形式。

2. 准备班会时所用的文字、音乐材料及道具，制作幻灯片。

3. 选定主持人，分组排练。

4. 布置教室，营造艺术氛围，烘托主题。

班会形式：

整个班会活动，以一个高中生的故事为主线，用音乐剧和多幕剧的形式表现，剧中穿插多种活动形式，从主人公的故事（特别是内心独白中）

① 王要军：《主题班会策划书》，http://www.yzms.cn/disp.aspx? serid=3728，2009-11-9。

寻找真我，感悟真我。

班会过程：

（播放音乐）

1. 在音乐剧中，我们的主题班会开始。

2. 第一、二幕剧后，播放两段自白录音。

3. 话题交流，主持人进行总结。

4. 话剧继续，第三幕剧中会出现舞蹈表演，并邀请同学和老师加入。

5. 第四幕剧后，展示图片，同学交流互动，主持人总结。

6. 话剧继续，第五、六幕剧后，表演诗朗诵。

7. 主持人出场，同学互相交流感受。

8. 班主任结语。

9. 静心冥想。

10. 班会结束。

二、主题班会的实践

在充分地准备之后，主题班会就开始了。这看似是一个水到渠成的阶段，但是，班会在具体的实践过程中还会出现许多策划过程中无法计划与预期的问题，而这些问题很可能会成为影响班会效果与实现目标的重要因素。

（一）具体实施中应注意的问题

第一，时间一定要控制为40分钟到50分钟，不宜过长。太长了，学生听到下课铃声，很容易思维分散，注意力不够集中，效果就会打折扣。第二，班主任须以普通一员的身份参加班会，不能随意干涉班会的进程，要充分发挥学生的主体作用，要充分相信学生，依靠学生，使学生成为主题班会的主人。第三，要有处理突发事件的心理准备，班会在召开过程中，可能会出现一些偶然事件，这些都需要班主任出面调整、处理，以保障班会继续进行。第四，在进行当中还可能出现冷场的情况，班主任一般要有两手准备，一是交代好主持人如何调动学生的情绪，二是在准备阶段要特地指定几位平时综合素质较好的学生做更多更充分的准备，做好随时上场表演或发言的心理准备。第五，还有可能出现偏离主题的现象，这主要在辩论赛、谈话和讨论等形式的主题班会当中比较常见，可以准备一些预案，如某种手势、动作、眼神来提醒主持人现在跑题了，要求主持人及时采取措施加以调整引导。第六，班主任一定要对整个活动做一个小结，引导学生落实到行动中去，引发学生进一步地思考，以使活动能得以延伸。做好总结是班主任的一项重要任务。在主题班会当中，学生的认识有时并不是一致的，有积极的，也有消极的，有时还有分歧，有些发言往往有片面性和局限性。由于学生的年龄、知识和认识水平方面的原因，他们往往只能看到事物的表面现象，而看不到本质；有些仅凭个人好恶来判别事物的善恶、美丑，尚缺乏客观的标准；有些发言带有明显的个人感情色彩，而缺乏理性的分析、判断。在这种情况下，班主任就要利用总结来启发、诱导和点拨，使同学们能认识到问题的本质，认识到召开班会的目的，认识到自己今后努力的方向。在总结时，要针对学生的认识给以集中、分辨、提炼和升华，使学生的认识有提高，行动有准则，前进有方向。

（二）效果深化

要使主题班会真正起到教育教学作用，绝不能忽略最后一个环节，那就是深化主题和巩固成果，也就是在班会后要进行“追踪教育”。活动开展完一段时间后，班主任必须进行各种跟踪反馈与思考。首先要及时掌握来自学生的信息反馈，抓住学生思想情感方面的变化，继续加以引导，促其升华。力争在每次活动之后，让学生们的心灵深处留下一点有价值的东西，并使他们在行动上有所表现，思想认识和能力有所提高，知识面得到扩大，有利于班集体建设。其次要思考主持人、班干部的能力有没有得到提高，组织管理能力得到什么锻炼，表现怎么样，有哪些不足，今后努力的方向。例如：有时会发现主持人表现过于紧张，应付突发事件的能力表现不佳；有时主持人又表现太突出，而淡化了其他成员的作用等。面对这些，班主任课后应对他们加以指导，使他们的能力得到不断的提高。班主任通过追踪教育还可了解有什么不足需要进一步探索，对今后开展类似的活动有很大帮助。

高尔基曾说过：“爱孩子是母鸡也会的事，但要善于教育他们，就是一项伟大的事业了。”我们如果能很好地把握住主题班会这个好的教育手段，就能让学生不会感到受教育的压抑，就不会觉得班会是“批斗会”“啰唆会”“睡觉会”。把握好主题班会是实现班级教育目标，培养学生集体荣誉感、责任感、创新精神和独立工作能力的重要手段，是形成班集体凝聚力的最佳途径之一。我们要让学生从班会的教育中去享受阳光，去创造阳光，去散发他们的光和热，同时我们的教育工作也能收到事半功倍的效果。

活动体验

活动一：主题班会策划——“我们一起写班规”

（一）班会主题

“我们一起写班规”。

（二）活动要求

结合前文案例一中班级的基本状况，以该班级的班主任身份策划一次制定班规的主题班会活动。

1. 以小组为单位，在一周时间内做一份“我们一起写班规”的班会策划书。

2. 对每个小组的策划书进行讨论与评选。

3. 由最优秀的一组推选出模拟班主任，根据策划书内容开展模拟班会。对模拟班会的各个实践环节进行评论与反思。

（三）思考问题

1. 班规中应包含哪些基本内容？

2. 制定班规的过程中班主任应发挥怎样的作用？

3. 制定班规的过程中需要特别注意哪些问题？

4. 班规的内容如何才能具有可操作性？

活动二：主题班会策划——初中生诚信教育

（一）活动主题

自拟。

（二）活动目的

诚实守信是中华民族传统美德，更是中国当代社会主义核心价值观。教育学生反对虚假和不守信用的行为，做一名诚实守信的中学生。增强学生自信心，使他们做到言行一致、表里如一。

（三）活动形式

自定。

（四）活动要求

根据主题班会的设计方法，以初中二年级某班级的班主任身份设计一份主题班会策划书。

1. 以小组为单位，在一周时间内做一份班会活动策划书，必须符合“诚信教育”的主题班会活动目的。

2. 策划书中须包含的基本内容：时间、地点、组织者与负责人，活动的程序与步骤，可预知的效果，不可预知的突发事件与安全问题的应急预案等。

3. 各小组展示活动创意书，全班进行讨论与评比。

专题四　技能训练

一、策划技能——班级计划的制订①

班级计划是班级管理工作的起点和指南，它对班级工作进行设计、规定和安排，决定预先做什么，选择怎样的行动方案，由哪些人去做，何时去做，如何做，达到什么要求，等等。简而言之，班级计划就是对班级工作的内容、程序、要求等做出规定和安排。班级计划主要有两种：班主任工作计划和班级工作计划，如图 2-1 所示。

图 2-1　班级计划分类图

（一）班主任工作计划的设计

班主任工作计划是班主任对一段时间内班级教育、教学工作的一种全面的精心设计与妥善安排。班主任工作计划的主要内容，应包括全学期或某段时间的班主任工作的目的和意义，采取什么具体措施来达到这些目的，有哪些全班性的活动，以及活动的时间、地点、人员的落实情况，等等。

班主任工作计划，又可分为学期工作计划和具体执行计划。学期工作计划每学期制订一次，内容包括本班基本情况分析、本学期的教育任务、

① 赵敏：《论班级管理的职能及其意义指向》，《教育理论与实践》，2003 年第 6 期，第 29-33 页。

工作内容及时间安排等，涉及思想品德教育、学科知识的学习、与各科任教师的沟通、文体活动的开展、学生体质的增强和卫生教育、团队工作、家长工作，等等。具体计划有两种形式：一种是按时间排列制订的周计划或月计划，如××班第×周工作计划，××班×月份计划；另一种是按某项重大活动的要求制订的专项计划。

九年级下学期班主任计划①

一、班级现状分析

1. 我班共有21名同学，在这个学期，学生都能够认识到这个阶段的关键性和重要性，在思想上比以前更重视，在开学初呈现出良好的势头，但是由于长期养成的不良习惯和懒散的学习态度，所以担心大部分同学不能持之以恒。

2. 全班同学在任课老师的帮助下，各门功课均衡发展，在期末考试中，物理成绩有很大的进步，其他学科成绩比较平稳。

3. 在学生的共同管理下，班级同学能在学校各项活动中都取得较好的成绩，自习课也能认真完成作业，保持秩序。各项常规工作也能正常有序地开展。

二、本学期班级目标

1. 常规工作能改进不足，争取在卫生、纪律和尊师守纪方面做得更好。

2. 总体成绩更上一层楼，争取全班同学的成绩在整体上有提高，保证一部分优秀生能在老师的帮助和自身的努力下升入安图一中和安图二中。使一部分后进生能顺利毕业。

三、主要措施

九年级面临中考的关键阶段，在积极落实学校德育工作和做好学校常规工作的基础上，根据我班的具体情况及毕业年级的特殊性，重点抓以下几个方面的工作：

1. 进一步推进班级管理制度，营造良好班风班貌，形成思想进步、团结友爱的理想的班集体。

班级值日制度沿用上学期的方法，每组值日一周，每天轮换值日任

---

① 王莹：《九年级下学期班主任计划》，http：//www. banzhuren. cn/gongzuojihua/2544. html，2012-8-23。

务。每日早、中、晚各清扫一次。每周一次大清扫，由当周值日生负责。

认真核对班级备品。本学期，学校新增了饮水机。每周由值日的男生负责换水，由女生负责饮水机的清理、断电工作。节约用水、确保安全。

加强住宿生管理。本学期祝××搬回学校宿舍。目前王××、顾××住在校外。对于住在校外的住宿生，严格管理，密切关注他们的作息时间，杜绝出现逃课现象。

2. 进一步发挥班干部和团员的积极作用，培养干部团结协作的精神，形成良好的班风。

对于班级的日常活动，如升旗仪式、课间操活动、自习等建立制度，约束学生的行为。在各个活动中要求班干部和团员发挥积极的作用。

3. 抓好教学质量，密切配合科任教师的工作，和其他任课老师进行及时沟通，使班级各科成绩稳步上升，保持优势学科的长足进步，扭转弱势学科的落后局面，在确保及格率的基础上提高优秀率。鼓励学生多和科任教师沟通，有疑问及时解决。

4. 加强对学生心理素质的教育。心理素质教育是素质教育的基础。由于九年级学生的学习负担加重了，面对中考的挑战、家长的压力、老师的要求，学生产生了不同程度的心理问题，而作为班主任就要帮助学生调适情绪，做他们的心理医生。定期找学生谈话，及时了解学生的思想动态。对于突发事件，一定及时解决，防止事态严重。及时进班级，了解班级情况。

5. 重视体育锻炼，提高身体素质。九年级的学习压力很大，所以更要重视学生的体育锻炼，配合体育老师抓好体育课的质量，同时加强和家长的联系，共同重视对学生的健康教育。

6. 积极开展转化后进生工作，分析后进生成因，鼓励帮助后进生，使其不甘落后，奋起直追，定期抽查后进生的作业，敦促其完成学习，改掉拖沓的习惯。在全班形成良好的竞争机制，使全班学生共同进步。

7. 加强与家长的密切联系。就学生在学校的一些情况及时和家长取得联系，结合学生的心理问题和学习情况与家长一起制定有效的教育方法，使学生能以良好的精神状态投入学习。定期和家长联系，使其了解学生的在校情况，对学生将来的发展有个初步的规划，也使学生学习有目标。

四、班级活动

1. 营造良好班级文化，培养团结协作的精神。在班级文化建设方面，不但要增强班级外部的文化氛围，而且要塑造班级内部的精神内核，形成集体凝聚力。

板报：本学期板报以促进学习为主题，开辟倒计时专栏，由学生设计。

班会：定期开展班会活动，针对班级出现的问题，学生共同参与管理。本学期班会主题：理想教育、社会责任感教育、安全教育、法制教育等专题教育。

2. 逐步完成学生的综合素质评价，填写综合素质报告册，对学生做一个公正、客观的评价。

五、具体安排

三月：

1. 检查学生的仪容仪表，及时敦促学生改进。
2. 对学生进行安全教育。
3. 出一期板报，开辟“中考倒计时”专栏。
4. 参加班主任例会及培训。

四月：

1. 检查学生的仪容仪表，及时敦促学生改进。
2. 组织入团积极分子学习团的知识。
3. 对学生的报考做初步摸底，了解基本情况，对症下药。
4. 召开家长会。
5. 参加班主任例会及培训。

五月：

1. 检查学生的仪容仪表，及时敦促学生改进。
2. 认真填写学生综合素质报告册。
3. 开展五四运动纪念活动，吸纳新团员入团。
4. 填写报考志愿，认真核对学生身份信息。
5. 参加班主任例会及培训。

六月：

1. 检查学生的仪容仪表，及时敦促学生改进。
2. 召开中考动员会。

3. 加强中考安全教育。

4. 准备中考。

5. 参加班主任例会及培训。

（二）班级工作计划的设计

班级工作计划主要包括班级活动计划和班级学习计划。班级活动计划又分为学期（或学年）活动计划和具体的某一次活动的计划，其基本内容有：班级基本情况分析、活动目标要求、具体活动措施。班级学习计划是指为各门课程的学习所制订的计划，它是根据各门学科课程标准的要求，根据学生的整体水平、师资情况及教学条件等制订的各门课程的学习计划。班级学习计划规定了班级在各个阶段各门课程的学习进度、要达到的要求等。

班级计划的格式有表格式、文字式、文字加表格式。通常，班级计划由标题、前言、正文和署名四部分组成，如表 2-1 所示。班级的具体计划也可只列出日期和工作内容，如表 2-2 所示。

表 2-1　班级计划的结构

标题	班级计划的名称
前言	简要说明班级计划制定的依据、指导思想，班级基本情况及情况分析
正文	目标、主要措施、步骤、活动时间安排
署名	制定人及制定日期

表 2-2　班级具体计划格式

日期	工作内容

制订切实可行的班级计划首先要掌握班级的情况与倾向。一要尽可能地摸清每个学生的特性，针对每个学生的知识基础、智力、行为习惯、性格、身体状况、家庭环境等情况制订班级计划，以便每个学生都能发挥其优点，纠正其缺点；二要掌握班级全体的倾向，要从了解各个学生开始，了解和掌握班级全体，如班级的学习能力、兴趣和一致爱好等；三要了解

学生家庭与父母的状况，要正确地掌握父母对教育的关心与期望程度，以及其对学生的期望；四要研读以前特别是上一学年的班级计划与各种记录材料，要把握以往特别是前一学年的指导状况。其次，要认真分析、细致研究这些材料，并提出这些材料说明的问题。再次，拟订具体的计划草案。一般要求拟订两个以上的计划草案。最后，对各种方案进行评估，分析比较其利弊得失，从中选择出可行的一种，并通过各种形式和渠道征集意见和建议，对计划进行进一步修改补充。

事实上，制订班级管理计划的具体技能是可以通过培训来获得的。然而，每一份班级计划里所蕴含的深刻意义却容易被我们忽视，赋予每一份班级计划深刻意义的能力也不是班级管理者所能轻易得到的。班级计划所蕴含的这种深刻意义正是班级计划职能的本质所在，是班级计划工作的基点，它指向的是学生的生命成长历程，它说明：班级计划不仅是学生科学地吸收知识的方案设计，更重要的是学生一段生命成长经历的设计，是学生整个生命发展过程中一个不可缺少的阶段的设计。

训练活动

（一）活动主题

学会写工作计划。

（二）活动内容

请结合前文专题二案例一中的班级具体状况，构思这个班级一学期内的各项工作，并撰写一份“班主任学期工作计划”。

（三）活动形式

以布置课后作业的形式，要求每名学生在一周时间内完成“班主任学期工作计划”，在课堂中组织学生将作业进行交换评价，教师在组织评价过程中关注其中存在的典型问题，并在课程结束前进行总评。

二、网络运用技能——借助网络管理班级

网络管理班级是一个较新的概念，是指通过网络这一媒介对学生进行各方面教育，是计算机网络和班级教育的整合。它的发展对传统的班级管理观念、途径、方法和内容提出了挑战。作为新时期的班主任，要勇敢地面对挑战，让网络为我所用，全面开创班级管理的新领域。

班级网页的建设过程主要包括如下四个步骤：

1. 确定班级网站的主题，设计好栏目。

全班同学经过讨论，确定班级网站的主题，并根据主题分设几个栏目。根据栏目个数把全班分成几个小组，一个小组负责一个栏目。班长和课代表负责班级网站主页，以及主页与各栏目主页的链接，组长负责各栏目主页与栏目内网页链接，各组成员负责制作各栏目网页。填好全班分工表和小组分工表。

2. 收集、整理、制作资料，并根据主题的需要对资料进行加工、处理。

3. 制作网页。

4. 上传网页，经教师和学生评价后再修改。师生共同制定评价内容、评价标准，先对各个网页进行评价，再对各小组制作的栏目进行评价，最后对各班制作的班级网站进行整体评价。

某高中班级主页：http://www.hzzdfz.com/article/ssxz/bjwy/file/Y_01/index.htm

我们的班级网站①

班级网站的建设从我接班的第一学期就开始了。初一班级刚形成，我就在班里建立了网络工程部，由全班学生选举出部长，由部长组建部门。两个月后，在网工部的组织下，我们开展了网络班会“我的责任我履行”。在班会上，成立只有半个学期的网工部明确提出了自己的工作目标，其中“完善班级网站”就是目标之一。班会之后，网工部的学生马上开始完成自己提出的目标，其中最重要的一项就是他们在完善了班级网站后，将班级网站从校园的局域网上传到互联网上，建立了自己的班级网站：cy1b. 126. com。“Cy1b”是学生赋予这个班级网站的名字，据学生解释，Cy1b 是 Cyber 1 ban 的简称，Cyber 这个词没有权威的解释，一般说是表示“电子计算机时空”（Cyberspace）的意思，曾被翻译为“异动”，所以这个网站亦称“异动一班”。班级网站在建成不久后就经历了“非典”的考验。“非典”时期，学生回家，老师离校，师生之间、同学之间的沟通成了一大问题。这时，“异动一班”成了我们的网络家园，使班级中的每一个学生都在这个特殊的时期感受到了班级的存在、班级的力量。至今，我们的班级网站已经存在了近三年的时间，三年里，网站和我们的班级一起成长，网站栏目不断丰富，网站内容健康充实。现在网站共有 14 个大栏目，分别为：“同学身边、Cyinfo 新闻（CyNews）、官方发布（Official）、世界之内（In the World）、7 日一周（This Week）、雨露集（Literature）、学习（Study）、体育风（Sports Side）、留言板（Guestbook）、班级相册（Class Album）、Cyinfo 社区（Cyinfo BBS）、团支部（Branch of League）、同学自己（Classmates）、投票/选一选！（Vote！）”这 14 个栏目完全由学生自己设计，自己充实。从国际大事，到身边小事；从同学的一篇篇美文，到平时的一颦一笑；从严肃向上的团生活，到轻松活跃的娱乐体育消息，学生都能在自己的网站上看到。而班级网站经过学生的管理，也提供给每一个同学一个健康的个性化网络空间。

---

① 霍轶：《班级网站在班级建设中的作用》，http：//www. medu. cn/show. aspx？id = 130&cid = 54,2006-3-8。（案例内容有删改，标题为编者附）

三、应激技能——如何处理校园突发事件

校园突发事件是指班主任在上课及日常的班级工作中所遇到的一些突然发生的事故。比如学生之间的冲突、学生与老师的矛盾、学生突发情绪与突发疾病、校园中的公共卫生事件、自然事故、灾害事故，等等。这些突发事件归结起来有这样的共同点：突发性、情绪性、破坏性，等等。对突发事件的处理意义非常重大。处理得好，会化消极因素为积极因素；处理不当，则会产生不良的后果。突发性事件虽然不是班主任工作中的主要矛盾和常见问题，但它的发生首先给学校带来了不利影响，导致社会对学校的反对或反感，从而极大地影响了学校的社会声誉。对学生的个体有重大的伤害性，对家庭有较大的破坏性。因此，在班主任班级管理工作中，对突发性问题的防范和应对就显得尤为重要。处理突发事件是班主任工作的一门艺术，班主任必须深入了解学生现状，认真分析突发事件的特点，深刻认识把握育人的本质特点和规律，结合学生心理特点采取科学的、行之有效的方法，创造性地开展工作，表现出班主任应有的高度的教育机智。

（一）做好日常教育和防范工作

安全教育是必需的，要教育学生遵守校纪校规，做好防火、防盗、防骗工作，教育他们遵守交通规则，与社会上的人打交道不要意气用事，遇到危急情况时保护生命是第一位的。说教式的教育会让人觉得索然无味，我们可以结合我们经历过的事件，以实例的形式进行教育会更有效果。在学习生活的过程中，我们不仅要培养学生的安全意识，还要教他们一些处理安全事故的技能。比如看到打架斗殴的不要上前围观，接到诈骗电话要冷静，还有就是家中有急事要立即与家长取得联系。此外，班主任要善于观察学生的语言、表情、衣着、教室气氛等的变化，如果感觉异常，就说明可能有某种突发事件要发生。在教室里出现突发事件之前，一般总会有某种异常感，如果班主任能敏锐地意识到可能出现的危机，并及时采取果断措施，就可能做到防患于未然，所以班主任要重视自己的预感。

（二）遇事沉着冷静，处事机智果断

如果一遇到发生的事情就“怒气冲冠”，大发雷霆，失去理智，不仅不可能思考和选择最佳的处理问题的措施，而且会使全班学生的思想、注意力集中到这个事件上，容易激发师生之间的矛盾，有损教师的形象。突发事件发生后，班主任应第一时间赶赴现场了解情况，控制局面，以最快

速度核实信息的真假。处理突发事件时一定要保持冷静，不能第一时间想摆脱自己的责任。如果是特别严重的事件，要先电话汇报情况，要尽快告知直接领导。如果事件脱离我们的掌控范围，要向学校有关部门汇报，及时联系家长。

（三）区别对待不同性质的突发事件①

对于学生冲突事件，要对学生进行说服教育，促成互谅。班主任要向学生分析说理，晓以利害，从消极和不利方面去推想事情发展的后果。针对学生看问题比较片面、情绪不易控制等弱点，启发诱导他们从不同角度分析问题、看待问题，特别是站到对方立场上来思考问题，以唤醒学生的理智，平息学生的怒火，使冲突消融，从而达到双方分别退让、相互谅解的目的。有时可以以退为进，做出缓和的姿态或让步，使当事人情绪稳定下来，为下一步的调解创造条件；有时可顺势反问，先不反驳对方，而是承认其合乎情理的一面，使气氛缓和，并由此引出各自的真正动机，而后反问，进行逆向推理，使其自知理亏，不再责怪对方，为进一步调解创造条件。对于以强凌弱、以大欺小的学生，应严肃地进行批评教育；对于因保护弱者或主持公道而与他人发生冲突的学生，首先要肯定他的正义感，同时指出，即使如此，也不应参与打架，不该违反日常行为规范和学生守则；对于被打而反抗还击的学生，应根据其个性特点和实际情况，对他进行教育。无论怎样，班主任都不能采取不分青红皂白、“凡打架一律批评或处分”的简单做法。班主任一定要做到：分析正确合情，处理公正合理。

对于整体性问题要当场处理。有些突发事件牵涉到班级的多数学生，如班会课或班级活动中受突发因素的影响，秩序混乱；有些突发事件虽然涉及的不是大多数人，但影响大多数人，影响整体。对于这类突发事件，应当场处理。可以停止正在进行的活动，对全体学生进行教育；也可以采取转移注意法，通过小练习、小测验或个别提问来转移学生的注意力。

对于局部性问题要个别解决。问题出现在局部或只影响到少数人，一般应做个别处理。比如班会课上两个学生没注意听讲，在小声说话，影响的只是周围的四五个人，如果当众把他们叫起来批评一顿，反而会影响多数人。类似这样的问题，可采取个别提问的方法，当事人心里自然明白原

---

① 陆青云：《突发事件的诊断与处理》，《班主任》，2006 年第 9 期。

因，周围几个人也知道为什么，这样既能巧妙地解决问题，又不伤他们的自尊心，更重要的是不会影响全班学生。

对于个别问题要悄然处理。在集体活动中，对于个别人的问题，只要没有影响到他人，班主任就可利用自己的眼神、表情、动作向他做出暗示，悄然处理使其自觉加以改正。对于初犯的学生更应如此。当然，这不等于包庇学生的缺点和错误，该批评教育的应严肃认真地批评教育。

对于师生冲突要学会冷处理。在日常教学中，有时会因小事而引发师生冲突，如任课老师与学生因为没有做作业、上课讲话、上课看课外书等违规情况而发生激烈的争执乃至冲突时，班主任要冷静处理。要保证班级的正常授课，课后再调查了解事件的真相，最终采取恰当的措施。处理这类事件时，千万不能让学生觉得班主任偏向老师或者让老师觉得班主任就是“宠着”自己的学生。

（四）有的放矢，因势利导

班主任在处理突发事件的过程中，还应高瞻远瞩，不要只满足于某件事情的暂时解决，应有的放矢地、适时地对全班学生加强教育，因势利导，抓住契机，提高学生的思想认识，引导他们从内心严格要求自己，达到防患未然的目的。譬如在班上组织一次相关的主题班会，让教育后醒悟的同学在班上公开谈自己的体会。其他学生都能从他们身上明白道理，获得很深的感受。因此，班主任处理突发事件如能达到让学生自己教育自己的目的，那就确实收到了提高学生素质的优良效果。

班主任处理突发事件，前提是要有爱心和耐心。其次是讲究艺术和方法，作为一个教师要“多用情，少用气”，要以情感人、亲切和蔼、心平气和。教无定法，贵在得法。课堂中的突发事件层出不穷，班主任应以“尊重学生、爱护学生、理解学生、体贴学生”的原则来谨慎、恰当地处理好课堂的突发事件。

（五）班主任要做好自身的心理调适

有些突发事件可能像噩梦一样，会使班主任的心情很沉重。比如一个学生患了很难治愈的疾病，学生因病或其他事情被送进急救室抢救，还有一些平日里表现很好的学生犯了错误，或者因为自己的工作没有到位引发了一些事件。这些事情使人一时难以接受，甚至要几天心里才能平静下来，才能不再失眠。因此，面对突发事件班主任首先自己要调整好心态，要做好心理调适，倾诉出来，使用各种不同的方法来缓解压力。等心情平静下来再对这些事情进行总结，吸取经验教训。

一场虚惊①

下午第二节上课铃响过后，语文课张老师进入初二（3）班上课，在正常的教学活动中发现第四排的学生刘某神色异常，便走上前去细心询问，原来，刘某上午感觉肚子稍微有些痛，以为是吃了什么东西不舒服，没太在意，现在却越来越痛，已很难忍受了。张老师马上安排好其他学生继续上课的内容，立即同两名学生一道帮助刘某先去医务室，并把情况报告给班主任、政教处，经校医务室初步检查后发现情况不明，该学生依然痛得十分厉害，便马上联系离校较近的医院，同时班主任联系学生家长，并将学生及时送到医院治疗。经医院全面检查确诊为急性阑尾炎。医生说幸好送医院及时，为治疗赢得了宝贵时间。

案例分析：如今的在校初中生，他们虽然生理发育较快，但心理上及自我保护的能力上却远远滞后，一旦出现身体上的不适或心理上的不快，往往只会向父母求救。进入学校后，他们需要独立面对学习生活中的各种突发事件，可此时他们的后盾（父母）却又不在身边，所以一旦出现特殊情况就会显得手足无措，于是原本可以轻松解决的小问题就会变成大问题，原本可以及时处理的问题成了隐患危险的棘手问题。这个案例中的事件在学校日常教育教学过程中随时都有可能发生，怎样将这类可能危险性很大的棘手事件处理得当，这就要求我们管理措施到位，反应迅速，信息通畅，处理及时合理。

案例反思：案例中学生刘某并没有把身体不适及时告诉老师，导致下午紧急救治，幸好没有发生严重情况，但假如是火灾等其他恶性事件，我们是否也能这样幸运？所以学校想要给学生一个安全的学习生活环境，就必须教给他们自我保护、救治的知识。除了平时进行的交通、饮食安全及防电和自然灾害等安全教育外，还应抓住一切有利途径进行深入的教育，通过不同形式、多种渠道学习演练，使每一名学生都在脑海中形成相关知识点，从而实现正确指导他们行动的目的。

---

① 庞小芳：《正确处理校园突发事件案例分析》，http://lanzhou2012.feixueli.teacher.com.cn/GuoPeiAdmin/TeachingIntrospection/TeachingIntrospectionView.aspx? TiID = 177&cfName = 20120608lanzhou2012177，2012-6-8。（案例内容有删改，标题为编者附）

训练活动

（一）活动主题

课堂情景剧——校园突发事件。

（二）活动内容

学生通过课后自查资料，选取一个典型校园突发事件，在课堂中进行角色扮演，通过情景再现的形式展现该事件，要突出班主任在解决突发事件过程中的技巧与智慧。

（三）活动形式

1. 将全班学生分成若干个小组，每组 4～6 人，小组内自推选出组长。以小组形式分别进行课堂情景剧的选题、编剧、角色分配、排演。此活动预计准备两周时间，选题与编剧一周，排演一周。

2. 校园突发事件的性质多样，因此各组在选题与编剧过程中应相互协调，最好各组之间的主题不重复，主题的选择应注重剧情冲突，同时将重点放在班主任角色行为上。剧情可以是正面积极的，也可以是充满警示意味的悲剧。

3. 在课堂表演的过程中，各组要严格遵守预先规定的表演时间，表演结束后可设置简短的评价与提问时间，视时间情况穿插一些小讨论。

四、引导技能——如何对待班级中的非正式群体

在一个班级中，除了班委、团队、学习小组等正式群体外，往往还存在着一些自发形成的、无固定形式或固定成员的学生非正式群体。这些群体，多是由爱好、兴趣、利益相同的学生自发形成的。它们相对独立、松散，带有浓厚的感情色彩。在非正式群体中，往往有一个颇具影响力、号召力的“核心”人物。这个“核心”人物虽非经正式选举产生，但因其具有某方面较突出的才能，故威信高、影响大，他们往往能左右群体成员。另外，由于非正式群体成员间的认识多趋于一致，所以容易相互理解、帮助、慰藉；又由于其群体结构松散，无纪律约束，成员间自会有一种心理宽松之感，所以非正式群体成员间关系融洽、交流频繁，在班级中往往能形成一定的影响。这些非正式群体多具两面性。当班级正式群体凝聚力强、有威信、起积极主导作用时，他们自会被吸引过来，帮助班级完成一些有益有效的工作，甚至能起到班主任、班干部不能起到的特殊作用；他们的负面作用则是：削弱正式群体的凝聚力，影响甚至破坏班级正常工作的开展。非正式群体的“核心”人物的言行，不但能左右班级舆

论，甚至可能造成群体成员心理和行为的整体偏离，给班级工作带来危害。尤其是当非正式群体与正式群体利益发生冲突时，二者间摩擦产生的内耗，对班级整体工作的破坏尤为明显。因此，处理好非正式群体带来的问题，是班主任面临的重要课题之一。

对非正式群体，漠视其存在是不明智的。那些具有破坏性的非正式群体，一旦出现矛盾冲突，势必影响并危及班级健全肌体；对其强行取缔，也是不现实的，那势必导致成员的逆反心理，造成成员与班主任的对立。合理的办法是：控制、改造、利用它，尽力变消极因素为积极因素，为班级建设服务。

首先，班主任要取得非正式群体的信任。这就要求班主任理解、信任他们，对其积极的一面予以支持。班主任只有从感情上接近他们，以诚相待，非正式群体成员才会信任、接纳班主任。

对非正式群体，绝不能采用高压手段和寄希望于斥责教训来达到“招安”的目的，也不能采用向家长、学校告状来逼其解体。非正式群体成员一般都很敏感，只要他们感到自身群体受到冷遇、歧视、排斥，就极容易对班主任及正式群体产生抵触情绪，其群体成员间亦会抱得更紧。因此，班主任要平等对待非正式群体成员，循循诱导，成为关心他们的大朋友。这样，方能成为给他们出谋的导师、策划的参谋，从而达到引导学生向积极方向发展的目的。班主任在扮演非正式群体的参谋导师角色时，必须清醒地认识到，师生关系绝不能仅凭感情，更不能为获取学生信任而牺牲原则姑息迁就他们。一个仅为与非正式群体建立“友好”关系而放弃对学生正面教育的班主任，是庸俗的、不称职的，也是绝对不能完成其作为政治思想指导者任务的，要想以此管理好班级非正式群体，亦无疑是天方夜谭。

其次，班主任必须坚持正面教育。对非正式群体消极的一面，应正面诱导，动之以情，晓之以理，帮助其分清是与非、对与误，而绝不能以羞辱、嘲笑、挖苦、惩罚等手段对待非正式群体成员。

再者，班主任更要注意做好非正式群体“核心”人物的工作。班主任可以约见他们，开诚布公地提出具体要求，望其引导同伴与班级利益同步，为班级荣誉出力。争取了“核心”人物，也就可以较好地管理非正式群体了。班主任只要经常施加积极影响，自然可以有效地防止非正式群体的质变、恶化。

此外，把非正式群体的管理纳入班级的整体目标中。非正式群体成员多是由某一方面志趣相投者逐渐聚合在一起的，他们多数人的兴趣目标本身不对班级构成危害。班主任在班级活动中为这些学生创造一定的外部条件，让其才华得以展示、才能得以发挥，把个人的爱好和集体的利益结合起来，融小我于大我，让非正式群体成员从封闭孤独的圈子中走出来，投入集体之中。班级内大大小小的各种非正式群体，并非是偏要与班级格格不入的。非正式群体中的许多学生往往都有某方面的特长，包括具破坏性的非正式群体成员，他们或许是未露峥嵘的璞玉，是有前途的歌手、诗人、画家……引导得好，他们都有望成为某方面的积极分子、骨干力量。这就需要班主任具慧眼去发现、做伯乐去扶植，而不能因其为非正式群体成员而另眼相看。青少年学生通常都具有表现自我、博得他人重视的愿望。针对此，班主任可以确定一定的主题，经常开展各种兴趣盎然的活动吸引热心者，这样既能有效地吸引非正式群体成员，又让其充分展示自我，何乐而不为！丰富课外生活，既符合青少年生理心理需求，又增加了班级的向心力和凝聚力，同时也大大削减了非正式群体的消极影响。

一个班级非正式群体的多少、大小，一般说是无法界定的，而班主任管理学生中非正式群体的原则却只有一个，即从实际出发，实事求是，理解学生，尊重学生，坚持正面教育。只有这样，才能达到管理好班级的目的。

初中班级非正式群体的教育案例研究①

初二学年快要结束的时候。有一天中午上学时间，老师刚在办公室坐定，值日生就慌慌张张地跑来报告："老师，不好了，教室外有人来告顾××他们的状了！"出去一看，从走廊就可看到我班教室前站着个带着一小孩的年轻妇女，很气愤的样子；再到教室一看，平常总是形影不离、同进同出的"四人帮"顾××们正一改往日的风采神情沮丧地趴在各自座位上做乖巧状呢。这架势一看就知道今天实在是"罪证确凿"，估计是任你巧舌如簧也翻不动的"铁案"了，否则成绩、"海拔"均在班上占优势的这四人小群体什么时候这么"瘪三"过？

原来这四个山地车爱好者上学路上驾驭着各自的"坐骑"旁若无人地

---

① 高琴:《初中班级非正式群体的教育案例研究》，http：//zt. jysedu. com/list. jsp？ id＝1304，2009-11-20（案例内容有删改）。

“炫”车技：一会儿飙车——拼速度；一会儿玩“漂移”——高速行车过程中突然来个急刹车，导致车轮在地上刺耳地滑行近一米，或突然前刹车，同时脚撑地将车头固定，强大的惯性使车身围绕龙头转了一圈；一会儿来“蹦跳”——在路牙上加速行驶，然后俯冲到人行道上来，俯冲过程中要竭尽全力向上提拉车辆，使其有一个“飞翔”的过程……总而言之，玩的那个娴熟、那个叫“爽”……四人你追我赶正玩得兴致勃勃、难分伯仲，前方冷不丁冒出了这个骑电瓶车的带孩子妇女。说是“冷不丁”，其实是在三岔路口，人家正常直行，他们要拐弯。所幸她的速度不快，车又是大块头才没出大事故，可是大人、小孩都受了惊吓，车子也被撞了，免不了斥责他们：“骑车看着点啊!”这边厢小毛孩本来还有点害怕，一看没出伤亡事故，又有“人多力量大”撑着腰，胆子又大了，当即七嘴八舌地顶了回去：“这叫‘漂移’！你懂不懂啊?”“你自己看着啊!”“又没撞伤！走喽!”……那边任谁也恼了，非要和他们评出个子丑寅卯来不可，于是一直跟到学校来。

【案例分析】

这起“事件”，我认为不能将它简单地看成是正处于成长期青少年的一时糊涂或不明事理，其背后其实掩盖的是青少年青春期的萌动及初中班级非正式群体的消极影响。

初中生处于青少年身心发展最为关键的时期即青春期，青春期性能量的激增使青少年精力更加充沛。由于荷尔蒙激素分泌较高，男性青少年的竞争意识、攀比心理，以及对动感、新奇感和体能消耗的追求，使他们容易寻找飙车这样一种在西方国家青少年中相当普遍的竞技比赛方式发泄。

上述案例中我班这四个男生是“爱车一族”，均长得人高马大，个性各有特点，单独待着时各自一般还能做到以礼待人，就是都喜欢玩车，常常一起抱怨小县城没有专门教玩车的机构。共同的爱好使他们自然形成了一非正式群体，他们经常在一起切磋车技，平常谈到各种车型性能的比较、路况的好坏、车技的优劣等总是滔滔不绝。他们不但时常在马路上你追我赶，情绪上来时还敢和身旁擦肩而过的奔驰较劲儿，“立志”在两三个红灯内赶上它。我在班上讲过若干次交通安全问题，也告知交通事故是当今青少年最大的杀手，可对这四人小群体来说收效甚微。

此次事件中四人首先是毫无安全意识地在马路上赛车，出意外后明知无理还仗着人多势众采取了很不恰当的言行，你一言我一语的使双方情绪越说越激动才导致矛盾激化。由此我认识到：虽然由初中学生根据相同或相近的兴趣、爱好、观点、追求等自发结合在一起、交往频繁的小群体——初中班级非正式群体在初中生自我同一性的发展、青少年自主性的发展、人际交往技能的培养等方面都发挥了无可替代的重要作用。但第一，团体不是个体的简单相加，第二，团体具有改变个体行为的力量。个体在群体中的行为表现与个体单独存在时有着一些差异，会产生一些新的行为心理特征，这些新的行为心理特征会影响个体行为。这是因为“有意识人格的消失，无意识人格的得势，思想和感情因暗示和相互传染作用而转向一个共同的方向，以及立刻把暗示的观念转化为行动的倾向，是组成群体的个人所表现出来的主要特点”。在群体中，特别是在消极群体中，成员可以互相激将、怂恿、壮胆，增强安全感，减轻罪恶感，从而产生越轨行为。

【实践探索】

基于以上思考，在平息事端后，我除了对学生进一步加强文明礼貌习惯养成教育及交通安全与法制教育外，还采取了下列四个措施以解决我班中“山地车爱好者”这一非正式群体的消极影响问题：

1. 组建自行车爱好者俱乐部，干脆将“地下”的非正式群体演变成正式群体。俱乐部成员根据实际情况自己商量决定何时可以在学校操场“过把瘾”、协商或投票表决举行比赛的时间、制定比赛规则、设定比赛项目，并邀请同学好友或自己喜欢的老师观摩、呐喊、助威。在比赛项目的设定上，我特别建议他们设立“拆卸并组装自行车赛”“修自行车赛”等，使不同的孩子能充分发挥自己各方面的特长，同时培养他们解决实际问题的能力。比赛时几达沸点的气氛充分激活了他们争强好胜的天性，释放了他们旺盛的精力，满足了他们强烈的求胜欲，以及开始萌发的在异性面前尽情表现自己的愿望。总之，我力图引导同学们将此俱乐部及其活动建设成为使他们这些正常需要得以满足的场所。正常的释放通道铺设后，俱乐部成员们自己主动规定上、放学路上严禁在马路上飙车、上演“生死时速”，违反者取消一段时间内的参赛资格，同时举报者所在小组加分。与之前我耗费大量精力三令五申、“围追堵截”却屡禁不止相比，这一老师仅有时参与、偶尔提建议的措施效果可谓立竿见影。平时我还大力鼓励他们帮助自行车出现故障的同学、老师、家人修理，营造这才叫真“帅”、真“酷”的班级舆论氛围。这一切挖掘了爱车一族的潜力，增强了他们的动手能力、协商解决问题的能力，培养了团结协作的团队精神，以及从小事做起来帮助身边人的意识。

2. 班会课时组织观看电影《男孩都想有辆车》，要求写观后感，因为“学生随时反思调整的思维矫正能力不是靠漫不经心的听听看看就可以掌握的，而是在自主阅读、勤于写作和积极思考问题中逐渐获得的”。不但使他们自己意识到速度不是唯一的追求，以宝贵的生命为代价更是极端不理智的行为，而且引导同学们学习主人公勇敢地面对困难、清醒地认识自我、百折不挠地追求理想的精神。顾同学在观后感中写道：“鸟儿在空中飞翔，鱼儿在水中嬉戏，马儿在草原上奔驰——万类霜天竞自由。我希望，我的未来不是梦——这就是我的梦想。”

3. 注意收集相关文字材料，放在班级图书角里，于无声处启发他们自我反思、自我认识，不露痕迹地引导、教育。我曾将自己订阅的2007年第12期《小说月报》不动声色地放在书架上，因为此期刊登了一篇题为《跑车》的文章，我希望此文能对孩子们有所启发。不出所料，顾同学打开目录后，立即被文章标题吸引了，阅读后当即推荐给了他的车友，大家传阅后课间又很自然地探讨。我相信那些打动我、使我沉思的文字，一定也会感染他们、使他们思考，而主人公之一楚汉血淋淋的死亡、“自行车其实是种脆弱又狂野的动物，就像年轻的我们”这样的句子也一定会在他们年幼的心灵留下痕迹、敲响警钟。效果远远胜过我毫无新意的苍白说教。

4. 我意识到这起事件还是让初中学生走进社会大课堂，小课题关注民生真问题的难得机会。

问题是研究的起点。我首先启发学生寻找这次矛盾的起源：青少年飙车需要与无适合场所的矛盾，进而请他们思考、讨论解决此问题需要展开哪些相关调查、可以采取哪些积极措施。行动是研究的深化。同学们没有纸上谈兵，而是积极地走大街穿小巷，圆满完成了分配给各小组的不同调查任务。据他们调查，我们所在县城就有5万多名中学生，有飙车爱好的青少年不在少数，而且年轻人中有此爱好的也不少。调查报告中记录着不少年轻人的抱怨：“周末想出去运动，可惜没场地，所以只好冒险在公路上骑。”另一方面，路人又抱怨时时可能有“马路杀手”出现，总是提心吊胆的。

通过走访，同学们感性地认识到飙车对路人、对自身都有很大的危险性。那是否就因噎废食呢？有没有可能使得疾驰如风的飙车美少年与怡然安然的行路者共同构成一幅灵动的生命图景呢？他们上网查找解决方案，最后认为不妨借鉴山东潍坊福寿街的做法，建议政府考虑铺设自行车专用车道。“可是通过什么方法能使政府听到我们的声音呢？”他们自然而然地思考起这个问题。我又趁热打铁，请他们自己查找参政议政的途径。最后他们写给政协一份提案，不但条理清晰、有理有据，而且连适宜在哪个路段铺设自行车道都有自己实际观察、理论分析后的见解。他们还建议在未建和在建的道路上，可提前将自行车专用道规划进去。

在以小组为单位发现问题、解决问题的研究中，同学们收获的不仅是公民素养的培育和提升，而且是学习力与合作、研究能力的培育和提升。

【行动反思】

首先，通过实践我们师生都深有体会地认识到：从某种意义上来说，学生主要并不是在家庭与学校中，而是在非正式群体的活动中，通过对活动内容的商定、活动目的的认定、活动角色的分配、活动工具的准备、活动冲突的调节及活动结果的评价等才逐步形成与发展自己的社会能力，促进自主性的发展的。

其次，本着“今天的学校要为明天的社会培养公民”的意识，以及对担当好学生的“精神哺育者”这一目标的追求，我努力做到对非正式群体成员的教育既满含现实关怀，又指向未来，即做着当下，想着未来，着力健全学生人格，关注学生的未来发展。

通过实践和研究，我认为：非正式群体的形成是初中学生身心发展的需要，而非正式群体本身是一把双刃剑，正向的非正式群体可以引导学生人格健康发展，负向群体则不利于学生人格发展。对非正式群体，不论是正向的还是负向的，教育和管理都是必需的、必要的。因此，在对待班级非正式群体方面，我力求做到：防患于未然，应对于实然，善后于已然，追求于应然，感悟于释然。希望能将班级内的非正式群体演变成点亮学生心灵的烛光，使他们能不断发动内心的引擎，调整人生坐标，为每日面对不免枯燥的学习生活提供源源不断的动力。

美国心理学家柯尔曼对美国中西部十所中学的学生进行了调查，结果表明：非正式群体的作用可以左右教学的效果，既可以促进学习，又可能阻碍学习。这种影响，正是基于非正式群体的双面性，它既有积极的一面，又有消极的一面。当非正式群体的作用与学校教育的要求、与学生个性发展的要求相适应和一致时，非正式群体是积极的、有益的。如果非正式群体干扰、阻碍甚至破坏了学校教育效果，这时非正式群体就表现出消极性和负效应。因此，必须因势利导，发挥其积极作用，使非正式群体成为学生学会交往、体验友情、陶冶性情、升华品德、增进知识、培养能力、接触实际、了解社会、发展个性、展示自我的教育场所。整个教育转化的过程是充满爱而又漫长的过程。从一开始关注非正式群体起，我们的教师与同学都要对他们充满期待，让他们把感情的归宿落实在班级中。当然，整个转化工作往往不是一帆风顺的。每一个成员在转变过程中都可能出现反复犯错误的现象。对于此，我们教师和家长一定要有耐心，千万不可因他们的一两次反复而感到灰心，否则就会功亏一篑、前功尽弃了。我们坚信，只要始终不放弃，精诚所至、金石为开，转化工作一定能取得成效。

非正式群体的形成具有一定的社会性，因此，教师除做好以上几项工作外，还应与社会、家庭加强联系，形成立体化的教育网络，实现对非正式群体全方位的管理和教育。只有这样，才能使学生的个性在正式群体和非正式群体中得到和谐一致、全面健康的发展。

拓展阅读

1. 李镇西：《我这样做班主任——李镇西 30 年班级管理精华》，漓江出版社，2012 年。

2. 魏书生：《班主任工作漫谈》，漓江出版社，2014 年。

3. 窦桂梅：《玫瑰与教育》，华东师范大学出版社，2006 年。

4. 陈宇：《班主任工作十讲》，教育科学出版社，2014 年。

第三篇

组织协调

专题一　基本原理

学生的成长需要家长的呵护、教师的引导、社区力量的支持，但不是任何时候教育力量都呈一致性，往往是冲突与和谐并存，需要班主任合理组织各种教育力量，加强沟通与协调，形成多种力量组成的教育共同体，使教育力量最大化，实现育人目标。学生的成长是各种教育力量的“合奏”，而不是班主任的“独奏”，因而需要班主任在敬业与奉献的同时，做人际关系的艺术家。

一、上通下达：畅通与学校行政领导的交流渠道

班级的各项工作离不开学校管理者的领导和监督，学校的各种工作有各自的运行方式，但都要归结到班级中来，通过班主任实施和协调。因此，班主任是学校行政管理层实施教育、教学工作计划的得力助手。同时，学校行政管理层提供班集体建设、学生健康成长需要的各种指导，班主任要使工作达到预期目的，取得良好的效果，就必须处理好与学校行政管理层的关系。

班主任要做好学校行政管理者与学生之间的桥梁。班主任和学校行政管理者在各自不同的岗位上承担不同的社会角色，由于角色地位的不同，角色任务、角色责任也不尽相同。学校行政管理者更多的是站在学校全局的角度来策划、部署工作，而涉及某个班级的具体的教育管理不会面面俱到；班主任面对的是一个班级，考虑问题总是从本班工作的实际需要出发，往往对学校全局的情况缺乏了解和掌握。因此，在工作中班主任难免会和学校行政管理层产生矛盾，出现班级小集体与学校大集体不相一致的情况。在此情况下，班主任要心胸宽广，树立全局观念，加强与领导的沟通，通过主动交往增进相互理解与信任，自觉地将本班的工作置于学校领导的监督之下，争取学校领导的指导和帮助，努力做到“上情下达”和“下情上传”，与学校领导构筑畅通的交流渠道和良好的沟通秩序。班主任既要学会与不同领导相处，又要充分组织和利用学校各部门的教育力量与资源，为建设良好的班集体服务。

班主任与不同领导相处的艺术

与专制型领导的相处

专制型领导的主要特征是学校领导者权力高度集中，凡事躬亲，事无巨细都得领导点头，下属必须无条件地服从与执行领导的决定，重视行政手段的作用，经常干预下属的工作，不喜欢听反对意见，不愿与有独立见解和创造精神的人相处，喜欢发命令，做指示，对于教职工的缺点错误毫不留情进行批判教育。对于专制型领导，班主任要注意维护领导的威信，承认其权威性，遇事不可自作主张，各行其是，不可因领导专制而减低责任心、降低工作效率。同时，也要采取易于被领导接受的方式，提出自己的合理化建议，帮助领导搞好工作。对于领导的失误，要尽自己的能力进行挽救和弥补。

与放任型领导的相处

放任型领导的主要特征是学校领导者放弃自己的职责而把大部分权力交给教职工，要求教职工实行自我管理。领导不干涉教职工的活动，完全依靠下属的自觉性，不强调规章制度的约束作用，较少使用惩罚手段来进行管理，下属对自己职责范围内的事可以自作主张，各行其是。学校领导者与教职工保持不即不离的关系，很少主动与教职工接触，对教职工的问题采取不闻不问的态度。对于放任型领导，班主任要增强自身的责任心和义务感，提高工作的积极性和自觉性，严格要求自己，主动积极、合理有效地使用领导下放的权力，既不能放任自流、自由散漫，也不能越权办事。要主动自觉地将自己置于领导者的监督之下，自觉遵守各项规章制度。

与民主型领导的相处

民主型领导的主要特征是学校领导者在工作中广泛依靠广大教职工，积极吸收广大教职工参与学校的管理工作。在进行决策时，注意吸收和听取教职工的建议和意见，尊重下属的职权，放手工作，注意调动下属的工作积极性，信任教职工，满足教职工的合理需求，乐于与教职工接触，上下级的关系较为融洽。对于民主型领导，班主任和他们的交往较为容易和随便，易于建立良好的人际关系，但班主任也要注意绝不能恃才傲物，所提的建议或者要求必须合情合理。

二、民主和谐：在沟通中实现师生心理相融

学生是班主任教育的对象，是独特的生命个体，因此，班主任在班级管理中与学生的交往最基本最重要的是沟通和交流，这是建立良好的师生关系、做好班级工作的前提和基础。

如果学生不愿意把自己的欢乐和痛苦告诉老师，不愿意与老师开诚相见，那么谈论任何教育都总归是可笑的，任何教育都是不可能的。

——［苏联］苏霍姆林斯基

具有教育效果的不是教育的意图，而是师生间的相互接触。

——［奥地利］贝尔

民主和谐已成为当今师生关系的主要特征，师生之间不再是传统的“主和从”“命令和服从”的关系。民主和谐的师生关系来自班主任与学生真诚的沟通和交流，这是心灵的对话，是一种精神性的交往，以师生之间的相互尊重、信任和平等为基础，双方之间互相倾听和言说，彼此敞开自己的精神世界，实现精神的交流和意义的分享，达到情感的共鸣、心理的相融。

班主任与学生的沟通和交流是一种教育的手段，也是一种教育力量，它能激发学生强烈的求知欲和上进心，使学生充满激情地投入到学习活动中。班主任与学生的沟通和交流还影响学生的心理健康，有效的沟通和交流会使学生感觉到愉快、安全和轻松，从而形成自信、乐观、积极等优秀品质，有利于学生的心理健康。反之，学生得不到班主任的关爱和温暖，就会缺乏自信并且难以融入班集体。要与学生实现心理相融，班主任首先要转变教育观念，从“保姆”型向“人生导师”型转变。我国传统的教育观念导致了班主任每天的工作事实上是管理着学生在校学习生活的琐

事，重点抓的是卫生、纪律、学习，教导学生的是如何循规蹈矩等。班主任每天的辛苦工作，换来的未必是学生的理解和协作。“保姆”型的班主任工作压抑了学生自治、自理、自尊、自爱的积极性。班主任作为学生全面发展的引路人，首先应当具有人生导师的思想和风范，给予学生学习、生活、做人等诸方面的指导，真正以学生为主体，引导学生愉快地健康成长。其次要注重心与心的交流，情与情的共鸣。教育的艺术首先是爱的艺术，没有对学生人格的尊重，没有对学生内心世界的理解，没有对学生特殊需要的关注，没有对学生足够的耐心，就谈不上对学生真正的爱。这里的爱不仅是对某一学生个体，也指对整个班级学生，班主任既要进行与学生的个别交流，也要经常与班委会、团支部成员进行集体交流，在与学生的沟通交流中理解学生，也让学生来理解自己，并充分挖掘学生中潜在的各种资源，为建设充满活力的班集体奠定基础。

三、协调平衡：联系任课教师组成教育共同体

班主任是联系班级任课教师的纽带，班主任对学生的教育、班集体的建设不是班主任一个人力所能及的事，任课教师通过日常的教学活动与学生发生直接交往，他们的教学态度、教学思想、教学方法、道德水准等对学生的思想态度和行为习惯产生重要的影响，因此，任课教师对学生的全面发展起着举足轻重的作用。班主任要与任课教师组成教育共同体，实现班主任与任课教师教育力量的统一。

> 哪里教师没有结合成一个统一的整体，哪里也就不可能有统一的教育过程。
>
> 如果有五个能力较弱的教师团结在一个集体里，受着一种思想、一种原则、一种作风的鼓舞，能齐心一致地工作的话，那就比十个各随己愿地单独行动的优良教师要好得多。
>
> ——［苏联］A. C. 马卡连柯

班主任与任课教师同是教育工作者，但各自承担不同的教育责任，具体工作任务各有分工，有时会出现教育分歧，但分歧产生的根本原因并非私人恩怨，分歧多数源于学生，如与学生的学业成绩有关，有的班主任更多关注自己所教学科，引发任课教师不满。中学各科教学之间的考核、学生分数之间的竞争，与教师的自身利益密切相关，有的已经成为教师好和差的区分标准，有的教师为了自己的利益总是千方百计给学生补课，引发

不同教师与班主任之间的补课竞争。有的是由于学生课堂纪律问题引发任课教师的不满，学生往往对班主任老师的课堂更“配合”，在任课教师的课堂上相对“放肆”，这样不同的“待遇”造成有些任课教师的教学效果不理想、任课教师心理不平衡，影响教师的成就感。有的是由于班主任与任课教师教育理念引发的矛盾，有的年轻班主任更注重学生的多方面发展，班级活动丰富，师生关系融洽，而有的任课教师片面地认为学生的任务主要是学习，对班主任的班级活动不支持，认为活动过多耽误学习会影响学生的考试竞争。而年轻教师对这种分数至上的观点难以认同，引发观点分歧，等等。

班主任与任课教师产生矛盾的十大原因[①]

1. 班主任与任课教师管理观念不一致，不能达成共识。
2. 班主任在同事或者学生面前说任课教师的坏话。
3. 班主任与学生打成一片，任课教师产生失落感。
4. 班主任未征求任课教师意见，随意挤占任课教师时间。
5. 班主任对任课教师随意发号施令，造成任课教师不满。
6. 班主任有事请假，任课教师不愿临时代管班级。
7. 班主任对班级的每一件事都过问，造成管理越位。
8. 任课教师只抓自己的学科教学，对班级事务不闻不问。
9. 任课教师教学水平差，影响到班级整体教学质量。
10. 任课教师不满班主任拿多的奖金。

如何达到班主任与任课教师的协调平衡？首先，在教书育人的总任务下寻求统一。作为班主任，要主动邀请任课教师参与班级管理的决策，如班级工作计划拟订、班规制定、班干部与课代表选拔、优生培养、后进生转化等工作。班主任要多尊重、参考、采纳任课教师提出的宝贵意见和建议，从而增强任课教师主动关心班级建设的意识。要协调好任课教师教学时间和作业量，统筹好学生的学习时间，与任课教师达成共识，形成教育

① 钟杰：《班主任与科任教师发生矛盾怎么办》，《班主任》，2010 年第 6 期。

合力，提高育人效果。其次，班主任应注意树立任课教师在学生中的威信，如班主任要利用任课教师在本班第一次上课、参加学生活动等机会，主动热情地向学生介绍每一位任课教师的优势与特长，这样，任课教师才会积极关心班级的教育管理工作，促进学生的健康成长。再者，班主任要热情邀请任课教师参加班级课外活动，如春游、篮球比赛、家访等，为各任课教师创造亲近学生的机会和氛围，使他们在学生心目中同样树立起可亲可敬的形象，以达到“亲其师，信其道”的目的。班主任还要妥善处理任课教师与学生的关系，善于化解矛盾。另外，化解学生与任课教师之间的矛盾，是班主任协调工作中的重头戏。尤其是中学生正处于青春期，非常敏感，加之功课太紧，学业较重，在日常教育教学活动中，容易与任课教师产生一些误解、矛盾甚至冲突。师生间的矛盾比较复杂，有时完全是学生的错误引起的，有时则是由教师过严、态度过硬而导致的。无论哪种情况，如果处理不当，都有可能造成师生之间的对立，不利于教学工作的正常开展。因此，当任课老师与学生因某种原因出现对立情绪时，班土任一定要妥善处理学生与任课教师的矛盾，要坚持实事求是、尊师爱生的原则，及时疏导协调，使双方矛盾主动化解，绝不能出现贬低任课教师或同任课教师共同训斥学生的现象。既要维护任课教师的威信，也要让学生心服口服，以免产生怨恨与隔膜。

四、家校沟通：走进家长心灵携手共同教育

教育是一项系统工程，学校教育和家庭教育相辅相成，有人用物理学中力的分析来看待家庭教育和学校教育力量，假定学校教育与家庭教育对学生的影响是由一个支点发出的两个分力，两种分力所形成的角度就决定了合力的大小，而这个角度就是学校教育与家庭教育或教师与家长形成的某种关系。当学校教育与家庭教育的方向越趋一致、教师与家长的关系越趋融洽时，所形成的合力就越强大，即对受教育者正向的影响越大。

学校教育和家庭教育两者在教育学生成才的目标上是一致的。家庭教育是班主任工作的起点和基点，家庭教育对班主任工作有良好的补充促进作用，班主任作为学校教育最直接的组织者、教育者，应架起学校和家长之间沟通的桥梁，要走进家长的心灵，协调处理好与家长的关系，争取家长支持和配合学校教育工作，使家长与学校形成教育学生的合力。

> 教育的效果取决于学校家庭的一致性，如果没有这种一致性，学校的教学、教育就会像纸做的房子一样倒塌下来。
>
> 最完备的教育是学校与家庭的合作。
>
> ——［苏联］苏霍姆林斯基

与家长携手共同教育学生，首先要尊重理解家长，这是进行家校沟通、协调好与学生家长关系的前提。家长在社会地位、职业、经济条件、文化修养等方面各有不同，但在培养教育孩子使他们成为社会有用之才这个根本点上，每个家长的愿望都是一致的，只是在教育学生的态度、方法上未必一致，甚至有些家长与班主任产生矛盾冲突，需要班主任耐心的交流与沟通。班主任与不同类型的家长交流时要保持真诚平等的态度，应认识到，客观诚恳的交流、一视同仁的真诚服务才能换来家长的支持和认可。其次，要尊重家长对学校及班主任教育教学工作的监督和评估意见。家长非常重视自己孩子受教育的情况，对孩子的班主任、任课教师的教育教学水平总想问个究竟，观察孩子的学习表现，常常比教师还要细致、具体、深入，对于家长的这些批评、建议，班主任应虚心听取，合理采纳有关建议。

五、里应外合：联合社区成为学校教育的伙伴

社区是社会学中一个从空间形式反映人们社会生活的概念，是从事一定的社会活动，具有某种互动关系和共同文化维系力的人类群体及其活动区域，是学校组织所处的一个外在环境①。现代学校的观念认为：社区是学校教育的基础。学校处在社区之中，在社区里活动，学生及家长都生活在社区之中，社区的各种影响，无论是正面的还是负面的，都时时刻刻在影响着学生。学生在学校所学知识、技能与价值观念，必须在社区得到实践与增强的机会，否则学生出了校门就面临一个截然不同的环境，教育效果会大打折扣。其次，因为学校资源有限，社区环境隐含教育的价值，充分协调和利用各种社区资源与力量，实现教育部门与社区之间互助合作，会更好地完善学生的人格品质，培养其生存能力，提升教育的功效。因此，班主任应联合社区教育力量，使社区成为学校教育过程中的伙伴。但

① 康瑜：《终身学习背景下学校和社区关系的重建》，《比较教育研究》，2002年第4期。

社区环境复杂，对学生还有各种不良的自发影响，需要班主任协调好与社区各种力量的关系，让社区成为学校教育的伙伴。

如何让社区成为学校教育的伙伴？首先，班主任要利用社区丰富的人力资源，增强教育力量。社区内人才济济，班主任要充分利用社区人力资源优势，争取他们支持和参与班级的各种教育工作，可以通过主题班会的形式，邀请企业家、成功人士等做专题报告，进行学业、职业、生活指导，教育学生学会生活、创造生活等。其次，利用社区多彩的文化资源，提升学校德育的实效。社区内有多彩的文化资源，社区文化资源往往有着丰厚的文化积淀和德育底蕴，如社区中的文化展览、法制宣传、社区文明公约、历史文化古迹、革命传统、杰出人物、优美的自然景观、高尚的人文精神等，都是对学生进行道德文化教育的“活”教材，且较之学校教育更为生动直观，更有利于加深学生的文化认知和道德认知，在文明健康的精神享受中提高学生的科学与道德素质，使学生不断增强对社区的挚爱之情。再次，班主任要加强与社区机构与领导的沟通和协调，控制不良因素对学生的影响。学校的周边环境也会对学生产生不良的影响，有的成为诱使青少年犯罪的一个不能忽视的因素，如周边存在着不法娱乐场所，暗中销售的庸俗书报、黄色音像制品等，都容易诱发青少年学生的不良消费欲望、娱乐消遣欲望，成为刺激青少年学生违法犯罪的直接因素。对于班主任来说，这项工作复杂而重要，直接关系班主任工作的成败，需要高度的责任感与教育智慧，协调社会的各种关系，使社区真正成为学生成长的力量。

专题二　案例分析

案例一

学校领导对班级活动不支持[①]

一、案例描述

为了提高班集体的凝聚力，融洽亲子关系、师生关系，同时在繁忙的学习之余放松一下，班主任计划组织本班的学生、家长和老师利用周末开

① 郑男：《班主任职业技能和工作技巧》，北京：北京教育出版社，2009年，第100-101页。（在这里引用时根据需要做了一些改动）

展一次登山活动。正在班主任忙着发通知，和班干部一起设计活动内容时，学校领导电话通知班主任，要求立即停止这一活动，因为有家长已经给学校打电话告状，说孩子在校外有课外辅导班，可是老师让参加班里的活动……领导说，我们不能因小失大。

班主任老师接到领导的通知后，当时很着急。做了这么多准备，怎么说取消就取消！赶紧和领导面谈，到底是哪里出了问题？经过和领导沟通才知道，主要有这样几个问题：一是班级活动领导不知情（哎呀，最重要的事给忽略了，怎么忘了先申请了）；二是家长有意见；三是学校担心万一出事怎么办。班主任把活动的意图、计划和安全等方面的考虑向领导做了汇报，并表示活动是自愿的，打电话的家长是个别现象，家长们是支持这项活动的，而且还是他们提出来的呢！领导说再考虑考虑。

班主任心想：既然领导没有马上否定，说明还有机会。因此，回来后立刻着手完善活动安排，发动学生、老师和家长尽可能考虑得更周到一些，而且还把修改后的计划报给了领导。

一切准备就绪，班主任把情况向领导仔细地进行了汇报。领导针对班主任的汇报，又提出了一些建议。领导后来说，如果不是你在班级管理上确实很突出，成绩显著，这次学校是不会支持你们的活动的。

二、案例分析

案例中班主任处理与领导关系的方法为我们如何争取领导的支持提供了成功的范例：首先，案例中的班主任能换位思考，理解领导的苦衷。因此，在班级活动遭到领导的反对时，班主任能克制自己的情绪，冷静地思考解决问题的办法。其次，案例中的班主任能及时和领导沟通。了解领导对当前活动态度的原因，厘清领导的用意是什么，领导的疑虑又是什么，明确下一步的对策。如果班主任唯恐领导责备自己，消极地回避，不但不能取得领导的谅解，反而有可能让领导产生误解。最后，案例中的班主任能摆正自己的位置，树立尊重和服从领导的意识。最终能把活动目的及周密的活动方案向领导再一次汇报，通过有力的证明打消领导的顾虑，把自己的工作意图向领导讲清楚、说明白，同时根据领导的意见及时修正自己的工作设想。

三、讨论题

1. 你对案例中学校领导的做法如何评价？

2. 如果你是班主任，你将如何处理这件事情？

案例二

课堂管理谁之责：班主任的角色之惑①

一、案例描述

下课时，初二（5）班班主任徐老师看到教他们班生物课的王老师出现在办公室门口，正朝着他走来，徐老师看看桌面玻璃垫下的班级课表，刚刚那一节班上正好是生物课，不等王老师开口，徐老师心中已经明白了大半。

“徐老师，你们班级的秩序让人无法领教，我实在上不下去了！”

“对不起，我们班的秩序我也很头痛，说也说过他们了，结果还是老样子！”

“下次上课，我打算上实验，希望你能在旁边管管秩序。”

“可是，下次生物课，我自己也有别班的课啊！”

“随便你，要不然，你们班就不用做实验好了。”王老师说完转身就走。

“王老师——”徐老师气得跌坐在椅子上，望着王老师的背影：“哼！真是莫名其妙！帮你管秩序，谁来帮我上课？”徐老师低声嘀咕着。

班上上课秩序不好已经是公认的事实，不少任课教师也对他反映过。根据学生的说法，以生物课最为严重，讲话，吃东西，传字条，看漫画，有时还有突发的笑声，有些同学摆出一副肆无忌惮的样子。有几次，生物老师叫班长到办公室去请徐老师到班上看看，徐老师出现时，学生果真给面子，马上收敛！最后，学生已算得出来什么时候徐老师绝对请不来，因为他正在上别的班级的课。

好几次，他想建议生物老师改变一下上课的方式，设法让生物课有趣味性。可是，他开不了口。想想自己，算什么？又不是教务主任，也不是什么明星级的资深老师，只不过是刚刚调入的一名新老师罢了。

徐老师对学生的管教原则是不喜欢打骂，学生也已经学会他的口头禅：“拜托拜托！给给面子吧！”上他的课倒也真给面子，可是对其他任课

① 周俊：《课堂管理谁之责：班主任的角色之惑》，《校长参考》，2006年第4期。

教师就未必了！难道，是因为班主任与学生关系不同，还是其他原因。

想以前在另一所初中任教时，学生素质不高，上课秩序不曾好过，学校除规定教务处加强巡视外，还要他们这些当班主任的没有课的时候一律在班上“坐镇”，甚至把班主任的办公桌搬到各班教室。徐老师本来觉得有些尴尬，后来，看到全校皆如此，不管他是在别的班级讲台上上课，还是坐在自己班上督阵，日子久了，也就习以为常。徐老师想着，要根治班上的上课秩序，是不是也该使出这一招呢？

第二天，徐老师在教室后面多摆上一套课桌椅，只要他没课，他就携带着作业本坐在教室后面，心想：“我就陪着你们这些公子哥儿们上课，看你们还敢不敢闹？”

三天后，教务主任转达了任课教师对他的抗议。徐老师喟叹：“这样也不行！那我还要不要管呢？”

二、案例分析

班主任和任课教师都有教学管理的职责和义务。班主任与任课教师之间应加强沟通、通力协作，共同解决学生学习和课堂教学的难题。案例中的班主任徐老师虽然可以利用自己的威信和权力通过进教室“督阵”来帮助任课教师控制课堂，但也暴露了对任课教师课堂管理能力的轻视和否定，很有可能使任课教师因产生顾虑和心理上的压力而对班主任有抵触情绪；其次，班主任坐在教室中，容易使任课教师和学生双方感到拘谨，学生参与的积极性得不到最大限度的表现，影响课堂教学效果。因此，就案例中班主任进教室“督阵”所引发的矛盾而言，双方都应明确各自的角色和应担负的职责，退让一步，站在对方立场，设身处地地为对方着想。这样，问题就有可能得到较好的解决。作为班主任的徐老师，应努力给任课教师和学生创设一个良好的教学环境，而不是把办公桌往教室里一搬了之。班主任应认识到，进教室“督阵”不是一剂良方，这一举动表明自己缺乏对班级有效的内部管理与监控，班级缺乏自律和自治能力，单纯依赖外在的监督和高压来维持班级的教学秩序。就案例中的班主任而言，应做好如下几方面的工作：

第一，扮演“隐身人”的角色，加强班级的自治自律。一方面，要通过平时与学生的交流，注重德育的内化，发挥道德舆论的力量，形成积极上进的良好班风，力争让学生在课堂上都能认真听课，自觉遵守课堂纪律；另一方面，要运用大家的集体智慧，构建人性化、科学的班级管理和课堂管理制度，并努力加以贯彻落实，让制度管人。

第二，班主任应该与任课教师多沟通交流，对于任课教师反映的班级情况应该深入了解原因，加以分析。属于任课教师方面的问题，如果自己不便说，可以委托第三者（如同事、教务处老师等）婉转地对他提建议，如班主任徐老师可以委婉地建议生物老师改变一下上课的方式，设法让生物课有趣味性。这样还有利于任课教师及时发现自己的不足，更好地改进教育教学工作。

第三，班主任应真诚地帮助任课教师在学生中树立威信。如在班级里介绍任课教师的特长、教学经验和成果等，这样不仅可以使学生更加喜欢和尊重任课教师，而且也为学生树立了身边的榜样，同时对形成良好的学风和班风也具有很大的促进作用。

三、讨论题

1. 对于其他任课教师的课堂管理，班主任要扮演什么角色才适宜？
2. 对于班主任徐老师的困境，你有何建议？

案例三

春风化雨真情在①

一、案例描述

这天，我一进教室张玲就来向我汇报说："王永海又没有做家庭作业！"一听我的头就大了，这个王永海是单亲家庭的孩子，父亲于几年前因故去世，他的母亲带着他艰难生活。因为他的母亲不识字，家里活计又忙，平时在学习上对他管教显得力不从心。可能因为这个原因，王永海养成了做事懒散的坏毛病，学习态度极其不认真，经常不认真完成作业，学习成绩更是差得要命。这样恶性循环，学习越差越不爱学，越不爱学学习越差。我虽然几次与他的母亲谈过这件事，但效果总是不明显。这样下去不行，我得再找王永海的母亲认真谈谈。

下午，王永海的母亲来到了学校，我把她让进了自己的宿舍，这样说

① http://home.teacherclub.com.cn/dts/publichomework/publichomework! public _ homework _ show.action? id=8964240。

话方便一些。还没坐定，王永海的母亲就急着问我：“王永海是不是又没写作业啊？”看来她早有心理准备。“哪儿啊！”看她一脸无奈的样子，我把到嘴边的话咽了回去，“是这样的，王永海啊最近学习上挺有进步，看他学习劲头那么大，我就想给他补补课，把他以前落下的知识点给补上，可他手头又没有任何复习资料。我这不才把您请过来商量商量，能不能给他买一本复习资料啊？”王永海的母亲听我这么说，一下子高兴了起来：“你是说真的吗？王永海最近真的进步了吗？”她嘴上虽然这么问，可看表情明显是已经相信了，既然如此，我就接着编下去：“确实是进步了，不过他的基础太差，还得好好给他补补，只要把以前落下的知识都补上了，王永海的成绩一定会上去的。”“既然这样，那就让您多费心了！资料买什么啊？我也不懂。要不您帮我给他买一本吧。”说着，王永海的母亲就要掏钱，我赶忙把她给拦住了。“您先别急，我先给您看看，看合适了我给您先买回来，您再给钱。不过这以后您可得在学习上多关心关心王永海。我也知道您家里家外一大堆事都是一个人忙，挺辛苦！可我们辛苦为了什么呀？还不都为了孩子吗？您说我们在学习上不关心孩子，孩子学习不好，我们再辛苦有什么用啊？”王永海的母亲听我这么说，不住地点头称是，我一看这效果达到了，就又说了些王永海的优点，让她坚信孩子是好孩子，现在要的是对他的教育跟上。最后王永海的母亲若有所思地离开了学校。

这之后王永海有了明显的变化，交作业积极了，而且字一天比一天写得好，我也抓住机会对他进行表扬，到期末考试时他的语文成绩竟然达到了 70 多分。这在以前可是想都不敢想的。

二、案例分析

班主任与家长之间是一种特殊的关系，班主任是学校联系家庭的纽带，是学校教育与家庭教育的结合点。正如苏联教育家苏霍姆林斯基所说，如果没有整个社会首先是家庭的高度教育素养，那么不管老师付出多大的努力，都收不到完美的效果，学校里的一切问题都会在家庭里折射出来，而学校复杂的教育过程产生困难的根源也都可以追溯到家庭。班主任与家长的合作是学校与家庭形成教育合力的重要手段。案例中的班主任掌握了以下与家长沟通的技巧，有力地促进了与家长的合作：

第一，尊重家长，理解家长。案例中，尽管王永海是一名后进生，多次不完成作业，但班主任在与王永海的母亲交流时仍能站在她的角度理解对方，沟通时态度和蔼，热情相待。对家长给予安慰，尽量发掘孩子的闪光点，让家长看到孩子的长处，看到孩子的进步，看到希望。重家长的情感，以商量、谈心的方式来交流孩子的得与失，以自身良好的道德修养和理论水平来影响家长。

第二，以心换心，赢得信任。案例中的班主任在与家长沟通时转换了角色，把自己当作学生这个家庭中的朋友，在家长面前，班主任并没有单一地数落学生的缺点和错误，也没有板起面孔去教育家长或指示家长怎样做，而是站在家长的角度理解家长的难处。在谈论孩子的表现时，先说孩子好的方面，再说孩子的不足或需要改进的方面，对孩子的评价以鼓励为主。这样也能让家长对班主任产生细致、认真负责的好印象。

第三，掌握谈话的技巧。学生来自不同的家庭，每个家长的文化水平、素质、修养不同，各个家长对学校教育的配合程度自然存在很大的差异，在双方交流时可运用一些非语言的反馈，如上述案例中的班主任在与王永海的母亲交流时，通过观察她的眼睛和面部表情来了解她是否在接受自己的信息。

三、讨论题

1. 案例中的班主任与家长沟通的策略是什么？
2. 单亲家庭对孩子的学业有何不良影响？
3. 班主任应如何指导家长督促孩子的学习？

案例四

师生沟通怎样才有效①

一、案例描述

上学期的一天清晨，我听班长说班上有一名姓石的同学受了很大的委屈，他的妈妈今天可能会过来。经了解，原来是值日过程中的问题，我班是张老师值日，晚上熄灯铃响过后，有好几个同学还站在床边聊天，没有要睡觉的意思，这时张老师发现了，于是批评了他们，同时推了石同学一下，叫他马上上床睡觉，而石同学在被推后差一点摔倒在床上，因此，他

① http：//www.xdxzw.com.cn/Html/？4313.html。

感觉非常委屈，认为老师故意整他，当晚即电话告知了妈妈，妈妈以为老师打了儿子，所以答应儿子第二天过来找学校理论。

石同学家庭情况：四口人，他的父母、姐姐和他自己，父母长期关系不好，在家基本上一天一小吵，两天一大吵，每次父母吵架时，姐姐站母亲这边，而他则是不闻不问，忍无可忍时就大喝一声，于是战争也就在他的干预下戛然而止。父母唯一的共同点恐怕就是过分溺爱儿子，父亲在溺爱的同时又过分放纵儿子，母亲在溺爱的同时望子成龙。他从小就在这种矛盾的教育中成长，从小就开始天天面对父母无休止的争吵。因此，他非常依赖父母但又不喜欢父母，性格也比较怪异。

知道事情的前因后果，赶在他的妈妈没到来之前，我把石同学叫到了办公室，与他进行了如下的交流：

师：石同学，就昨晚的事我们谈谈吧，怎么样？没有摔着吧？是不是很生气呀？

生：当然生气了，那个张老师总是欺负老实人。（他还列举很多他认为张老师欺负老实人的例子）

师：真有这事呀，那倒真的是很让人生气的，怪不得你会找妈妈，要是我我也会的，我能理解你的感受。

生：就是，看我老实就欺负我，我可从小到大没人这样骂过我，还推我，我要是摔伤了看他怎么负责……

师：其实老师也没有故意要推你的意思，只是他刚好站在你旁边嘛，就顺手想推你赶紧上床睡觉嘛，可能由于他是学机械的，力气比较大吧。（在这同时，我在他的肩上拍了两下）

师：怎么样，我是学数学的，力气是不是不如张老师的大呀？（这时他的脸上已露出了些许微笑）其实我知道你并不想怎么样，只是心里觉得很委屈才跟妈妈讲的。但是你有没有想过，假如你是值日老师，你能不能容忍在熄灯铃响过后寝室里还是这么吵吵闹闹的？

生：……

接下来，我给他分析老师为什么会批评他，老师的这种做法是负责任的表现。当然，老师推学生是不对的，而他不按时就寝的做法同样也是错误的。

通过这次谈话，石同学认识到自己在这件事情中的错误，原谅了老师的错误。在他妈妈来到学校后，他也能主动与妈妈沟通好。这样既避免把事情闹大，同时也让他认识到自己的错误，在以后的时间里，他基本上能做到按时就寝，以积极的态度面对张老师，在校园内外遇到张老师也能主动向张老师问好。

二、案例分析

新型的师生关系，要求老师与学生在人格上是平等的，在交互活动中是民主的，在相处氛围上是和谐的。它的核心是师生的心理相融，心灵的互相接纳。教师的角色应该是导师、朋友、助手和模范。案例中的班主任把握了与学生沟通的技巧，及时处理好了学生与任课教师之间的矛盾。这次沟通的成功之处主要在于以下几点：

第一，班主任做到了全面了解学生。案例中的班主任在与石同学沟通之前，了解了事情的前因后果，了解了石同学的家庭背景，因此，在沟通时能掌握他的思想动态，使沟通顺利进行。

第二，班主任的沟通富有同理心。老师要想真正走入学生的内心世界，就应设身处地地站在学生的角度去体会“他”的内心感受，以学生的眼光去看“他”的生活，以学生的逻辑去推测“他”的思想，然后有效地将这些感受传递给学生。这样的同理心可以使学生感到被理解与尊重，从而诱发出彼此充满体谅和关怀的沟通氛围，自然而然地学生也就同样愿意站在老师的角度来感受老师的难处，同时也就愿意接受老师对他的批评与教育，甚至原谅老师所犯的错误，从而达到沟通的期望效果。通过这样的沟通，既消除了师生间的误会，又恰到好处地对学生进行了同理心教育。

第三，班主任善于捕捉沟通时机。班主任当发现学生有情绪波动时，要马上了解情况，制造有利的时机与学生进行交流，及时去帮助学生走出思想误区。案例中的班主任抓住了与学生沟通的时机，这正是这次师生沟通最成功的地方，在石同学的母亲没有到来之前，班主任已经把事情解决了，也已经打开了学生的心结，及时处理好学生与任课老师的矛盾。

三、讨论题

1. 案例中的班主任与学生沟通时的态度有何特点？
2. 如果你是班主任，将如何针对该学生的特点进行沟通？

专题三　活动设计

一、校内各种教育力量的协调活动

（一）主要内容

班级作为学校中的一个重要子系统，它的生存与发展都受到学校这个大环境的监控，它不能脱离学校的教育目标、规章制度、组织文化等因素的影响而独立存在，而且班级的建设与发展是校内各种资源与力量整合的结果，因而在学校中，学生要接受学校领导、团队组织、班主任、教师和职工多方面的教育和影响。学校内部各种教育力量都要在学校统一领导下，共同承担教育学生的责任，做到教书育人、管理育人、服务育人。因而，校内协调活动包括与学校领导的协调、与任课教师的协调、与学校内各部门的协调、与班委会和团支部的协调、与学生社团的协调。

（二）主要形式

1. 班主任工作例会

班主任工作例会是落实学校德育工作内容、加强班级管理的有效措施之一，也是班主任学习、提高业务能力的重要途径，更是学校加强班主任与学校领导沟通协调的主要活动。班主任工作例会便于班主任之间，以及班主任与学校之间的沟通，学校领导可以及时发现问题、解决问题，组织班主任共同探讨工作经验与方法，同时布置后阶段工作，研究解决问题的措施。班主任在班级管理中遇到有关校内各种矛盾时，一般通过例会协调，班主任首先要深刻领会学校的教育目标、发展战略并将其作为制订班级目标、工作计划的依据。班主任也可以趁此机会向学校领导汇报有关学校德育（或其他方面）工作的建议和意见，取得学校领导的信任与理解，以及对自己独特想法与举措的支持。

2. 班主任、任课教师联席会

定时召开班主任与任课教师碰头会，及时沟通教师间的信息，开展思想交流，以增进了解，密切情感，调解教师之间可能出现的矛盾，以及尽量满足任课教师提出的合理要求。这要求班主任首先要尊重、信任、关心、理解每一位任课教师，支持每一位教师的工作。通过开碰头会，还可以了解和沟通科任教师与学生之间的矛盾。班主任要主动向任课教师了解学生各科学习情况，关注不同学生对各学科的学习态度。特别是学业困难的学生，协助任课教师组织学生补习，调动学生的学习积极性，促使学生自觉主动地配合任课教师的教学活动。

3. 学校领导、任课教师参与的学生班级活动

很多班主任有自己独特的管理规划与设想，为了得到学校领导、任课教师的理解与支持，可以邀请他们参加班级活动，如主题班会活动、与学生的座谈会、学生课堂与课外等。通过参与活动，学校相关领导和任课教师更能设身处地理解班主任的计划与设想，更能了解班级实际情况，帮助解决班级实际困难与问题，并就存在的问题与领导进行商议，争取学校领导的指导和帮助。

4. 与学校领导、任课教师的个别交流活动

在班级管理中，班主任与学校有关领导部门产生分歧时，应主动沟通，特别是个别沟通协调，有针对性地解决问题。解决任课教师和学生之间的矛盾时，班主任要发挥沟通能力技巧，尽量个别沟通协调，要注意维护学生和教师的双方面的尊严，寻找解决问题的平衡点。若任课教师有什么不当之处，班主任不能当着学生的面损害任课教师的形象，应私底下与其进行沟通和交流。处理不好，任课教师会有意见，学生同样会产生抵触情绪。这样都会对教与学产生不良影响。一位优秀的班主任不仅要让学生接纳自己，也要帮助学生去接纳其他任课教师，在学生面前树立任课教师的威信，才能使一个老师更快地融入学生中去。

5. 学生代表座谈会

及时了解学生对任课教师的看法和意见，特别是课堂教学及纪律的情况，任课教师布置作业的量等情况。现实中，我们会发现一些老师片面追求成绩，只重视自己所教的科，布置大量的作业，有时甚至挤掉了其他学科的作业时间。班主任应及时与各科老师交换意见，在调整各科作业量上应起到调度作用，同时要统筹安排好学生自习和辅导时间。

二、与家长的沟通协调活动

（一）沟通协调的内容

学生的成长是家长与学校的联合教育，两者缺一不可。班主任与家长的沟通协调成为连接学校与学生家长的重要桥梁。与家长沟通协调的内容有多方面，主要包括：一是将学校的教育要求、有关管理规定告知家长，争取家长的配合，做好学生管理工作。二是将学生在校情况及时通知家长，学生进入学校生活、学习，家长作为监护人，很关心学生的安全、纪

律、学习状态、学习成绩、人际关系等各方面的情况。三是将学生在校违反安全规定及学生的身心健康情况及时告知家长，有的学生有着学校日常规范不允许的行为，有与社会上或其他学校学生交往过密的情况，将贵重物品私自带入学校等。四是学生在校与任课教师发生矛盾、与学生打架等事件发生时，班主任需要家长支持，应及时与家长沟通和协调。较多的是同学之间难免发生矛盾，而家长一般总是心疼自己的孩子，特别需要班主任从中“斡旋”，引导家长化解矛盾，让学生之间共建“同学友谊”“同窗之情”。五是学生与家长之间有隔阂，班主任主动协调学生与其父母的关系。六是家长与学校的教育要求相冲突时，班主任主动与家长联系，指导家庭教育，协调与学校教育之间的矛盾，形成家校合作。

（二）沟通协调的形式

1. 家长会

家长会是在确定的时间内将班级全体或者部分家长召集起来以开会或者其他形式进行的教育活动。它是促进学生家长与学校和班主任之间相互了解、相互沟通的主要渠道之一，也是家长参与班级管理、协助班主任教育学生普遍采用的形式。家长会的表达形式应该是多元化的。多元化的表达形式需要老师有意识地把时间和空间让给家长或学生，让他们成为家长会的主角，这样家长们可以有机会了解孩子的全面情况，有机会倾听其他家长的教子经验与困惑，家长还可以有机会与孩子面对面地交流，参与对学生的教育，评价班级的教育工作。

家长会的多元化表达形式

汇报式。此类型适合于学校或班级某项专题活动阶段性的汇报。向家长汇报学生这方面取得的成绩和成果。当家长看到孩子的进步，了解到他们的成长过程，必将大大增强他们教育子女的积极性，并主动从各方面支持班主任的工作。汇报式包括叙述性汇报、展览式汇报、听课式汇报、表演式汇报、综合式汇报等形式。

报告式。这种类型主要是班主任讲，家长听，适合于新生入学的前后。内容包括：介绍学校、班级的状况，使家长了解孩子所处的群体环境；介绍任课教师情况；介绍自己的教育设想及方案。介绍时要实事求是，切忌贬低他人抬高自己；加深家长对学校、班级、教师及自己孩子的了解，使家长明确学校对孩子的各项要求，以便更好配合学校教育。

交流式。这种类型可以以家长讲或以学生讲为主，也可以两者结合进行。家长讲，是让家长介绍自己教育孩子的方法、体会、经验；学生讲，是让学生介绍自己在某方面的成绩是如何取得的；学生家长相结合，是先请学生当场书写、绘画、表演等，然后请该学生讲讲自己的学习经历，最后请家长介绍是如何培养孩子兴趣爱好的。

联欢式。这种形式生动活泼，可在各种节日前夕召开。要求内容丰富多彩，教师、家长、学生可同台表演文艺节目，共度佳节。

茶话式。这种形式适合小型会议。一次一个主题，一次一个重点。如“怎样培养孩子的爱好”“孩子犯错怎么办”“您给学校提意见或建议”等。一杯清茶，情意浓浓，真挚自然，既沟通了感情，又解决了问题。

综合式。以汇报式、报告式、交流式、联欢式、茶话式五种形式中的一种为主，其他形式为辅。

班主任开家长会时，首先，要让家长有看的。班主任要精心布置教室，把学生的作品张贴在墙上，陈列在讲桌上，展示在黑板上。表面上这是对孩子的一种赞赏，其实也是对班主任工作能力的肯定。其次，要让家长有说的。班主任要少说，要给家长说话的机会，这样会使家长有被尊重的感觉，便于拉近家长与班主任的关系。家长发言时，应请他们谈一谈对学校和班主任工作的建议和意见，以及对孩子所在班集体的一些想法。“仁者见仁，智者见智”，家长们的讲话对于班主任开展班集体建设工作有很大的促进作用，而且其他家长也能够从中受益。再者，要让家长有听的。听老师简短的发言，自然必不可少，主要还是让他们听听自己孩子的心声。在家长会这样一种情境之下，在家长和老师的共同期待下，学生可能会吐露出平时想说但不敢说的话。一方面，学生与家长多了一份沟通，促进了家庭教育；另一方面，学生更如一条纽带，把班主任与家长的心连接在了一起。

在网络时代背景下，班主任还可以依托现代技术手段召开网络家长会。但是，它的局限性也是显而易见的，比如不熟悉网络生活的家长、没有条件上网的家长都会无缘于这样的互动机会。而且离开了人与人、面对面的包括情感的交流，家长会就会失去它本身的一部分意义。因此，网络家长会应该成为传统家长会的一种补充，而绝不能取而代之。

网络家长会：家校互动新形式①

以QQ群、班级博客、校讯通等多种形式为平台的“网络家长会”，已经突破了传统家长会程式化、僵硬化的尴尬模式，注入了富有现代气息的时尚元素，成为连接家庭教育与学校教育的“金色桥梁”。

“网络家长会”作为一种更加先进、及时、快捷和廉价的教育信息沟通形式，它以更加常规化、多样化的形式，使得家长足不出户就可以与班主任、教师进行“零距离”交流，省去了召开传统家长会时家长来回奔波之苦，既不影响家长、教师的正常工作，又能让教师和家长随时就学生的情况进行交流，实现了教育的针对性与及时性，大大提高了教育实效。

“网络家长会”的互动性强，可以有效地改变传统家长会校长和教师台上讲、家长台下听，缺少深层次和有效沟通的弊端，让家长真正成为会议的主人。依托网络这个平等、和谐、民主的平台，每个家长都可以畅所欲言、交流信息。这样的家长会，效果不言而喻。

“网络家长会”还可以有效地改变传统家长会单一的“成绩报告会”“新闻发布会”“家长培训会”，甚至是“训斥会”的不良局面，极大地提升了家长、学生参与家长会的兴趣与热情。

在目前，还不可能大面积地推行“网络家长会”，或以“网络家长会”完全替代传统家长会。传统家长会所拥有的诸多优势，决定其今后相当长的时间内仍然是家校沟通的最主要的形式。而实施“网络

---

① 高鹏：《网络家长会，家校互动新形式》，《江苏教育报》，2010年，6月3日，第A4版：教学·观点。

家长会”由于需要诸多的外在条件，如学生家庭要有电脑，家长对网络生活比较熟悉，家校之间拥有完善而稳定的电信网络系统等。这些因素决定了“网络家长会”的推广必然受到一定的限制。但我们也应该看到，作为传统家长会的一种有效补充，“网络家长会”在加强学校与学生家庭沟通方面，必将发挥越来越重要的作用。

2. 家庭访问

家庭访问简称家访，家访是班主任联系家长、了解学生在家表现的基本途径。家访可以与家长互通情报，增强对学生教育的针对性；可以了解学生家庭教育的经验和缺陷，帮助家长扬长避短，提高家庭教育的时效性；可以让家长明确学校对学生教育的要求，配合学校做好教育工作，形成教育学生的合力。家访一般可以分为常规家访、重点家访和随时家访。

常规家访是指当班主任在接班之际，或新学期到来之前，都要安排一定的时间从事的家访。这种家访的内容十分广泛、具体，诸如家长职业、文化水平、家庭成员、家庭经济状况、学生生活环境、学生在家的地位、家长对其子女的教育态度、学生对家庭成员的态度和信赖程度、学生的性格和兴趣等。同时也听取家长对学校教育工作的意见、要求等，因此也称作“普访”，是对多数学生家庭的普遍访问，对沟通师生感情，了解学生的基本情况，顺利开展班级工作都有很大的作用。

重点家访是指在对学生家庭情况基本了解的基础上，班主任与家长可以进一步采用合约式的方法，定期联系。这时的家访就要有所侧重，较深入地了解和解决某些具体方面的问题，向家长汇报学校和班级情况、课业负担、学生在校表现等，取得家长的配合。

随时家访是指当发现问题时，教师随时进行家访，及时与家长取得联系，可以有效地起到忠告或纠正问题的作用，对避免问题严重化、促进学生个人的发展有积极作用。

家访应注意的问题：

第一，切忌对家长以言相激，最忌告状并借家长之手教训孩子，这样不但达不到目的，反而会引起孩子的逆反心理和家长的反感，降低自己的威信。

第二，切忌居高临下教训家长，态度要诚恳，言语要谦和。尤其是进行问题式家访时，一般都是孩子犯了这样或那样的错误，班主任容易把这些情绪发泄到家长身上，甚至教训家长，这样最易引起家长的反感，达不到家校共同配合教育的效果。班主任应本着教育好孩子的态度去解决问题，言语谦和才能让家长首先从心底里肯定你，真正达成共识。

班主任家访语言九要九不要①

一要态度谦和，不要盛气凌人。二要坦然大方，不要懦弱求人。三要有自知之明，不要炫耀自己。四要褒奖家长，不要转嫁责任。五要胸有成竹，不要随意发挥。六要一分为二，不要以偏概全。七要留有余地，不要把话说死。八要言出必果，不要轻诺寡信。九要掌握时间，不要“点水”“穷聊”。

第三，要注意就事论事，实事求是，不要一言堂。要针对出现的问题就事论事，不要翻孩子的陈年旧账。要实事求是，不能因想达到更好的效果而夸大事实。对孩子、对家长要动之以情，晓之以理，可以三方沟通，找出问题的症结。

第四，注意维护孩子的自尊，避免过激言语，让孩子产生逆反心理。每个孩子都有其亮点，应当场肯定孩子的优点，让家长、孩子充满信心。

第五，家访后要及时地反思与巩固。家访后，要及时对学生加以督导，并根据学生在校内的学习和行为表现，结合家访中了解掌握的资料，及时反馈，对学生重新分析评估，制定新的教育方案和措施，不失时机地对学生进行深化教育。

班主任家访过程中要善于积累资料，可以建立“家访联系卡”或“家访手册”，记录学生的家庭情况、个人情况及环境影响等家访结果。家访记录可以参照以下形式设计：

---

① 康志权：《班主任工作读本》，东营：中国石油大学出版社，2005 年，第 123 页。

家访记录

家访对象	家访目的	家访时间	家访地点	访谈人物	家长意见	达成共识

家访工作记录案例

“父亲是孩子成长中不可或缺的角色”

家访教师：三年级班主任×××

家访时间：2017 年 11 月 1 日晚上

家访地点：学生小瑜家

家访形式：走访

家庭住址及联系电话：××××××

家访原因及家访过程

家访原因：

1. 小瑜的学习成绩大幅度下降。

2. 小瑜的学习主动性越来越差，老师的激励和批评对他逐渐失去了作用。

3. 作为一个男孩子，小瑜的性格也逐渐软弱，不敢反抗同学的欺负。

4. 孩子的母亲下岗，对孩子过于溺爱，现在孩子逐渐不听母亲的话。孩子的父亲是一家企业的干部，工作很忙，很少顾及孩子的教育和成长。

5. 从我接班起，就没有和孩子的父亲交谈过，所有事情都是孩子的母亲出面，这次我希望和孩子的父亲聊聊，也汇报一下孩子在校的学习生活，使家校更好地沟通。

家访过程：

本来是想约孩子的父母来校交谈，但是孩子的父亲工作很忙，不能在工作时间与老师见面。孩子的成长离不开父亲的作用，鉴于孩子目前的情况，我觉得和孩子的父亲很有必要见面交谈一下，所以我就决定晚上到孩子家。事先和孩子的父亲通了电话，约好了我晚上到他家的时间。

没想到我按照约好的时间到达他家后，孩子的父亲却因为应酬的原因还是不在家，使我感到深深的遗憾，也感觉到孩子的父亲不是很重视孩子的教育及心理，在他的眼里，孩子大概是“树大自然直”的吧？他还没有认识到父亲这个角色在孩子成长中的重要作用。

我只好和孩子的母亲交流，知道了小瑜家的大概情况：母亲下岗多年，家里的经济来源全靠父亲，因此，父亲在家里具有绝对的统治地位，一言九鼎，但是工作很忙，很少顾及孩子的教育，也很少和孩子在一起。母亲在家里地位相对较低，小瑜的生活与教育全是母亲一人操持。但是小瑜是个聪明的孩子，他也感觉到母亲在家地位相对父亲较低，因此不是很听母亲的话，母亲对他束手无策。小瑜的母亲对孩子百依百顺，小瑜爱吃肉，他母亲就顿顿随他吃，小瑜很胖，我提醒过他母亲多次，他母亲表示无法约束他，而他父亲认为孩子胖点没事。

小瑜在家任性，懒散，不爱学习，不爱运动，衣来伸手，饭来张口。母亲几乎拿他没办法，而父亲工作很忙，不介入孩子的成长，一旦小瑜的母亲说了孩子表现不好的话，他父亲就会连孩子带母亲一起责骂，所以母子俩就尽量对孩子的父亲报喜不报忧，孩子的父亲对孩子的真实情况并不了解。

让我感到高兴的是，小瑜的父亲在应酬的间隙给家里打来电话，和我长谈了一番。我主要和他交流了我的以下观点：

1. 我认为如果小瑜的培养教育完全由母亲“把持”的局面不改变，肯定是不利于孩子的健康成长和发展的，会使男孩“女性化”，小瑜已经表现出这样的倾向——软弱，对于其他孩子的欺负，根本不敢反抗。

2. 父亲在孩子的成长过程中有些事一定要做。要让孩子有一个健康的身体和一个健康的精神世界。这就要认真细致地关心孩子的日常生活，关心孩子的人品、个性、能力与爱好，了解孩子的长处与短处，了解孩子的想法、情感与行为，同时做孩子的朋友和老师。比如小瑜目前身材很胖，我告诉他孩子肥胖的诸多危害，尤其是对于孩子的心理也很不利，很多孩子给他取外号。要限制孩子对于脂肪类食物的摄取，督促孩子多运动，改变他懒散的生活习惯。

3. 父亲平常要多亲近孩子，尽量坚持每天与孩子共享一段时光。通过这种持续有效的家庭亲子互动，孩子不仅能够从父亲那里感受到关爱，而且能从父亲的气质、情感、智力等方面接受潜移默化的影响，为自身的心理与智力发展补充养分。

4. 父亲要尽力创造一种和谐的家庭氛围。如在孩子面前夸奖、赞扬孩子的母亲，或对妻子微笑等。尊重孩子的母亲，尤其不可在孩子面前贬损妻子，使得妻子在孩子面前没有威信。夫妻间在孩子面前的爱慕行为，是确保给孩子爱的一种有效方式。

5. 父亲要多方面关心孩子的思想与学业。做父亲的应经常抽出时间与孩子一起谈话，通过谈话使自己了解孩子，让孩子了解父亲，同时也使孩子通过父亲了解外面的世界，多方面去教育孩子，满足孩子的求知欲。

与小瑜父亲的电话长谈非常融洽，这主要是孩子的父亲对于我晚上家访颇为感动，对于我讲的观点也很认同，他决定给孩子制定一个作息时间表，监督孩子的锻炼，同时也控制孩子的饮食，争取减轻孩子的体重，建立孩子的信心。我们还决定要定期联系，多多关心小瑜的健康成长。

在随后的几个星期里，我们看到小瑜逐渐地变得开朗，懒散的习惯也逐渐改正，生活开始变得积极起来。当然，孩子还有反复的时候，由于家校联系及时，给予积极的干预，我们高兴地看到孩子的良好习惯正在慢慢养成。

3. 书面联系

书面联系是班主任行之有效、简单易行的和家长保持联系的一种方式。书面联系有以下几种形式：

（1）发通知书和家长联系

每学期结束时，班主任要把学生一学期的表现，用书面形式告知家长，并要求家长签署意见。当学校、班级要开展重大教育活动或者出现偶发事件时，也可以采用“告家长书”的形式，向家长说明，争取家长的支持和帮助。

（2）通过“学生手册”“家长联系簿”和家长联系

“学生手册”记载着学生的学习成绩、行为表现，供家长经常查阅，以便及时了解学生情况，配合学校进行教育工作。“家长联系簿”由班主任和家长分别记载学生在校和在家的学习、生活情况，可以起到学校与家长及时交换意见的作用。

（3）通讯联系

当学生在学校取得突出成绩时，班主任可用“贺信”的形式报告家长，表示祝贺。个别学生出现了问题需要个别联系时，也可采用通信的方式。若家长在外地工作或学生远离家乡上学，班主任也可以通过信函与家长联系。

学校家长联系卡

第　周

<table>
<tr><td rowspan="5">在校表现
（班主任填写）</td><td>出勤</td><td>课堂纪律</td><td>作业</td><td>成绩</td><td>课内外活动</td></tr>
<tr><td></td><td></td><td></td><td></td><td></td></tr>
<tr><td>与教师关系</td><td>与同学关系</td><td>值日工作</td><td>放学时间</td><td></td></tr>
<tr><td></td><td></td><td></td><td></td><td></td></tr>
<tr><td>班主任意见</td><td colspan="4"></td></tr>
<tr><td rowspan="3">在家表现
（家长填写）</td><td>作息起居</td><td>早晚学习</td><td>家务劳动</td><td>家人关系</td><td>同周围人相处</td></tr>
<tr><td></td><td></td><td></td><td></td><td></td></tr>
<tr><td>家长意见</td><td colspan="4"></td></tr>
</table>

4. 组织家长委员会

组织家长委员会是充分调动家长教育力量的有效办法。家长委员会的成员由家长推举产生。它可以是全校性的，也可以是一个班级范围的。其主要任务是：协助学校做好家长工作，及时向学校反映家长的意见和要求；配合学校或班级开展校外教育活动；听取学校、班级工作汇报，为改进学校、班级工作献计献策；解决家长提出的有关学生教育问题。家长委员会组织应具有广泛性和代表性。

5. 开办家长学校

家长学校是20世纪80年代在我国兴起的家校沟通联系形式，是由学校举办，家长自愿参加的学习和研究家庭教育的机构，是学校与家庭密切联系的重要形式。它对于提高家长的教育水平有着重要作用。

家长学校主要活动的内容：一是系统地传播科学育人的知识。家长学校针对家庭教育中普遍存在的问题，如关于儿童心理问题、青春期教育问题、用脑卫生问题、指导课外阅读问题等有计划有系统地组织家庭教育知识讲座。二是开展教育实践活动。如总结交流教育子女的经验，举行“家长开放日”活动，定期请家长来校观看学生上课，参加学生活动，了解学生情况，学习教育方法，开展家庭教育咨询，邀请有关专家学者、优秀教师解答家长在教育子女中遇到的问题，开展家庭教育问题的专题研究。

6. 家长接待日

家长接待日活动有两种情形：一是班主任在自己的工作计划里拟订问题与家长进行谈话，由学生通知家长在确定的时间内来学校与班主任谈话，这是班主任与家长沟通协调的个别形式；另一种是班主任随时接待来访的家长。家长接待日活动是一个有效的改革措施，可以使家长在教育孩子方面变被动为主动。家长接待日还可以邀请家长听课，观摩主题班会及学生课外活动等。

某校家长接待日活动安排举例

本周五下午，我校的家长接待日活动又拉开了帷幕，丰富多彩的活动深深吸引着家长。

第一档节目——感悟生命的真谛。我校的一位学生家长出资邀请了台湾的名人谢坤山先生来我校为学生做公益演讲。学校组织了师生、家长和毕业生共同参与本次活动。

礼堂里、多功能厅中，座无虚席，大家用心观看着中央电视台专访纪录片《坤山的世界》，感受着谢坤山先生对生命的热爱。虽然他失去了一只眼睛、两条手臂和一条腿，但他依然笑对人生，创造了奇迹。接着，我们又聆听了谢坤山先生的演讲《让爱照耀心灵》。

看完纪录片，听了演讲，所有的人被震撼了——在谢坤山的生命历程里，有太多东西值得我们体味和感悟。他不屈服于命运的抗争精神展示了人性最光辉的一面，而更有意义的地方，还在于他遭逢不幸后那种乐观、积极、健康的生活态度。他开朗、幽默、机智，活得从容、自信、充实，他从不避讳自己的残疾，他脸上始终挂着灿烂的笑容……

第二档节目——家校连线。家长们牵着孩子的手步入教室，走进科任老师的办公室，与老师聊一聊孩子近阶段在校的学习生活等情况。各位老师还与家长共同讨论和解决家庭教育中遇到的一些难题……

家校互动，更好地解决了家长所关心的问题及倾听了家长的合理化建议，真正认真落实了学校、家长、学生三位一体的德育教育格局，促进学校教育管理。

三、与社区合作的协调活动

（一）主要内容

作为开放系统的学校，其教育不可避免地受到日新月异的社会变化的影响。学生在校时间毕竟有限，还有将近三分之二的时间在校外度过。我们可以利用社区力量为丰富学生课余生活提供各种辅导或指导。学生们可以在玩玩做做中学会不少知识，对学校教育起到优势互补的作用。班主任要积极地开发和利用社会中蕴藏着的丰富教育资源，不失时机地对学生进行教育与影响。

班主任与社区沟通协调的主要内容应包括：第一，与社区各种文化机构的协调。班主任主动与社会有关组织和团体，如宣传部、共青团、妇联、工会、校外文化教育机关、街道办事处、居（村）民委员会等单位取得联系，邀请这些单位的领导或校外辅导员参与学校或班级研究教育工作，向他们介绍学生情况和学校一定时期的教育任务，共同商讨如何指导学生的校外活动，争取他们的支持和配合。第二，社区人力资源利用的协调。班主任可以根据本班的具体情况和特殊教育要求，在校外有关机构和组织聘请一些关心学生成长、拥有一定特殊经历和特殊技能并有一定教育经验的人员担任校外辅导员，如聘请离退休干部、各条战线的先进模范人物担任校外辅导员，加强对学生的校外教育。第三，对社区各种信息所进行的管理协调。社区环境复杂，积极的影响与消极的影响交织在一起，使人难以识别，有可能给青少年学生带来不良影响。班主任一方面通过教育学生提高自身对各种有害信息的免疫力，还要与当地文化教育机构，如青少年宫、青少年科技站、文化馆、图书馆、博物馆、展览馆、体育馆、影剧院等单位建立固定联系，按照学生的特点鼓励和支持学生参加各种活动。另一方面，也需要加强调查研究，对娱乐场所、网吧等加强监控，发现对学生的消极影响及时与相关管理部门沟通，消除不良影响源，尽可能地帮助他们解决生活中遇到的困难。

（二）与社区协调的活动形式

1. 合作共教

合作共教主要是与社会有关教育机构、文化机构及社区领导机构形成教育联盟，建立教育共同体组织。社区内的自然环境、人文景观、公共设施、普通劳动者，以及公益活动等，都可以成为学生学习的内容，与社区有关单位建立共建关系，合作共教是常见的形式。我国从中央到地方正在由各级教育、卫生、宣传、共青团、妇联、工会、公安部门联合组成儿童、青少年教育的专门机构，如儿童协调教育委员会。这个机构设在各级政府的教育委员会内，通过这个组织打开班级教育和社会教育的通道，以加强对年轻一代的宣传教育和组织工作，发动有关部门和社会各方面力量，兴办青少年文化教育机构和活动场所，统一步调，解决矛盾，促进相互联系和配置，增强教育的合力。例如上海等地建立的社区教育委员会，是一个跨行业、跨系统的民间协调性组织机构，是一种横向、综合的教育模式。它由学校和学校所在社区的政府机关、工厂、街道、商店、部队等单位的代表组成。其功能是沟通学校与社会的联系，为学生的社会实践提供广阔的天地。班主任可以借助上述资源采取与这些机构或者团体合作共教的形式，发动社会各界都来关心和支持学校教育，为青少年学生的健康成长创造良好的社会环境，实现学校、家庭、社会教育的一体化。

学校与社区互动的探索①

在一次上海市加强初中建设工程验收督导中，一位督导在走访了闵行二中所在社区后感慨地说："你们的社区干部竟然讲得出闵行二中的校训'敦品励学，以品养慧'，说明闵行二中与社区社校融合互动工作做得很好，达到了水乳交融的程度，促进了学校的发展。"长期以来，闵行二中在社校互动方面进行了大量有益的探索，取得了明显的效果，形成了社校互动的机制。学校不断通过制度创新，建立社区参与学校管理的机制，推进学校全方位融入社区，在学校自身发展的同时，不断关注并推进社区的精神文明建设，同时，让社区在学校的民主管理机制中发挥特有的作用。从制度设计上，让社区参与学校的领导、决策、监督评价的一系列机制，让学校在自我评估中把社区利益和公众意见纳入相关的目标和指标体系，让学校真正根植于社会，让社会评价成为学校发展进步的参数。学校还从社区文化建设、学校社区环境建设、健康文明城区共建、学校社区安全互动、学校社区联谊会、学校社区开放日、聘请校外辅导员、学校社区心理辅导工作站、信息技术培训、办公软硬件支持等方面，在实现资源共享共建、实现优势互补互撑等方面探索社校积极联动，建立有效的制度和机制。

① 韩文旭：《学校与社区互动的探索》，《上海教育》，2010年第23期。

2. 对话互动

当前，社会处在转型期，青少年所处的社区面临着不良社会文化侵蚀并存在着污染他们的身心健康的潜在危险，导致青少年违法犯罪行为时有发生。例如网吧、书摊、迪厅等休闲娱乐文化活动的兴起原本是社会繁荣和文化进步的表现，但由于受经济利益的驱使，一些不法商家往往置法律法规和社会公德于不顾，为敛财而不择手段，使这些设施场所成为藏污纳垢、传播毒素的途径。青少年正处在“心理断乳期”，学校生活单调乏味，不良社会文化便乘虚而入，青少年极有可能因此产生行为偏差或犯罪行为。班主任需要与相关部门对话互动，寻求支持与合作，加强对经营网吧、电子游戏厅、书刊出租、影碟出租等商家的管理，严厉打击不法商家，共同帮助青少年自觉抵制社会上不良因素的影响。

社区学校互动　促进教育发展①

Ulu Lubai 国民学校是马来西亚沙捞越州一所偏远的郊区学校，大多数社区成员都是伊班族人。伊班族人保持着传统的生活方式，他们有着非常强烈的社区归属意识。

Ulu Lubai 国民学校充分利用家长教师联会，在家长的鼎力支持下，实行了一些能够反映伊班族共同居住文化的措施，如：“团结精神计划”，提供学习中心，供学生、家长和社区共同享用；班级领养计划，定位于长屋的家长被指派领养照顾各班级，为学生们创造如家庭般温馨愉悦的学习环境；校内英语计划，组织英语学习活动，让孩子们能够学习掌握英语。据报道，通过鼓励学生就学并积极融入学习过程中，小学考试评估达标率连续数年达到100%。为表彰其成就，该校成为马来西亚首个获得“高效能学校”的农村学校。

活动体验

活动一：现在的家长对孩子的期望值愈来愈高，越来越多的家长希望

① 王秀芹：《社区学校互动，促进教育发展》，《青年时报》，2011 年 11 月 14 日。

老师能给自己的孩子更多关照，如调个好座位、多提问、让孩子当班干部等，为此，不少家长给老师送礼。对此，如果老师推辞，一些家长会有各种想法甚至生气，如果接受，有悖教师职业道德。面对这一情况，你如何与家长沟通协调？请你设计一次与家长的家访活动。

活动二：某校几名学生在学校附近的胡同里涂鸦，被街道负责人告到学校，某班主任去调查情况时，发现胡同里满墙随心所欲的作品，张牙舞爪，构图怪异，一股既颓废又张扬的气息扑面而来，班主任通过书画社找到了两个经常到小胡同涂鸦的学生。如果你是班主任，请你设计与社区协调活动的形式与过程。

专题四　技能训练

班主任要协调处理好校内外的各种关系需要多种能力，但处理冲突的能力、设计与组织家长会的技能、家访的技能、对话的技能、合作的技能、自我反思的技能等是最直接而重要的能力。

一、处理冲突的能力

班主任根据班级管理任务，协调各种教育力量与关系，使之相互融合，从而实现班级目标。在此过程中，班主任至关重要的是能及时化解种种矛盾冲突，力争形成教育合力。因此，班主任必须首先培养和提高自己处理冲突的能力。

在由各种人员组成的教育系统的生活中，难免出现这样那样的矛盾，如教师与学生的矛盾、班主任与任课教师的矛盾、班主任与学校领导之间的矛盾、家长与学生和教师的矛盾等。要善于协调好各种关系，班主任要掌握处理各种矛盾冲突的技巧，一般要注意以下几点：

不管发生何种冲突，首先了解冲突产生的原因。通常，冲突的产生主要是因为人们对于同一个问题往往有着不同的看法，以及人们在为实现自己的目标而努力时，往往会影响他人的利益。了解冲突原因才可以对症下药。

冲突产生的原因一般有：

（1）误解

学校、家庭、社区或者班主任、任课教师、学生、家长之间缺乏很好的沟通。

（2）个性冲突

班主任、学校领导、任课教师、学生、家长等相互间在性格等方面的差异引发冲突。

（3）追求目标的差异

班主任、学校领导、任课教师、学生、家长在追求的目标与理想方面产生冲突。

（4）工作方式、方法的差异

班主任、学校领导、任课教师、家长等在处理事情的步骤、程序、具体形式等方面存在差异。

（5）工作职责或态度等方面的问题

班主任、学校领导、任课教师、家长等之间缺乏合作意识，不能很好地执行有关的规章制度等。

处理冲突的能力形成：

（1）对各种冲突应有正确的认识

人们的价值观、需求期望，以及对问题的看法往往存在差异，企求完全一致是不现实的。

（2）对他人和自己要诚实

班主任要努力成为一名让学生和家长信任的教师，以及各科任教师乐于合作的教师。

（3）多交流

抽出足够的时间和精力与学校领导、任课教师、家长和学生多进行一些交流，更好地了解他们的需求、价值观、目标等。

（4）耐心倾听别人的谈话

（5）学会妥协

如果班主任自己与任课教师、家长或社区有关人员发生冲突，要达到和解的目的，必须做出一定的让步。当然，前提是必须有足够的退让余地。

（6）重视合作

以为了学生的成长合作共教为目的，承认人与人之间确实存在差别，尊重不同的见解，取得他人的信任。

训练活动

根据下列案例内容，六人一组，一人扮演学生小坚，一人扮演英语老师，一人扮演班主任，其余三人扮演学生。二人角色扮演师生冲突后，扮演班主任者现场协调处理。约十分钟后，另外三名学生轮换。两轮结束后，相互点评其冲突处理合理与否。最后全班交流。

一天下午，我正在备课，英语老师把学生小坚推进办公室，大声嚷道："你找班主任说清楚，否则，以后别上我的课！"随后愤愤离去。小坚也回敬了一句："不上就不上，谁稀罕！"等到小坚情绪稳定的时候，我才问他原因。小坚理直气壮地说："老师做错了，还发脾气，不讲理！"原来是英语老师板书时把"现在完成时"写成了"现在过去时"，小坚嘀咕："现在怎么就过去了？"引得同学们哄笑起来。老师不知其因，批评了小坚，小坚不服气，就与老师顶撞起来。经我调查，小坚所说属实。如果你是班主任，你如何现场解决该问题？

二、设计与组织家长会的技能

家长会确实很难开，因为每个孩子都有差别，家长的心态也很复杂。不过，多一点准备，效果自然好。班主任应该牢牢掌握相应的设计与组织家长会的技能。

（一）调查研究的技能

为了确立家长会的主题，有必要在会前做一些调查研究工作，主要包括对学生情况的调查和对家长情况的调查两个方面。对学生情况的调查包括对学生的思想动态、日常表现及各科成绩要有一个全面的了解，从而针对不同的类别，拟定不同的对策。对家长情况的调查包括：学生家庭的成员及经济状况；家庭的氛围（如家庭和睦与否、家风情况等）；家教状况（如对孩子是溺爱放任、粗暴严厉还是不问不闻，教育内容与方式是否恰当等）；家长的文化水平、职业、性格、处世态度等。教师了解到的这些情况，可以为制定教育措施提供详细的依据，使教育有的放矢，对症下药。

（二）设计家长会方案的技能

家长会方案设计反映班主任的管理与教育智慧。一般在家长会召开之前，班主任要在调查研究的基础上设计一定主题，围绕主题设计有针对性的方案，因而，家长会的主题不同，方案应具有创意与个性。一般家长会方案有家长会主题、家长会设计理念、背景分析、家长会目的、家长会准备、家长会过程与结束等内容。

某小学一年级家长会方案举例

一、家长会主题

家校共携手，养成好习惯。

二、家长会设计理念

以家长会为契机，让家长真切地了解学校、了解老师、了解孩子在学校的表现，让家长积极地投入到我们的教育教学当中来，增进家长与学校的感情，使家校联动达到最优化，为以后的教育教学工作营造良好的家校合作氛围。

三、背景分析

此次家长会是学生入学后的第一次家长会。对于一年级孩子的家长来说，此次家长会有着非常重要的意义。家长们都希望自己的孩子能够在开学的这一个月里很快地进入到学习状态，成功度过幼小的过渡期。

我们班有30名学生，男生17人，女生13人，学生的学前教育程度参差不齐。不过孩子们都非常喜欢上学，每天都充满期待地来到学校学习知识。由于大部分家长的学历都不是很高，大多是初、高中文化水平，虽然可以辅导孩子，但由于工作、生活等原因不能给孩子一个好的学习环境。

四、家长会目的

对于低年级的学生，良好习惯的养成教育是最重要的，它远比获得知识要重要得多。培养好的习惯，家长的正确引导起着十分重要的作用。通过家长会，引领和指导家长正确开展家庭教育。

五、家长会准备

教室卫生打扫及环境布置、家长会通知、家长签到表、家长会用演示文稿。

六、家长会过程

（一）致辞

（二）班级基本情况

（三）孩子的习惯状况

（四）学生作业展示

（五）家长交流感受，对班级今后的工作提出建议和意见，家长代表

发言（学生学习习惯、行为习惯、成功经验和困惑）

（六）结束语

一年级，是人生中最重要的起点。孩子们从幼儿园到一年级有一个短暂的适应过程。在这个过程中，老师的作用当然是重要的，但是家长也起着不可忽视的作用。

教育孩子要言传身教，孩子是家长的镜子。

细节决定教育的成败，教育孩子要从细节做起。关注孩子的细节越多，孩子的进步越大。

希望在教育孩子的道路上我们能成为志同道合的朋友。

（三）拟定家长会通知的技能

许多学校家长会的通知是生硬和简洁的，如某校的通知是这样拟定的：

通　知

兹定于本月23日（星期五）下午3：00在本校召开家长会，请准时出席。

××中学学生工作处

这种通知虽然简洁，但过于生硬，是老师板着面孔与家长讲话，同时也带有一些命令的成分。能否将通知拟定得温和一些呢？下面几种通知书会给我们带来相应的启发。

邀请书

尊敬的家长：

您好！

您的孩子升入初中半个学期了，有什么变化吗？他们适应中学的生活了吗？欢迎您本周五下午4：00来学校坐坐，看看孩子们的表现，与老师和其他家长谈谈您的困惑、您的教育体会和您的经验。

××中学

邀请书

家长同志：

期中考试刚刚结束，您一定非常关注孩子的成绩和孩子在学校学习生活的情况；孩子长大了，在家肯定会有与以往不同的表现，您可能也会有些问题想跟别人交流。请您本周三在百忙中抽时间光临学校，参加我为您和孩子组织的座谈会。希望您带来宝贵的教子经验，与大家分享。

××小学

邀请书

家长您好！您的孩子已经一天天长大，正在一步步迈入青春期。这是孩子一生中成长最快，也是最为重要的时期之一。为了帮助您的孩子更好地度过青春期，我们决定首先为家长开设青春期教育讲座。我们分别在本周四下午3点、周五下午3点举行，等候您的到来！

××中学

这是几份面目全新、带着几分温暖与体贴的家长会邀请书，不再是往日学校、教师板着脸对家长下的命令了。班主任要在会前通过这张邀请书把家长会的内容告诉家长，让他们有备而来，而且时间还可以有弹性。

（四）个别交流和意见反馈的技能

家长会后还有家长单独找教师了解情况，但时间有限，班主任可以规定一个接待家长的时间，或举行小型家长会，如学生干部家长会（指导学生学习与社会工作两不误，进一步全面提高素质）、学习困难学生家长会（指导学生改进学习方法，提高心理素质，不畏困难）、进步明显学生家长会（鼓舞干劲，指导学习方法，要求注重能力培养）、纪律较差的学生家长会（注重对意志、情感、兴趣、性格等心理素质的培养，完善道德人格），等等。此外，班主任还要注意家长会的反馈意见，收集家长的建议，还可以从家长的口中了解学生在家庭中的表现，以便今后的教育教学更有实效。

训练活动

训练一：一年级新生入学半个月了。班主任为了统一教育目标，明确教育任务，得到家长的支持与配合，同时全面地向家长介绍班级情况，提出教育要求，决定召开第一次家长会。请为家长会设计一个方案，并写出发言提纲。

要求：

1. 方案设计合理，思路正确。

2. 主题鲜明，形式新颖。

训练二： 期中考试结束后，学校决定开一次家长会，围绕家庭学习辅导主题，拟定一份家长会通知，设计一份家长会方案。

训练三： 以班主任的名义写一段“寄语家长”，指导家长重视孩子的品德养成。学生五人一组阅读、点评。最后全班交流。

三、家访的技能

班主任面对个性不同的学生，需要深入到每一个家庭，细致了解，与家长、学生面对面地交流，了解家长的期望与要求，了解学生的个性与想法。家访是班主任与家长情感沟通、协调教育的主要途径。优秀的班主任把家访看作建设良好班集体的必不可少的手段。一次成功的家访，不仅可以深化教师与家长、学生之间的感情，还可以加强教师与家长的联系，保持学校和家庭对学生教育的一致性和协调性，解决一些在学校难以解决的问题。同时，又可增进师生情感，保障良好班集体的建设。更可以把学校、家庭拧作一股绳，使孩子在校、在家都能得到正确的引导和温暖的鼓励，终身受益。

家访成功与否，取决于家访的技能。班主任提高家访技能应注意：

（1）家访前，班主任要明确家访要达到的目的，并做好充分的准备。

（2）了解学生。掌握和收集与家访学生有关的所有信息，做到有备而去。

（3）了解家长。为了提高家访的效率，对于家访对象的家长要进行了解，包括职业、文化程度、性格特征、对子女的教育心态与方法等。

（4）准备好谈话的内容与策略。由目的决定谈话内容，并制定策略，掌握家长心理，随机应变，把握谈话主题。

训练活动

情景描述：

班主任李老师在检查学生日记时，看到了这样一篇：“今天是八月十五，是家人团聚的日子。去年的今天，我们一家人坐在阳台上，吃着月饼，欣赏着明月，有说有笑，那是多么幸福的日子。然而今天，爸爸妈妈各自绷着脸，谁也不理谁，我也不开口。最近爸爸常外出跳舞，爸妈常常半夜吵架。我整天提心吊胆，怕他们离婚，怕自己失去爸爸或妈妈，我真不敢往下想了，我该怎么办?”读了这位同学的日记，李老师又同情又着急，再这样下去，势必影响学生的学习，怎么办呢?

李老师首先想到了家访，可怎么开口呢？一来是人家的私事，你管不着；二来她的父母不一定会承认，说不定还会责怪女儿。李老师陷入了沉思……

要求：请你为李老师设计一个帮助该学生走出家庭困境的家访方案。

四、对话的技能

对话是指行为者之间通过有效语言、运用合理协调方式达到理解或共识的行为。对话是建立和谐的人际关系的重要手段，班主任与领导、学生、科任教师、家长形成教育合力都必须通过对话达成，特别是与家长的对话，一个班级的家长是一个极其复杂的群体，文化水平、职业、经济状况、对孩子的期望值、家庭教育的能力与方式等千差万别，班主任必须具备很高的对话技能，掌握与不同家长对话的艺术。一般对话技能的形成应注意以下几方面：

（一）耐心倾听

倾听是班主任与人沟通的基本技巧，是在沟通中认识与了解他人的第一步。所谓倾听，就是要充分给沟通对象以阐述自己的意见和想法的机会，并设身处地地依照沟通对象表达的思路来思考，找出对方说话的合理性，以充分了解沟通对象，收集自己所不知道的信息，并把沟通对象引导到所要沟通讨论的议题上来，使沟通对象感到自身的价值和所受到的尊重。班主任要以接纳和平等、专注和警觉、鉴赏和学习、执着和冷静、参与和体验的态度倾听沟通对象的表达。注意倾听他人的欲望和需求、情感流露和心声等，真正做到从外在的听到内在的听，从抽象的听到具体的听。

> 杨冉是我班的一个调皮的孩子，开学几周了，不管是家庭作业还是课堂作业都不能按时完成。我觉得有必要和他的家长谈谈。一天放学后，办公室没有其他人，我请他母亲到办公室坐下。我请他母亲先说说孩子在小学和家里的情况，我耐心倾听了杨冉的母亲的叙述，得知不愿做作业是他的老毛病，但这个孩子很爱劳动，常去帮助小同学打扫卫生，学校搞捐款活动，他积极踊跃地参加，爱看课外书，但懒于做作业。父母家务活太多，督

促孩子少，于是孩子养成了不爱做作业的毛病。我暗自想：这是一个多么优秀的孩子啊！我庆幸自己当时见了杨冉的母亲，没劈头盖脸地一番告状，我顺势提出了塑造孩子良好学习习惯的重要性，家长真诚地表示，一定配合老师，督促孩子每天完成作业。我在班上表扬了杨冉乐于助人的品质，杨冉很高兴，很自豪。我和张超同学按照课程表设计了一个作业督察表。这样，杨冉很快纠正了自己的缺点，逐渐养成了良好的作业习惯和学习习惯，学期期末考试中，他的成绩跃到了前列。

上述案例中，班主任耐心地倾听，避免了教育的冲动与盲目，赢得了家长的支持与合作，也赢得了学生的合作，取得了显著的教育效果。

（二）恰当表达

各种不同的对象特别是千差万别的家长，需要班主任具有多样化的表达技巧，加强对话和教育的针对性，表达方式不同会产生不同的对话效果。

1. 口头语言表达

口头语言表达是班主任对话的主要工具，言为心声，美好的语言充分体现了班主任美好的心灵。正如苏霍姆林斯基所说："教师的语言修养在极大的程度上决定着学生在课堂上的脑力劳动的效率。"所以，讲究语言表达的技巧，在对话过程中，会起到事半功倍的效果。

班主任常用的口语技巧和策略：

（1）含蓄

在沟通中，有时因某种原因不便把某一信息表达得太清晰直露，而要靠对方从自己的话语中揣摩体会出里面所蕴含着的真正意思，这种只需意会不必言传的手段就称为含蓄。含蓄是班主任高雅、有修养的表现，也经常表示出一种对他人的尊重。

（2）幽默

幽默是人际交往中必不可少的润滑剂。人们都喜欢幽默的交谈者，喜欢听幽默的话语。如有些班主任常用幽默的语言来批评学生的一些不良行为。这种批评的特点是点而不破，既解决了问题，又不会严重损伤学生的自尊心。

（3）委婉

心理学的研究表明，人们的认识和情感有时并不完全一致。如在沟通中，班主任的有些话虽然完全正确，但学生却因碍于情感而觉得难以接受，这时，直言不讳效果一般就不太好。在向学生表达一些否定性的意见时，教师如果能使用委婉的技巧，就会使学生更容易愉快地接受。

（4）反语

中国古语说："将欲取之，必先予之。"在沟通中，班主任有时为了更好地达到目的，口头说出的意思和自己的真实意图恰恰相反，反而能成功。

2. 书面语言表达

书面语言表达是指以书写工具为媒介手段，利用书面语言的间接性、深刻性和长久性，对对话的对象产生影响，达到沟通、交流的目的。书面语言表达也是班主任与学生、家长及教师沟通的一种有效手段，具有其他表达方式不可替代的作用和功能。书面语言在沟通时所具有的间接性，可以避免面对面的诸多不便和尴尬；其遣词造句、字斟句酌所形成的深刻性，具有更大的穿透力和感染力。下面的案例充分说明了这一点。

转换一种方式

下午上课前，曹涛到周老师办公室来抱作业本。周老师觉得有点儿奇怪，因为这一直是由学习委员朱红负责的。"朱红呢?"周老师问她。

"老师，朱红让我捎一封信给您。"曹涛没有正面回答周老师，而是笑着递给周老师一封信，抱起作业本走了。

嘿，有什么事不能当面说，搞得这么神秘。周老师挺纳闷地拿起封了口的信，一拆开，三个醒目的大字映入眼帘——"辞职书"。

周老师急忙看下去，信是这么写的：

尊敬的周老师：

您好！

我担任学习委员已经快一个学期了，我尽全力想做好这个工作，但因为一些原因，让我对自己失去了信心。您知道，我和吕佩不仅是文艺活动中的好搭档，更是很要好的知心朋友。可是在班级管理中，她总是不听我的，我不知如何向她解释、如何说服她，这让我很为难。同学们都觉得我在工作中有偏私，但我又不想失去一个朋友，只好向您提出辞职，请您批准。

此致

敬礼

您的学生：朱红

学生能这样坦诚地给周老师写信，周老师感到很高兴，但周老师觉得自己竟然一直没有觉察到她的苦恼，周老师不禁又有些自责。周老师知道，信里所说的吕佩同学活泼好动、能歌善舞，和朱红都是班里的文艺积极分子。大家都知道她俩是形影不离的好朋友。想不到朱红却有这样的苦衷。

“当官的”都不愿意得罪人，学生们虽然涉世未深，却也有同样的心理。作为班主任，周老师经常遇到这样的事。大多时候，班干部都是被周老师当面说服，不再提辞职。但事后看来，他们心里并不情愿，工作起来也不够积极。而朱红是个心思很细腻的女孩子，对这件事显然也经过慎重考虑，周老师必须用一把“新钥匙”来打开她的“心结”。

周老师一改过去的做法，没有找她谈话，而是也写了一封信给她，因为周老师觉得她可能更愿意这样跟自己交流。在信里，周老师先是做了自我批评，为对她的关心不够表示歉意，然后肯定了她的工作成绩，表示了对她的信任，相信她会处理好班级管理与同学友谊之间的关系。

信写好以后，周老师也是请曹涛转交给她。周老师琢磨着，她看后一定会主动找自己。可等了几天，她一直没有来，来抱作业的还是曹涛。看来周老师的信作用不大。

怎么办呢？对了，“解铃还须系铃人”。朱红不是不想当学习委员，主要还是为难与吕佩的关系，这才是问题的关键。于是，周老师把吕佩找来，先让她看了朱红的辞职信。吕佩看完，竟哭了起来。等她平静下来，周老师说：“你肯定也有很多话要对朱红说吧，把它写下来，好吗？”吕佩点点头，拿过纸笔，含着泪写好了结朱红的信：

亲爱的朱红：

你好！

看到你写给老师的信，我既感动又难过。我上课时经常说闲话，你劝告我，我也不听。我虽然知道你是为我好，也知道你很为难，但我就是控制不了自己。真对不起，希望你能够原谅我！

以后，我一定支持你的工作，尽量不违反课堂纪律。如果再犯，希望你心中不要藏有私心，尽管批评，那毕竟是课堂。即使你批评了我，我也不会生气的。

最后，希望你继续担任学习委员，帮老师管理好我们班。我会支持你的，相信我们的友谊也会一直保持下去！

信写得很真挚，周老师问吕佩：“是你直接送给她，还是让别人给？”她干脆地说：“老师，我亲自给。”周老师满意地点点头。

第二天，朱红与吕佩同学手拉手来办公室找周老师。朱红说：“老师，以后能让吕佩帮我收发作业吗？”“没问题。”周老师欣然答应。两个人冲周老师笑了，笑得很腼腆，但流露出发自内心的高兴。周老师笑着对她们说：“这才是真正的朋友。”

3. 形体语言表达

形体语言的表达方式，是指以人体的视觉系统和动作系统为媒介，利用视觉形象的直观性和生动性，引起观众的反应，达到对话、交流的目的。形体语言表达借助视觉形象的刺激性和冲击力，将表情、神态、动作综合生成一种视觉形象，可以增强沟通效果。如在与学生沟通时，班主任的微笑、一个得体的动作，有时能如和煦的春风，吹进学生的心底深处，能缩短师生之间的距离，加强师生双方的感情交流。

训练活动

根据下面的提示，完成下列问题的填空：

班主任与学生：

1. 李维在上课时吃零食。

你对李维同学说：“____________________。”

2. 吴征经常上课迟到。

你对吴征同学说：“____________________。”

班主任与家长：

1. 你给刘永明的母亲打电话，邀请她到学校面谈，刘母反应冷淡，拒绝出席。你对刘母说：“____________________。”

2. 唐家宏家长经常没有替唐家宏办理正式请假手续。

你对唐家宏家长说：“____________________。”

班主任与同事：

1. 黄主任指出你平时太维护学生，只会宠坏他们。

你对黄主任说：“____________________。”

2. 陆老师认为你的意见不切实际，不能解决问题。

你对陆老师说：“____________________。”

五、合作的技能

“合作”在《辞海》中的解释是：“社会互动的一种方式，指个人或群体之间为达到某一确定目标，彼此通过协调作用而形成的联合行动，其特征是行为的共同性、目的的一致性。”无论何种表达方式，合作都包含以下三个基本要素：一致的目标；两个以上的行为主体；共同的行为。

班主任的合作技能是指班主任与家长和任课老师之间为了达到共同的目标，彼此协调、沟通而形成的互相帮助、互相依存、互相提携、团结共进的联合行动，是双方为了完成某项任务一起磋商、学习、工作的过程。合作技能是班主任协调各方面的力量共同做好教育工作的必要条件，只有搞好与家长、任课老师等各种教育力量的合作，充分调动各方面的积极因素，才能形成班级教育合力。

（一）与家长合作的技能

班主任与家长的合作是指与家长通过交往实现在教育原则、教育要求、教育过程、教育手段等方面的一致或互补，这种合作是班主任与家长为了相互交流思想，交换有关学生成长的教育信息，表达情感等目的的共同教育。在管教孩子的问题上，许多家长可谓呕心沥血，然而还有一些家长由于工作太忙，或打工在外或是家庭矛盾等原因，把孩子交给学校了事，少了家长的配合，使班主任的工作孤掌难鸣。

班主任提高与家长合作的技能应注意：

（1）称呼得体，语气委婉、含蓄，要谦和，不要盛气凌人。

（2）要尊重家长，不要损人自尊。

（3）要有同情心，不势利。

（二）与任课教师合作的技能

教师之间要和睦相处，团结合作，班主任要随时主动地向科任教师询问班上的情况，了解是否有新问题出现。只有班主任与任课教师团结起来，才能共学、共事、共进，培养学生的真、善、美。

班主任提高与任课教师合作技能应做到：

（1）定期开展班科联系会，了解全班学生情况。

（2）随时在办公室向科任教师了解情况，并与他们一起找出问题、商量对策。在此过程中，做到态度认真、真诚，虚心听取意见，并做好记录。

（3）开展一帮一的活动。请每个任课教师帮助一个学生，从思想上、学习上去关心帮助他们，从而减轻班主任的工作难度。

（三）与学生合作的技能

作为班主任首先要与班委合作。班委在日常工作中起着带头、示范、组织等作用。班级班委会、团支部（中队委员会）是班级的核心和骨干力量，班主任要协助和指导班级团队组织开展活动。在班级的学生组织开展合作时，要尊重团队组织，发挥其主动性和积极性，具体说可做好以下几项工作：指导和协助班委会、团队组织制订工作计划，帮助团队组织贯彻和落实工作计划；协助团队组织进行思想教育工作，交流和分析班上学生情况，研究教育措施，落实各项规划。班委会与团支部工作内容、方式产生矛盾时，指导其分析原因，寻求一致。另外，校团队组织的活动意图也需要班主任在班级贯彻执行，因而班主任就成为沟通校团队与班级团队组织的纽带。

其次，与学生社团合作。一个学校中总会有一些学生社团，这些社团是学生们参与学生管理、自我锻炼、自我提高的必不可少的平台。这些学生社团之间彼此牵制、互相配合，为学生服务，又参与学生管理，与各个班级都有较为密切的联系。班主任需协调好班级与这些学生社团的关系，真正利用好学生社团，使学生从中学到知识，真正提高自己，促进班级的和谐发展。

训练活动

训练一：某班班委会与团支部工作内容、方式有矛盾，请你从“与学生合作”的角度拟定一份协调方案。

训练二：如果你是某班班主任，请拟一份与科任教师的合作计划。

六、自我反思的技能

班主任的自我反思是指为了实现班级管理目标，对自己的班级管理工作进行积极的、主动的、持续的批评性审视和分析的过程，一般是从技术上、伦理道德上进行回顾、重视、质疑、分析。自我反思是班主任主动关心自己教育行为的目的、结果、手段、效率的一种行为，也就是班主任以自己的各种班级管理活动过程为思考对象，对自己所做出的行为、决策，以及由此所产生的结果进行审视和分析的过程；是一种通过提高自我觉察水平来促进班级管理水平提升和自身能力发展的途径；也是班主任努力提升班级管理实践的合理性而使自己成为专业化的班主任的过程，有利于形成班主任对班级管理工作理性的认识，不断提升专业素养。

学会自我反思能够使班主任迅速审视自己、挑战自己、改变自己和超越自己。班主任可以反思的内容有很多，如自己或他人的班级管理理念、学生观、班级管理过程、班级管理评价方式等。提升班主任整个班级管理思维才是班主任反思的主要目的之一。

班主任学会如何反思最有效的基本方法就是班主任向自身提出反观自己和挑战自己的问题，如：

我的学生观、管理观是什么？这些观念来自何处、如何形成？它们又是怎样影响我班级管理的？

我自己通常是怎么进行班级管理规划的？

我如何向学生阐明自己的管理目的？

我是什么样的班主任？学生怎样看待我的管理？

我的学生喜欢采用什么样的班级管理方式与活动？

我在班级管理中是如何判断、思考和决策的？我的管理准则是什么？

我在日常教育活动中通常扮演什么角色？这些角色又是如何体现我的管理风格的？

我自己喜欢采用什么样的方式进行班级管理？

我在管理中如何体现师生之间、学生之间不同的互动方式？

我通常会采用什么样的活动形式？其目的是什么？

我有没有向学生提供更多的机会让他们锻炼与发展？

我自己的教育言行效果如何？学生的反应是积极的还是消极的？

我应该如何调整自己的言行才能提高管理效果？

我应该如何进行班级管理研究？如何搜集有关班级管理的各种信息？

从以上反思的各种问题可以看出，反思并不仅仅是一种简单的对班级问题的记录，而是反省、思考、探索和解决班级建设中各个方面存在的问题。反思可以让班主任用心观察班级的点点滴滴，能在开展班级工作时用心思考班级建设的方方面面，能不断形成自己对各种问题的独立思考和创造性的见解，从而才能不断总结经验，不断改进自己的管理理念与方式，不断提高自己的班级管理水平。

班主任反思的重要形式是写反思日记，反思日记没有固定的格式和要求，对上述各种问题都可以反思。另外，班主任还要经常进行阶段性回顾与整体性反思，形成对班级管理全面而深刻的认识，更好地把握班级的发展方向。有人曾经用“经验+反思=成长”来说明反思意识在工作中的重要性。当今，班主任都需要这种反思意识，经常反思自己的管理理念与方式，记录班级管理中各种得失和感悟，以反思促管理。

训练活动

训练一：去中学尝试组织一次班级活动，写一份反思报告。

训练二：有学者提出，做一个反思型的班主任就是要不停地实践、不停地阅读、不停地写作、不停地思考。谈谈你的理解。

拓展阅读

1. 张作岭、宋立华主编：《班级管理》(第 2 版)，清华大学出版社，2017 年。

2. 关承华：《凭什么让学生服你：极具影响力的日常教育策略》，中国青年出版社，2017 年。

3. 吴重涵、王梅雾、张俊：《家校合作：理论、经验与行动》，江西教育出版社，2013 年。

4. 王国明：《做反思型教师》，中国轻工业出版社，2013 年。

5. 肖盛怀：《班主任修炼之道》，长江文艺出版社，2015 年。

第四篇

学习指导

学习指导是班主任工作的基本职责之一，也是班主任必须掌握的一项技能。学习指导的意义在于，通过对学生进行学习需要、学习兴趣、学习态度、学习习惯的教育，使学生愿意学习、主动学习、乐于学习。同时，通过向学生传授“学习”方面的知识和技能（如学习过程、学习方法、学习条件等），使学生学会学习、善于学习、独立学习。就其方式来说，主要是结合各学科内容的教学，设计各种活动，增强学生学习的活力，发展其学习能力，从而提高学习效率，保证教学质量。因而，对班主任来讲，学习指导就是一种特殊的教学活动。

专题一　基本原理

一、树立学习指导的基本理念

班主任对学生的学习指导是一个长期的过程，也是一个潜移默化、引导学生成长的过程。除了要遵循日常教学中的基本原则外，班主任还应拓宽思路，将学生的学习与学生的全方位发展紧密联系在一起，掌握正确的学习指导理念，从而促进学生的发展。

首先，班主任对学生的学习指导不是单纯的教学内容，而是要通过适当的指导使学生学会学习。因此，班主任要贯彻学习指导从以教为主转向以学为主的基本理念。

学习指导虽然强调的是“指导”，但不一定是以教师为中心的教学指导。以往的教学指导由于过度强调指导者的作用，所以导致了对学习者能动性的忽视。因此，教师应该摈弃灌输式的学习指导，从灌输走向设问，在告诉学生答案之前，先提出问题，让学生主动思考。在传统的教育中，师生之间缺乏有效的对话，教师仅仅致力于“如何教”，而忽视了学生“如何学”。学生丝毫感觉不到知识的价值，知识成为外在于个人世界的“记忆负担”，学习变成一种勉强接受的过程。讲述是教学最重要的方式之一，但不是唯一的方式。对话是另一种重要的教学方式，从讲述走向对话是重建教学价值和学习意义的重要途径。在关注学生“如何学”的过程中，知识成为一种丰富的、有生命力的东西，学习从而变成了一件有意义的事情。

因此，从学习指导的角度来讲，班主任对学生的指导不应该是单纯的知识积累，而更应该促进学生思维的创新，培养学生多方面的兴趣，从授之以鱼变为授之以渔，这才是学习指导的真正意义所在。苏霍姆林斯基就曾指出：“如果我们力求使儿童的全部精神力量都专注到功课上去，他的生活就会变得不堪忍受。他不仅应该是一个学生，而且首先应该是一个有多方面兴趣、要求和愿望的人。”在信息社会，学习的途径变得多样化，知识积累不再是难题，而思维创新的意识和能力却是大多数学生所缺少的。因此，班主任在学习指导中应当尽力激发学生的创造性思维，培养学生的自学能力和创新意识。

其次，班主任对学生的学习指导不应仅是单纯的学习方法指导，还应关注与学生健康成长有关的一切方面。因此，班主任的学习指导要从学习方法指导上升到全方位学习指导。

一般来讲，谈到学习指导更多人都想到的是学习方法的指导，而忽略了学习指导的其他方面。学生的学习是一个系统的、全方位的问题，其中既包含方法的指导，也包含内容、动机、能力、策略等问题的指导；既包含知识的引导，也包含着情感、态度、价值观、意向、行为等方面的引导。

对学生知识的引导是教师的基本职责，知识的引导中不仅仅有学习方法的指导，还有对知识的基本态度、正确运用所学知识造福社会等方面的引导。在趋于功利化的社会背景下，知识的传统地位遭到质疑，“知识无用论”重新抬头，这就需要班主任对学生进行正确的引导，客观地定位知识对于人成长的重要性。此外，对学习知识的目的、合理运用知识等问题都应该给予指导。

要对学生进行情感引导，就要首先走进他们的情感世界，了解他们的情感世界后才能正确地进行引导。而走进学生的情感世界就必须首先做学生的朋友，去感受他们的喜怒哀乐。作为班主任，对学生真挚的爱是感染学生的情感魅力。在教育的过程中，只有真诚地关心和爱护每一个学生，使他们在融洽的人际关系和气氛中得到情感上的满足，才会发挥出最大的学习潜能，才会把这种爱自觉地传播给周围的人。

意向，简单来说是一种人的希望、渴望或者是谋略。学习与生活中意向无处不在，所以对学生意向的引导是必要的。班主任如何对学生进行意向方面的引导呢？孩子都有童真，这都是儿时的意向，可以说是与生俱来的。但随着知识的增长，他们会选择更科学的意向，如“长大了我要当老师”“我想成为一名科学家”，等等。这时候应该告诉他们要成为这些人就要有足够的知识，所以要先好好学习，将来朝这方面努力。让学生树立正确的人生目标，让他们对客观事物产生意向，为自己的理想去努力，为实现理想创造必备的条件。

行为的范围可包括学生的所有学习、生活及日常行为，小学生有小学生日常行为规范，中学生有中学生日常行为规范，针对学生不同时期的生理、心理、知识面等有不同的条例。有些教师和家长很注重孩子的基础知识学习，却忽略了对孩子成长的道德行为方面的指引和培养，这是不可取的。学生的学习成长是阶段性的，最终是要他们更好地融入社会、服务社会。在学生阶段应当养成良好的行为规范，只有这样，长大后才能更好地融入社会生活。

苏霍姆林斯基谈对学生多方面的指导

“要使青少年终生保持对知识的渴求”——知识的引导

当代科学的发展如此迅猛，知识运用于人们的生产活动的速度如此之快，无论学校多么有远见，它也不可能授予学生足够积极生活三四十年的知识。科学、生产和文化发展的逻辑是，如果一个人只靠在学校学到的知识，那么，他在学校毕业五六年之后就会见绌。……其主要的目标是，使完成中学学业者终生保持对知识的渴求，视读书为其重要的精神需要之一。(《人民教师》)

“最重要的是去感触儿童的内心世界”——情感的引导

生活使我相信，在这十分敏感的教育领域中，最重要的是深刻理解和满腔热情地去感触儿童的内心世界，去感触儿童时代的特征。我们应该像航海家依据指南针那样，把我们与之打交道的是儿童这个客观事实作为一切工作的依据。儿童时代的世界，是一种特殊的世界。儿童有自己的幼稚的善恶观、好坏观，有自己幼稚的审美标准，甚至有自己衡量时间的尺度。(《培养集体的方法》)

“让每个学生都能有意识地找到适宜于自己志向的事”——意向的引导

我们的任务在于，让我们的每个学生都能在少年时期或青年早期就能有意识地找到适宜于自己志向的事，就能施展自己的才能，就为自己选好那条足以使自己的劳动达到高度技艺和创造水平的生活道路。在完成这项任务中，最主要的是要在每个孩子身上发现他最强的一面，找出他作为个人发展根源的“机灵点”，做到使孩子在他能够最充分地显示和发挥他天赋素质的事情上达到他的年龄可能达到的卓越成绩。（《帕夫雷什中学》）

“童年期的教育不能草率从事”——行为的引导

童年期的教育不能草率从事，不能怕麻烦。童年期是一个人打基础的时期。大自然不会去雕琢人的任何一个特点，它只会打下一个烙印；应该去做雕琢工作的是我们——父母、教师、社会。少年期的危机现象——道德缺陷、违法、犯罪——所有这一切现象，如果用列夫·托尔斯泰的话来说，是恶行的放大镜。一些我们难以觉察的坏事，一些初看起来似乎是天真的、微小的坏事，实际上却是很危险的，因为在一个睁大了眼睛看世界却又不知道应该如何生活的人的心灵中，这些微小的冰凌会变成巨大的冰块。（《公民的诞生》）

二、了解学习指导的主要内容

作为一个负责的班主任，对学生学习指导的内容是繁杂的、事无巨细的，但总的来讲，学习指导都围绕着帮助学生学会学习这一目的。为了实现这一目的，班主任应着重从以下几方面对学生进行学习指导：

第一，班主任要善于观察学生，指导不同学生掌握适合的学习方法。学法指导是班主任学习指导的重要内容之一，正确的学习方法是有效学习的关键。班主任应该了解自己的学生，区分不同学生所具有的特点，针对学生个性加强对学生学习方法的指导。

具体而言，班主任可以采用讲座的形式，向学生有系统、有计划地讲授基本的学习方法和学习规律。也可以组织学生定期总结交流，归纳和推广学生自己实践体悟到的方法。班主任也应根据不同层次学生的特点，总结不同的学习方法和策略，给予学生正确的指导。学生在合理安排学习时间、认真听讲、做作业、复习考试等环节都需要班主任的方法指导，因此，作为班主任，要善于总结经验，给予学生适当的指导、提示、点拨、启发、引导，使学生由学会变为会学。

第二，班主任要深入了解学习的阶段性特点，指导学生科学安排学习过程。学习是一个复杂的过程，也是循序渐进的过程，阶段性是学习的主要特征。我国古代典籍《中庸》就提出了学习的几个阶段——“博学之，审问之，慎思之，明辨之，笃行之”，揭示了学习是一个从认识到思辨再到学以致用的过程。教育家赫尔巴特和杜威也都分别针对学习的阶段性特点提出了“五段教学法”和“五步教学法”，揭示了学习过程的不同阶段及其教学方法。

“五段教学法”：（1）预备：唤起有关的旧观念，以引起对新知识的兴趣；（2）提示：讲授新教材；（3）联想（比较与抽象）：对新旧知识进行分析比较，使之建立联系；（4）总括：得出结论、定义或法则；（5）应用：运用得出的概念或法则解答课题或练习。

“五步教学法”：（1）创设情境；（2）产生问题；（3）思考和假设；（4）得出结论；（5）验证假设。

对中小学生来讲，学习过程主要表现为认知、理解、记忆、巩固、应用等阶段，每个阶段除了要有各科教师的密切指导以外，班主任的统筹规划和适时指导也是必不可少的。因此，作为班主任，必须深入了解和认识学习本身所具有的这种复杂性，针对不同学习阶段提出不同的指导策略，以便指导学生合理安排学习过程。

第三，班主任还要了解和研究学习能力及其特点，促进学生形成基本的学习能力。学习能力是人们最基本的，也是最主要的社会生存能力。对中小学生来说，最基本的学习能力就是听、说、读、写、推理、计算、交流等课业学习能力。这些学习能力发展的不均衡，造成了学生表现在学习成绩和日常行为中的差异。同时，学习能力的培养也是一项系统工程，应该遵循教学规律和学生心理发展规律进行培养。心理学的相关研究表明，学生能力训练的效果如何，取决于该训练是否适合于成熟的阶段，拔苗助长的方法是有害而无益的。因此，班主任要遵循学生身心的规律和教学原则，由少到多、由浅到深地进行。

对班主任而言，主要应该指导学生形成以下这些学习能力，即预习能力、听课能力、表达能力、思维能力、作业能力、自学能力等。其中，作业能力是引导学生独立思考，将理论和实际联系起来的一种实践能力，包括计算能力、写作能力、操作能力、实验能力。自学能力是学生独立掌握知识、真正成为学习主人所必需的一种重要能力，包括计划能力、自控能力、反思能力、查阅和整理资料等方面的能力。由于学生身心发展规律的限制，在不同的年龄阶段，对这些能力的要求是不尽相同的。

三、明确学习指导的最终目标

班主任对学生进行学习指导的目的，正如前文所述，是为了授之以“渔”，达到“教是为了不教”的效果。因此，学生学习能力的提升既是学习指导的最终目标所在，也是衡量班主任指导效果的基本尺度。

第一，指导学生形成正确的学习观念。观念是行动的先导，正确的学习观念是有效学习行为的前提和基础，对学生的自主学习行为具有导向和激励作用。具体而言，班主任应指导学生形成敬学、勤学，好学、乐学，巧学、智学等学习态度和观念。

学生应敬学、勤学。做一行要爱一行、专一行，要敬爱自己的工作和行业。我们嘴边常挂着“敬业”，“敬学”相对就少有提及，而学生更应该敬爱自己的学生身份和学业。梁启超就曾专门撰文《敬业与乐业》，告诉学生应该对自己的“职业”采取何种态度，阐明了敬学和乐学的重要性。认识和培养“敬学”精神是学习能否延续的根本，敬学在广义上来说就应该尊重自己、尊重知识、尊重老师。在敬学的前提下，还应该培养学生勤学的观念。天才出于勤奋，勤能补拙，班主任要引导学生对学习有恒心，把学习作为与自己生活不可分割的事情。

陶渊明“指点迷津”——学习没有捷径①

有位书生一心想具有渊博的知识，却又不愿下苦功夫读书，于是他就去向当时著名的诗人陶渊明请教学习的捷径。说明来意后，陶渊明把这位书生领到自己耕种的稻田边，指着稻子说：“你仔细看看稻子是不是在长高?”书生看了半天，眼睛都瞅酸了也没有看出稻子的变化。陶渊明说：“那为什么春天的稻苗会变成现在尺把高的稻子呢?”

① http：//wenku. baidu. com/view/0c61ed88d0d233d4b14e69f0. html。

陶渊明又把这位书生领到河边的一块磨刀石旁问："磨刀石为什么中间出现像马鞍形状的凹面呢？"书生说："磨下去的。"陶渊明接着又问："它可是哪一天磨成的吗？"

陶渊明说："你是否从这两件事情上明白了学习的道理呢？勤学如春起之苗，不见其增，日有所长；辍学如磨刀石，不见其损，日有所亏啊！"书生听了陶渊明的这一席话，茅塞顿开，羞愧地说："多谢先生指教，您使我懂得了学习是没有捷径的，只有勤奋好学才能成功啊！"的确，学习是没有捷径可走的。这正如鲁迅先生所说："伟大的成绩和辛勤的劳动是成正比例的，有一分劳动就有一分收获，日积月累，从少到多，奇迹就会创造出来。"我们的祖先有许多名言警句也说明了这一点："书山有路勤为径，学海无涯苦作舟"；"学如逆水行舟，不进则退"。

学生应好学、乐学。学习是苦乐交织的，因为学习是一个探究发现的过程，需要刻苦钻研，克服困难。但也正是在这个过程中，人们才能不断地发现自己的潜能，实现自我价值，体验学习的快乐。孔子也曾说过："知之者不如好之者，好之者不如乐之者。"只有"好学""乐学"，才能有高涨的学习热情和强烈的求知欲望，才能以学为乐。乐学是一种最高级的学习状态，达到这种状态需要培养学生学习的需要，让学生体会到学习的重要性，并对学习产生兴趣，从而"好学"，变"苦学"为"乐学"。

学生应巧学、智学。勤学是对待学习不可缺少的基本态度，但仅仅追求勤奋是不够的，学习还应该讲求方法，即要学会学习，巧学、智学。巧学不是指学习过程中投机取巧，也不是玩弄技巧，这样往往会弄巧成拙，学无长进，而是要使学习能"事半功倍"，更有效率，它是学会学习的最高境界。巧学与智学首先要掌握适合自己的学习方法，科学的学习方法是提高学习效率的关键。其次要努力提高个人的思维品质，在学习的同时要善于思考。此外，还要善于利用各种技术手段或多媒体资源为学习服务。

第二，帮助学生养成优良的学习习惯和品质。良好的习惯是一个人健康成长的基础，它对个体发展具有举足轻重的作用，而良好习惯的养成是中小学阶段的基本任务之一。一位诺贝尔奖获得者就曾说：“我不是在大学，而是在幼儿园学到了我认为最重要的东西。”教育家叶圣陶先生也曾说：“什么是教育？教育就是培养良好的习惯。”这都表明良好学习习惯和品质的养成在学校教育中的重要性，而班主任在学生学习习惯的培养中发挥着不可替代的作用。

儿童不是用规则可以教得好的，规则总是会被他们忘掉的。……习惯一旦养成之后，便用不着借助记忆，很容易地、自然地就能发生作用了。

——［英］洛克

既然习惯是人生的主宰，人们就应当努力求得好的习惯。习惯如果是在幼年就起始的，那就是最完美的习惯，这是一定的，这个我们叫作教育。教育其实是一种从早年就起始的习惯。

——［英］培根

事实上教育便是一种早期的习惯。

——［美］林肯

班主任在学习指导的过程中，首先要让学生懂得良好习惯养成的重要性，继而让学生了解什么是好的、需要坚持的习惯，什么是坏的、需要克服的习惯。例如：合理安排时间的习惯、认真读书写字的习惯、定时定量完成计划的习惯，等等。这就要求班主任能够从宏观上制订适合学生的学习计划，再结合具体的指导，使学生在按计划学习的过程中逐步形成好的习惯。在习惯养成之初，班主任的指导是必不可少的。班主任要引导学生正确认识自己、约束自己，从细小处着手关注学生的行为，及时纠正不良习惯。

对于不同个性特征的学生而言，学习习惯的培养也需要不同的策略，这需要班主任分层指导，灵活训练。例如：对于自制力强的学生，班主任要做的更多在于告诉他应该养成哪些习惯，而不需要做太多的指导；但对于自制力差的学生来说，就需要教师给予特别的监督和训练，及时调整学生的偏差。在班级指导中，班主任可以通过树立榜样、评比竞赛等方式让学生对好的学习习惯有清晰的认识和深入的训练，引导他们养成良好习惯。对于长期存在不良习惯的学生，班主任更应该特别关注，注意他们的细节变化，给予及时的肯定或纠正。

良好习惯的养成是一个长期的、多方位努力的结果，对于自制力不强的小学生来说更是如此。家庭是儿童习惯养成的第一站，也是长期影响儿童习惯养成的最重要因素。通过相关调查和观察发现，每个学习习惯不良的学生背后，都有不良家庭教育和家长不良生活习惯的影响。因此，班主任在指导学生养成良好学习习惯的同时必须取得家长的支持和配合，与家长共同发现问题、解决问题。班主任可以通过家长开放日、电话、家访等方式与家长进行沟通交流，及时制止学生的不良习惯，共同培养和巩固学生良好的学习习惯。

第三，培养学生形成自主学习的意识和能力。现代教育理论提倡以学生为中心，强调学生“学”的意识和能力，班主任的作用则体现在组织、指导、帮助和促进学生的学习上，通过发挥学生的主动性、积极性和创造性，培养学生自主学习的能力，从而达到最优的学习指导效果。

无论是在课堂教学中还是在日常的班级学习指导中，班主任都应当营造一种民主、平等、宽松的氛围，鼓励学生大胆质疑，激发学生乐于思考。只有在这种和谐融洽的教学气氛中，学生才能自由思考，产生思维花火。班主任要鼓励学生勇于质疑，不唯书，不唯上，大胆发表自己的意见。在教学和指导的过程中，要善于给学生留出思考的余地和探究的空间，并利用一定的情境和策略激发学生独立思考，自主探究。

总之，班主任要能够适时放手，把学习的主动权交给学生，让学生成为学习的主人。在教学和指导学生学习的过程中，班主任要鼓励学生独立自学，自主互动，组织学生进行小组学习和讨论。这使得各有所长的学生能够在自主互动中相互学习、取长补短，同时也培养了他们自主管理和学习的能力。因此，班主任要善于运用积极的语言评价学生，肯定他们的学习成果，以激发他们的创造热情和自主意识。

自主学习是指有较高的自信力和能力、有较高的理想与抱负、对任务有积极的内在兴趣的学生，在教师指导下，自觉地制订学习计划、确定学习目标、组织学习活动、自我监控学习过程与效果、主动选择学习策略、自我评价学习结果、积极创设最优化的学习内部环境与外部环境、自我指导、自我强化来进行高效学习的一种学习方式。

自主学习有三性：自立性、自为性、自律性。

自立性：① 每个学习主体都是具有相对独立性的人，学习是学习主体“自己”的事、“自己”的行为，是任何人都不能替代、不可替代的。② 每个学习主体都具有自我独立的心理认知系统，学习是其对外界刺激信息独立分析、思考的结果，具有自己的独特方式和特殊意义。③ 每个学习主体都具有“天赋”的学习潜能和一定的独立能力，能够依靠自己解决学习过程中的“障碍”，从而获取知识。

自为性：学习自为性是独立性的体现和展开，它内含着学习的自我探索性、自我选择性、自我建构性和自我创造性四个层面的结构关系。① 自我探索往往基于好奇心。好奇心是人的天性，既产生学习需求，又是一种学习动力。② 自我选择性是指学习主体在探索中对信息的由己注意性。③ 自我建构性是指学习主体在学习过程中自己建构知识的过程，即其新知识的形成和建立过程。④ 自我创造性是学习自为性更重要、更高层次的表现。

自律性：指学习主体对自己学习的自我约束性或规范性。它在认识域中表现为自觉学习和自律学习。① 自觉性是学习主体的觉醒或醒悟性，对自己的学习要求、目的、目标、行为、意义的一种充分觉醒。它规范、约束自己的学习行为，促使自己的学习不断进取、持之以恒。它在行为域中则表现为主动和积极。② 自律学习体现学习主体清醒的责任感，它确保学习主体积极主动地探索、选择信息，积极主动地建构、创造知识。

（资料来源：http://blog.sina.com.cn/s/blog_565f 618e0102dwns.html,有删改）

专题二　案例分析

案例一

班主任应正确指导学生学习①

一、案例描述

班主任是班级的核心，是学生学习的贴心人，对学生的学习生活有着举足轻重的作用。班主任又是班级工作的领航人，学生的年龄越小，就越需要班主任的领航。学生是走向胜利的彼岸，还是沉入学习的海洋，关键在于班主任这位领航人。班主任如何领好学习之航呢？

（一）班主任要有“大学习”的观念

班级授课的一个显著特点就是不同学科教师交互向群体学生传授知识。学生在同一个班级接受着不同老师传授的不同学科知识，这就是班级学习。班主任应注意到这种学习的特点：分科学习，群体学习。而班主任教授的是一门学科知识，指导的是群体的学习。那么，班主任就应“风物长宜放眼量”，树立“大学习”的观念，即要指导全体学生学好各门功课，协调好各任课教师间的关系，不要利用班主任的权威要求学生学习自己所教学科；要对全班学生的学习加以指导，不要只照顾个别学生；要重视学生的各科学习，不要出现偏科现象。只有这样才能使班级的学风纯正，才能提高班级的整体学习水平。

（二）班主任要在班内建立“比”“学”“赶”“帮”的学习激励机制

人的行为是由一定的动机引起的，动机是推动人行动的内在力量。学生的年龄越小，其动机就越不明确，其行动也就没有目标。此时，班主任就应为学生创设具体可行的目标，激发学生的动机，引发学生的行为，使之产生竞争意识。而“比”“学”“赶”“帮”就不失是一种好的学习激励机制。群体学习为“比”“学”“赶”“帮”创造了可能性，班主任在学风建设中就应充分利用这个特点尽快在班内建立起学习激励机制，激发学生的学习兴趣，激发学生的求知欲。学习好的要使之突出出来，使之成为班级学习中的火车头；学习不好的也要使其看到希望，充满必胜的信

① http：//www. banzhuren. cn/gongzuoxinde/460. html。

心，促其奋勇直追。从而形成好生猛跑，学困生直追，好生带学困生，学困生不掉队的良好的学风。

（三）班主任要重视学困生的学习指导

只要是正常的学生，都有着共同的学习心理，可以这样说，没有甘愿落后的学生。其实原本没有学习差的学生，所谓的学习差，都是在特定的环境中形成的。比如，当面批评学生说："你不行""你真笨""你永远也学不好""你不如某某"等，一次，两次，久而久之，终于使这些学生承认了"笨"，甘于了"差"，从而丧失了信心，失去了动力，害怕了学习，周而复始终成学困生。这难道不是人为的制造学困生吗？班主任理应重视学困生的学习指导，摸清学困生形成的原因，唤醒学困生沉睡的"大脑"，使其扬起学习的风帆，去摘取学习的明珠。具体做法试举三例：

1. 建立学困生学习档案。即对学困生从思想品质、心理素质，学习习惯、学习基础、智力因素、家庭情况、交友等方面进行追踪统计记录，以便找出学困的原因，针对性地进行学习指导。

2. 开展"一帮一，差对好"的结对子活动。即让班里的优秀生和学困生结成对子，同游戏，共活动，帮思想，助学习，使学困生受到优秀品德、良好学习习惯的潜移默化的熏陶。

3. 及时表扬学习有进步的学困生。学生的学习愉悦莫过于得到教师尤其是班主任的表扬，表扬胜于批评，它可以极大地激发学生的学习积极性，尤其是一直在批评中成长的学困生，表扬是医治学困生的"特效药"。

（四）班主任要善于观察，因事施教

一群年龄相差无几的学生在一起学习，不可能不发生碰撞，不可能不出现这样或那样的事件。正是这许许多多的事件组成了一个多彩的班集体，形成了美丽丰富的学习生活。班主任应善于获取发生在班内的各种事件，洞察事件的真谛，因事施教。好事要使之光大，坏事应使之消失影响，力争形成从善如流、视恶如仇、争做好事的班风，从而使全体学生能够在思想上明辨是非，在学习上更加努力。

（五）班主任要向学生讲学法

未来社会的文盲不是不识字的人，而是不会学习的人。"学会学习"应成为指导学生的一个主题，这就要求班主任不仅懂得教法，还应懂得学法。只有获得正确的学法，才会有良好的学习效果。即学贵有法，学贵得法。作为班级领航人的班主任理应引导学生掌握正确的学习方法。当然，不同的学科有不同的学法，同一学科不同的章节也会有不同的学法；不同的学生要指导不同的学法，同一学生在其不同的年龄阶段也要指导其不同的学法，甚至不同的学期也有不同的学法，同一天不同的时间同样会有不同的学法。

总之，学法应因学科、因人、因时而制定，不可千篇一律、千人一面，要同中求异，异中寻同，时时调整，事事不同，人人有法，这就是班主任的学习指导工作。

二、案例分析

1. 学习指导是班主任工作的重要职责之一，班主任不仅要擅长所教学科的方法指导，还应当具备普遍性的学习指导方法。在统筹各科教学的学习指导过程中，正确的学习指导观念显得异常重要。案例中提出的“大学习”观念，重在指导全体学生学好各门功课，协调好学科间的关系，从而营造良好的班级学习氛围，提升学生整体的学习水平。

2. 班级整体学习水平的提升既要倚赖良好的学风，同时也要关注学生个体的学习需求，做到因材施教。由于具体教学情境和学生个性的不同，教师在实践过程中并不能简单套用某一种方法，而应根据不同情形灵活使用，做出策略性调整。课堂情境瞬息万变、不可预设，学生个性各异，所学科目和难易程度不同，没有一种能全然适用于每一节课堂和每一个学生的学习方法。如果因为过分强调教学指导的程序性而忽略学生学习的发展性，将会使这些原本旨在促进学生发展的学习指导法变成另一种形式的灌输，从而无法更好地激发学生的学习积极性。

三、讨论题

1. “大学习”的观念是怎样一种学习指导观念？
2. 针对学生全体和个体的学习指导方法有哪些不同？
3. 如果你是一位小学班主任，你有什么样的学习方法提供给学生？

案例二

做学习的主人①

一、案例描述

让学生做学习的主人，说之容易，做起来难。学生毕竟年龄小，心智发展水平达不到，知识面窄，实践经验不丰富，要想真正自主学习，谈何容易。教学过程中，我不断探索实践，小有所得。

"我是老师"——自然成了学习的主人

偶然一次，一家长向我请假，因为孩子生病，半月不能上课，同时跟我提了一个要求。每日放学后，让本班的贾××把一天学的新课给自己的孩子讲一遍，辅导一下孩子的作业。我心存疑虑，与家长进行了协商，贾××的家长勉强同意。时间在担心之中逐渐流逝，结果，生病的孩子课程没有落下，贾××的成绩有了很大的提高，家长也坦然了。联想到老师为什么对知识了然于心，不就是因为给学生讲了一遍又一遍吗？如果让学生都成为"老师"，像贾××那样，效果一定会很好的。于是，教学中我把学生分成10个小组，根据学生成绩的差异，小组内分成A、B、C三个层次，学完新课后，小组的每个成员按A、B、C的顺序分别成为其他成员的"老师"，讲学过的知识点，板演例题，评讲"学生"的练习，偶尔批、评作业。如此，"学生"从"老师"那里听到接近自己思维水平的讲解，接受起来容易多了；"老师"通过讲解，自己原本可能疑惑的知识点清晰了，透彻了，知识掌握得牢固了。随着"老师"的资历加深，成绩越来越好，上次月考中，有两位"老师"获满分，"学生"的成绩也有了很大的进步，张××、冯××等几名"学生"，由60多分进步到80多分。

"手握手"——共做学习的主人

辅导是教学过程中不可缺少的环节。一次，学生碰到一个困难的题目："把2∶3的前项加10，比值不变，后项应加多少？"刚给一个学生讲完，另一个学生又来问，过不多会儿又有七八个人来问同样的问题，如是我集体讲解，发现效果不理想。思虑再三，我想，同学们朝夕相处，共同语言多，若让他们之间进行互助，手握手肩并肩一起探讨，会怎样？于是按分成的小组，让他们共同讨论，不一会儿就出现了几种不同的结论，僵

① http：//www.zgxjyw.com/2011-3/2011330145537.htm，2011.3.30。（有删改）

持不下，过来请我定夺，我针对出现的情况，讲解其困惑、错误的原因。孩子们豁然开朗，恍然大悟的表情写在脸上，我接着根据学生出现的问题，又变式五个题目："（1）把2∶3的前项加10，比值不变，后项应乘多少？（2）把2∶3的前项加10，比值不变，后项应除以多少？（3）把2∶3的前项加10，比值是原来的2倍，后项应加多少？（4）把2∶3的前项加10，比值为原来的百分之五十，后项应加多少？（5）把2∶3的前项加10，比值增加原来的四分之一，后项应加多少？"同学们继续讨论，最后把这种类型的题目彻底弄明白了。做到这里，我立马做了规定：以分成的小组为互助组，有了问题先由小组内解决，组内解决不了的也可以和其他小组商量，再有困难请老师参与讨论。如此，解决问题比较及时，对学习好的同学也是一种提高。

"激情喷射"——争做学习的主人

数学知识枯燥无味，六年级的孩子年龄小，天性好动，注意力很难长时间集中。"甲数比乙数多四分之一，乙数是甲数的百分之几？"这个题学生不好理解，我怕他们听不明白，要求他们上课要精力集中，全神贯注，孩子们坐着纹丝不动，课堂上十分安静，我边讲边关注孩子们的面部表情，发现他们好像都不懂。再讲，正当我讲得投入时，突然有一个同学"唉"了一声，声音很大。顿时，原本凝固的气氛紧张了起来，同学们都朝那个同学望去，而那个同学也惶恐不安。我想，如果我批评他，整堂课会全部凝结，学生的思维也会被打乱。于是，我及时做出了反应："梁××同学你一定认识它了？见面就打招呼。"同学们都笑了起来，气氛一下子缓和下来。我紧接着控制了场面："开了个玩笑，梁××同学一定有了新的发现，请说说好吗？"梁××站起来说不出来，我鼓励大家说："谁可以给他帮助？"缓和的气氛、一句玩笑点燃了学生们内心的激情，孩子们的内心活跃了，大家争先恐后地踊跃发言，一个比一个的手举得高，针对问题各个提出了自己的看法，又做了充分的研讨、总结。最后得出"问题的关键是确定谁是单位1""题目中的占，是，比后边的量为单位1"。如此，这个问题解决了，还得出规律，收到了意想不到的效果。由此，我感觉到，宽松的气氛能使学生畅所欲言，充分享受思想驰骋的自由，形成自己独特的感受和观点，确定学生的主体地位，使学生成为学习的真正主人。如何点燃学生内心的激情，尊重、鼓励、关心、爱护是永远不变的法宝。第八组的张××，基础太差，四五年级时学的最大公约数、最小公倍数都不会求，他的组内“老师”很犯愁，向我反映。怎么办哪？我先找他谈话，首先肯定了他的优点，说明了他的问题所在，新讲的知识点他都会，一碰到旧知识，他就犯错，让他意识到了知识的缺陷，让他看到了光明的前途。他接受了我的建议，跟到我后边主动要求补习最小公倍数和最大公约数，整整一个星期，天天不断。有时我忙起来，就交给他的组内“老师”来补习，现在他已经掌握了短除法的用法。我想，只要给他肯定、鼓励，力所能及地去做，一定会激发他内心的激情去努力学习，打好基础。于是，我安排小组内的一个“老师”，专门给组内有知识不足的学生出一些符合他们水平的题目，来提高他们的兴趣，培养他们的心算能力，整个班级掀起了补“差”的高潮，全部学生热情高涨，都争着交流自己的心得体会，很见成效。细细想来，教学中老师只要做有心人，定会找到适合学生自己的、让他们变被动为主动的学习方法，让学生真正成为学习的主人。

二、案例分析

案例中的教师根据学生的不同特点，总结出了适合不同学生的学习方式，帮助学生成了学习的主人，起到了指导学生学习的积极作用，同时也展现了学习指导中应具备的基本策略。

这一案例告诉我们，教师应当遵循教学规律，发挥教学机智。本案例中的教师通过长期的实践探索，在积累丰富的教学经验的基础上，形成了一定的教学机智，在面对复杂而偶发的情境时，能够巧妙、及时、灵活地进行处理。教学机智并不是特定的教学策略，拥有教学机智能帮助教师充分调动学生的学习主动性，是教师在学习指导中必须掌握的教学技能。作为班主任，教学机智的使用显得更为普遍和重要。“我是老师”“手握手”“激情喷射”等都是运用教学机智的产物，同时也体现了班主任应该具备的工作技能，如组织合作学习的策略、课堂观察与内容设计的策略，等等。

三、讨论题

1. 案例中的教师是如何让学生成为学习的主人的？对你有何启示？

2. 除了案例中的做法，你认为还有哪些好的方法可以让学生成为学习的主人？

专题三　活动设计

通常来讲，班主任对学生的学习指导包括对班级整体学生的指导和对个别学生的指导，后者主要针对后进学生。在班主任学习指导的活动设计中，也应考虑到这两个群体的差别。

一、对一般学生学习指导的活动设计

班主任与其他科任教师的不同在于，班主任既要承担课堂教学的职责，又要肩负课后指导的任务。因此，对学生的学习指导也要从课堂教学和课余生活两方面进行。

（一）课堂教学中的学习指导

1. 以情境创设激发学生兴趣

班主任在对学生进行学习指导的过程中，要善于创设各种情境，并提出相关问题。情境的创设要么是和学生生活紧密相关的内容，要么是幽默风趣、能引起学生兴趣的问题，总之是能够激发学生的求知欲和探究欲、愿意尝试解决问题的情境。在这种情境的诱导下，学生就能主动产生学习的需要，积极主动地投入到对问题的探究中去，从而逐步形成在班主任引导下主动探究的自学意识和能力。

情境创设的几种误区

1. 形式化的情境：教师创设的教学情境与课程内容没有实质性的联系，是在课程内容（糖果）上人为裹的一层糖衣，学生可能只是被花花绿绿的糖衣所迷惑，对五颜六色的糖衣感兴趣，至于自己吞下去的糖果是什么，却全然不知。

2. 假问题的情境：所谓假问题，是指没有思维价值的问题或不能引发学生思考的问题。这也就在他们的认知上存在了一道空白，我们的探究也就成了一个空壳，有形而无实。看起来是问题，却没有激发学生思维的功能。

3. 缺乏真情的情境：情境不仅包含场景，而且内含情感。任何情境如果没有教师的感情投入，都会失去其教学功能。有些情境从认

知层面看是到位的，是有价值的，但是教师却以一种机械的方式来展示它，结果丧失了真情的表达。

4. 猜谜式的情境：教学情境，顾名思义就是指向教学的情境，促进学生学习的情境。有些教师创设情境却是兜圈子、猜谜语，让学生不知所云，反倒影响和干扰学生的学习。

5. “电灌”的情境：情境创设应目的明确，不是每节课都要创设情境，更不是每节课都要用多媒体创设情境。情境的创设，要有利于学生学习，一味注重用多媒体创设情境导致教学忽略了学生的内在需要。

（资料来源：http://www.shyedu.cn/ms/Article/ShowArticle.asp?ArticleID=2036，有删改）

2. 通过设计活动寓教于乐

在课堂教学中，班主任要充分发挥组织者和引导者的作用，精心设计各种教学活动，寓教于乐。活动的设计要在符合教学目标的前提下，贴近学生的生活经验和兴趣，让学生在游戏和交往中发展语言能力、想象能力和思维能力。班主任在设计活动时还要考虑学生的个体差异性，善于运用分层教学的方式，有弹性地设计活动，从而使不同层次的学生都能在活动中体会到自己的价值。

3. 对学生进行有效的学法指导

班主任和各科教师都必须要对学生进行学法的指导，把握有限的课堂时间，将课堂教学的效率发挥到最大程度。在学生的学习活动中，班主任要及时地引导学生观察、思考、质疑、发问，在不同的学习阶段给予学生适当的学法指导。从预习、听课到作业、复习，从确定学习目标到分配学习时间，再到选择适当的学习方法，都需要班主任的精心指导和点拨，从而让学生不仅学会，还要会学。

4. 善于组织小组合作学习

小组讨论、合作交流的学习方式是学生交流思想、取长补短、展现个性的有效途径，是班主任在学习指导过程中必不可少的教学手段。小组合作的方式看似简单易于操作，实则对组织者有着极高的要求。没有有效的组织和引导，小组合作就只是一种形式，是少数学生的舞台，丧失了合作交流的真正价值。因此，班主任在组织合作学习时，必须要有清晰的问题意识和指导策略，哪些问题需要合作解决？哪些需要个别解决？如何对学生进行恰当的分组，才能使学生优势互补？对不积极参加合作讨论的学生应采取什么策略？只有适时引导，和学生一起参与活动，班主任才能更好地起到组织、协调小组合作的作用。

小组合作学习反思①

一堂语文课上，我自信满满地按照课堂教学设计的问题布置学生开展小组合作学习。当我参与到学生的小组讨论中去时，学生的表现令我大吃一惊：他们很多时间都在互相推诿。你让他先说，他让她先说，并没有陈述有关学习的内容和见解或表达自己读书的感受和想法。有些组在不断分工：你读第一段，他读第二段……几分钟过去了，有的组还没有确定谁来发言、谁做记录，没有开展有实质意义的学习。有的小组一直由学习好的同学在唱“独角戏”，而其他人则无动于衷，充当看客。还有的小组干脆将讨论的内容弃之一旁，或坐以等待别人的成果，或趁此热闹的场景，聊起了“题”外话……

面对如此小组合作学习状况，我感觉到新课程的教学又将陷入一个误区，如何踏实有效地进行合作学习而不让新教法流于形式？经过不断地实践、反思、再实践，我觉得以下几方面是不容忽视的：

一是让学生如何去开展有意义的合作。教师首先应该教给学生合作学习的基本方法。例如小组的确定、小组成员角色的分配、根据个人个性和特长等开展合理的分工、给所有学生都创造平等参与的机会，等等，都是颇有讲究的。小组交流的内容一般应涵盖两方面：一方面要表述自己的见解看法；另一方面要倾听他人的意见。掌握了合作的方法，明确了合作的内容，在小组内的合作学习才会使人人都能感受到交流的快乐，分享合作的愉悦。

① 张乃平：《小组合作学习案例分析》，http：//www.fyeedu.net/info/145227-1.htm。

二是在小组合作学习中，教师究竟应该扮演一个什么样的角色。很多时候，教师站在讲台上，让下面学生一组组开展学习与讨论，在看似热闹的场景中，实质上学生有没有开展有效性的学习活动，讲台上的老师是不知道的。从这个意义上说，全员参与也包括教师参与，是合作学习有成效的关键。

三是这种合作学习是否每节课都需要。教师在设计课堂教学时应遵循内容决定形式的原则，不同的教学内容会有不同的教学形式，小组合作学习并非“万金油”。当然，若需要用这种学习方式，则应精心构思这一环节。具体实践时，还应特别关注学生的小组学习是否在走过场，或者说流于形式。教师要注意营造自由自在的学习氛围，控制讨论的局面。

另外，教师的教学设计是否合适，是作秀还是教学的需要，这不仅需要教师的认同，还需要课程的认同、学生的认同。只有这样，学生才会真正投入到研究讨论中去。一句话，要看是不是开展小组合作学习的时机，这个时机的掌握要看教师事先的精心准备、教师丰富的教学经验，以及教学实际操作，教学的艺术性就表现在这里。

5. 适当评价学生的学习行为

无论在上述哪种教学指导活动中，对学生采取适当、有效的评价是班主任必须重视的教学环节。适当、有效的评价，是学生正确认识自我、树立信心的有益途径，也是班主任改进教学和管理方式的促进因素。所谓有效评价，意味着评价要及时正确、客观公正，不能一味地简单表扬，更不能武断地责备批评。无度的表扬和鼓励只会让学生产生对表扬的依赖，不能正视自己的优缺点；无端的批评和指责则会使学生丧失学习的信心，甚至伤害其自尊心。因此，无论是对表现良好的学生，还是对表现欠佳的学生，班主任都应该根据实际情况给予适合的评价，帮助学生树立自信，激发其对学习的进取心。

（二）课余生活中的学习指导

1. 跟踪了解学生课余学习情况

班主任的角色决定了其职责范围不仅限于课堂的有限时间，而是要负责学生在学校的所有时间。因而，除了课堂教学中的学习指导外，班主任还要在课余时间对学生进行跟踪调查，监督了解其学习情况。在早、晚自习时间，班主任要指导学生合理安排时间，统筹各门功课的预习和复习。在一整天的时间安排中，班主任要指导学生合理安排各项活动，制订学习计划，将一天的活动按重要性进行排列，从而有条不紊地完成学习任务。针对不同特点的学生，班主任还应该采取不同的指导方法，让学生结合自己的特点和习惯进行课外学习，以实现对全体学生的全面了解和有效指导。

2. 个别辅导有特殊学习需要的学生

对课堂学习表现不佳和有特殊需要的学生，班主任要进行个别辅导，查漏补缺，使所有学生都能尽可能齐头并进，全面发展。个别辅导所针对的不只是学习困难的学生，而是所有在学习过程中随时需要帮助的学生。学优生、中等生、学困生都可能在学习的各个环节出现需要解决的疑难问题，因病或因事请假而耽误功课的学生更需要班主任的个别辅导和帮助。在一些教学活动中，如小组合作学习或研究性学习中，个别学生不能理解学习内容和学习任务，就需要班主任的特别指导。总之，班主任要善于观察学生，及时了解学生的学习需求并给予指导。

班主任个别辅导记录1①

案例背景：

李某，22班一名瘦弱而内向的男生。春节后老是请病假，还向多个同学借钱，而且看起来精神状态很差，眼睛通红，我感觉其中必有隐情。在与家长的交流中，我了解到，李某从初中就喜欢上网，当时只是在家玩玩小游戏，上网时间也不长，因此家长并没有在意。进入高中，特别是进入高二以后，他的成绩直线下滑，整天无精打采的，对学习和生活都没有热情，还经常请假，家长春节前才发现孩子深夜去了网吧，是晚上休息后从家偷偷跑去的，第二天早晨才去学校。于是父母就批评他，并将网线断

① http：//www.banzhuren.cn/gongzuoanli/4368.html。

掉，但并没有阻止孩子对网络的迷恋，他开始逃学，长时间去泡网吧。

通完电话，我就到学校附近的几个网吧寻找，看到李某的那一瞬间，我感到了一种揪心的疼痛。那是怎样的一种目光？空洞、迷茫，两只眼睛血红，满脸憔悴。看到老师站在面前，李某有些吃惊，但随之表现出一副不在乎的样子。“你没吃午饭吧?”我关心地问道。听到老师的问话，他长舒一口气，低头小声说：“没有。”我带着他去了附近的快餐店，吃完饭又把他送回家，嘱咐家长千万别打骂孩子。

分析原因：

通过学生的表现和相关资料的查询，我确信李某已经迷恋上了网络。我试着分析李某迷恋网络的原因：首先是家庭因素，他的父亲工作忙，常常不在家，母亲除了催促孩子学习之外，很少和他沟通。发现孩子玩网上游戏后，父母对他进行批评，甚至打骂，再加上成绩下滑，产生自卑感，李某便将精神完全寄托于虚拟的网络世界。其次是心理上的因素：(1) 想交朋友而又自我封闭的心理。在家庭和学校他找不到知己，而在网络上他能与任何人交流且没有任何顾虑，通过 QQ 聊天、组建游戏团队等方式满足交友的心理需求。(2) 理想与现实矛盾下的幻想、无奈和玩乐心理。李某在网络游戏中把自己想象成具有超强本领的非凡人物去完成“伟大使命”，从而获得心理成就感。而现实生活中父母的期望和老师的要求又使他无奈，他对学习产生厌烦心理，想用一种玩世不恭的心态麻醉自我，网络游戏成了他的最佳选择。

教育方法：

为了挽救李某，防止其他学生沉迷网络，我制定了一系列教育方案：在班级内开展有关网络知识的主题教育班会，讨论网络的利与弊，发放网络材料等活动，用集体教育力量去感染他，但这一切好像对他不起什么作用，他依旧外出上网，对班级活动视而不见。

李某的反应，使我认识到单纯的理论教育并不适合他，我决定改变教育方式，从建立李某学习的成就感入手。一次班会前，不知怎么多媒体打不开了，连班级管理员也束手无策，许多同学推荐李某，我对他也没有把握，但认为或许会是一次机会。李某在我赞许的目光下不慌不忙走上讲台，不一会的工夫竟然修好了，我带头给他鼓掌，还说他是一个电脑奇才。这一节班会他听得很认真，还很积极地参与其中。我知道他已看到了自己的优势，找到了成就感，接下来一段时间去网吧的次数明显少了。

后来我主动把李某叫到办公室，告诉他想上网可以在办公室玩，顺便教老师学习一下网络游戏、IP设置、程序安装等，他很高兴。我说为了回报他，我可以给他补习数学，他一口答应了。我们在相互学习中和谐相处，一个月后的一次段考，他的数学考了94分，他兴奋极了。我适时告诉他其他科也该补补啦，他点点头，慢慢地他好像没有时间去上网吧了，我知道他已经尝到了学习的甜头。

教育反思：

现在看到李某在班级内每天认真地学习，我感到很欣慰。学生迷恋网络是长时间积累而成的，只是老师和家长没有及时发现和正确引导而已。正处于青春期的学生意志力薄弱，情绪波动较大，这就需要老师和家长付出巨大的爱心和耐心，长时间地跟踪教育，千万不要半途而废，否则只会前功尽弃。李某事件让我明白：学生只有建立学习中的成就感，才能抛开一切杂念，全身心投入。

班主任个别辅导记录2①

基本情况：

杨某：男，13岁。虽说来我班的时间不长，但发现他学习上并不笨，只是交不了作业。每天放学时，别的同学都回家了，他却一样作业都没交，我只能耐心地等。问他有没有困难，他说没有，都会做。每天到我下班的时间也交不了一样作业，我多次督促、提醒也无效果。这究竟是怎么回事呢？

辅导方法：

（1）了解原因。我一方面仔细观察他做作业时在干什么，另一方面找与他经常在一起玩的朋友和他的家长了解情况。原来，以前他的作业交不交都没关系，放学了，别人回家他也回家，老师从不跟他计较。回家后，家长想到就逼他做一下，家长忙的时候忘了督促他就不做。即使做也要家长坐在旁边盯着，否则一个字也不会写。了解了这一情况后，我下决心要在一个月之内改变他。

（2）找他个别面谈。我明确告诉他，必须做到今日事今日毕，我不会允许你不交作业就回家的，即使再晚我也要等到你的作业做完才会放你回

---

① http：//wenku. baidu. com/view/639f914dcf84b9d528ea7a88. html。

家。但有困难可告诉我，我会随时教你。我说到做到，一连几天陪着他、等他，即使下雨天也如此，非要他交了作业才让他回家。

（3）与家长沟通与协调。① 通过家访、电话联系、家长到校面谈等多种方式，了解杨某的家庭情况及其在家的表现。② 指导家庭对策。首先对家长的心情表示理解，同时指出这样的教育方式需要改进。孩子回家做作业时不能一直在旁边坐着，有困难时可以在旁边给予帮助或辅导。一般情况下要规定孩子完成作业的时间，刚开始时，如能在规定时间内完成可做适当的奖励；如不能按时完成也要给予适当的惩罚。平时要多抽时间与孩子交流，对孩子的进步给予及时的鼓励。

（4）与杨某共同制订计划，对他做出一些具体要求。给一个星期作为适应期。在这个星期里，别人一次做完的作业，允许他可分两次做，即一半可以带回家完成，但一定要做完。再给一个星期作为过渡期。在这个星期里，要求他跟别人一样，每次作业都要一次完成，但可以在放学后半小时内交。再给一个星期作为巩固期。要求他不仅每次作业能一次完成，还要和同学们一样，按时交作业。

（5）给予鼓励，重建自信心。① 当杨某能按时完成作业时，对他的行为给予肯定，并鼓励他，奖励他一颗五角星。② 无论是在适应期、过渡期还是在巩固期，只要他能达到预定的目标，都给予表扬，以肯定他的能力。

辅导效果：

通过一段时间的辅导，杨某能按时完成作业了。现在他每天都能和同学一起放学回家了，他也开心活泼了很多。家长更是为他的改变而感到惊奇。

3. 通过家校合作完善课余学习指导

家校合作是现代学校教育必不可少的一种教育方式，而班主任在这种合作中发挥了主要的作用。在对学生进行学习指导的过程中，家校合作同样不可或缺。有些家长认为，把孩子送到学校就是交给了老师负责，自己便不承担学习指导的任务，这是认识的误区。即使有些家长不具备对孩子进行学习指导的能力和条件，也应该积极配合班主任监督引导学生的学习，而这些工作需要班主任付出巨大的努力。例如，家庭作业的布置与完成、课前预习和课后复习等一些需要在家庭中完成的学习任务，就需要班主任与家长进行积极合作，协调统一。只有家庭教育和学校教育保持一致，班主任的学习指导才能发挥最大的效果。

二、对后进学生学习指导的活动设计

在一个班级中，总有一些在学习上缺乏技巧、习惯不良、态度不端、厌学逃学的后进学生，他们是一个特殊的群体，需要班主任的特别对待和指导。

（一）尊重并接纳后进学生

班主任对后进学生的尊重和接纳，是对他们进行学习指导的前提条件。一般来说，后进生的自尊心比较强，渴望得到老师和同学对自己的肯定。作为班主任，必须做到对待后进生一视同仁，不歧视，不打击。只有对后进生同样抱有诚挚的爱和平等的尊重，才能建立起良好的师生关系，促进后进生的转换。有些后进学生起初并非真正的落后，只是学习表现不佳、方法不当，但一经班主任的冷落和排斥之后，就真正成了后进生。这就要求班主任要有高度的责任心和爱心，相信他们都是可教育的，使学生产生积极向上的学习动力，从而摆脱落后状态。

（二）耐心观察后进学生并巧选教法

对后进学生的教育和指导要充满耐心和信心，认真观察并发现他们落后的原因，从而对症下药，巧妙选择适合他们的教法和学法。苏联著名教育家苏霍姆林斯基经过长期的教学和管理实践总结出了很多针对后进生的学习指导策略，例如他指出：阅读是对“学习困难的”学生进行智育的重要手段，必须使后进学生尽可能多地读书。他通过选取适合不同学生特点的阅读材料，使他们养成了良好的学习习惯，帮助多名后进学生成功转变。这一经验告诉班主任，耐心细致地观察后进学生的特点是对其实施学习指导的重要前提，只要善于发现后进学生各自的弱点，有针对性地选择适合的教学方法，后进学生的转变就不是一个难题。

谈谈对“后进生”的工作

在我们的创造性的教育工作中，对“后进生”的工作是“最难啃的硬骨头”之一，这样说恐怕没有哪一位教师是不肯赞同的。有那么一些学生，他们理解和记住教材所花的时间，比大多数的普通学生多二三倍；头一天学过的东西，第二天就忘；为了防止遗忘，需要在教过教材后三四个星期（而一般是三四个月）就进行巩固性的练习。

30 多年的教育工作使我深信，……对这些儿童来说，把学习仅仅局限于背诵必修的教材是特别有害的——这种做法会使他们养成死记硬背的习惯，变得更加迟钝。我曾试用过许多手段来减轻这些学生的脑力劳动，结果得出一条结论：最有效的手段就是扩大他们的阅读范围。是的，必须使这些学生尽可能地多读些书。我在三至四年级和五至八年级教过书，我总是注意给每一个“后进生”挑选一些供他们阅读的书籍和文章，这些书刊都是用最鲜明、最有趣、最引人入胜的形式来揭示各种概念、概括和科学定义的含义的。应当让这些儿童的头脑里产生尽可能多的关于周围世界各种事物和现象的疑问，让他们带着这些疑问来问我——这是对他们进行智育的十分重要的条件。

（摘自苏霍姆林斯基：《给教师的一百条建议》，天津人民出版社，1981 年。）

（三）正向评价并鼓励后进学生

在对后进生的教育中，班主任如果能够适时采用正向的评价，宽容、肯定他们，鼓励他们所取得的点滴进步，就会收到意想不到的效果。实践证明，一个在肯定和鼓励中长大的孩子，能学会用正向的眼光看待他人和自己。相反，一个常常被否定和责备的孩子，会不断给自己负面的暗示和信息，长期处在失败的阴影中。尤其对于自尊心强、比较敏感的后进学生来说，肯定和鼓励不啻为一剂良药，可以让学生对自己充满信心，重拾对学习的兴趣。当然，这种肯定并不是无原则的，前提是当后进学生取得了相应的进步时，应及时地给予鼓励。

后进生转化：静待花开①

后进生转化工作是班主任工作中重要的一部分，常谈常新。今年我承担了初一班主任工作，对于后进生转化又有了一些新的总结和体会，在这里和大家相互交流、学习。

我觉得对于后进生，首要的一点就是不要放弃。或许对于某一个后进生我们感觉已经倾尽心血、言尽词穷，甚至深感失望，不由得想要放弃。在这样的时候，请再给他一个机会，请对我们自己说："我不能放弃他。"真的放弃了，可能他只不过是我们班里的几十分之一，班里还会有其他很多优秀的学生，损失或许不是太大。可是对于他自己来说这就是唯一，对于他的父母来说可能是几分之一或者唯一。如果连老师都放弃了他，那么他自己更会放弃自己，这对于他自己和他的父母来讲，损失将是巨大的。既然家长把他的孩子交到我们手中，我想同时交付的是一份家长对我们的信任，我们对于家长将有一份无言的承诺，如果他的孩子出现了这样或那样的问题令我们无限烦恼，决定放弃的话，那我们将成为失信之人。所以，当我们无限困惑的时候，请对自己说："我不会放弃。"不放弃，在山重水复之时，终将柳暗花明。

所谓后进生，根据表现不同，我们分为纪律后进生和学习后进生。纪律后进生就是指那些不爱遵守纪律，经常迟到、旷课，喜欢打架斗殴，行为自由放任，不服从管教的学生。学习后进生一般比较遵守纪律，可是知识基础比较差，学习能力不太强，学习习惯不好。

对于纪律后进生，我们主要做到以下几点：

一、委以重任，给予信任，促他自律

最理想的教育是使学生实现自我教育，如果学生在责任心的驱使下，能够自我约束，自我教育，那将是再好不过的了。

新生入学第一天的时候，我发现班里有两名男生特别活跃，一名叫张某，一名叫李某。这两名男生和其他的同学相比表现出了明显的不同，在教室里开班会的时候，注意力不集中，在自己的板凳上坐不住，逮住个机会，就和邻座说笑打闹。在操场上队列练习的时候，态度稀松，不能认真对待。我心想，这两名男生肯定是爱调皮的男生。第二天组建临时班委会

① http：//www. banzhuren. cn/houjinsheng/2381. html。

的时候，我委任张某为临时卫生委员兼任宿舍长，李某为体育委员。受任之时，可以看出两名同学都很激动。我趁热打铁，课下将他们请到办公室，语重心长地说："虽然老师不了解你们的过去，可是我一眼就看出来你们是很有能力的学生，虽然你们昨天的表现有些活跃，可是我能感觉出你们将是很有责任心的学生。当班干部，首先要塑造好自己的形象，遵守纪律，热爱集体，团结同学，只有做同学们的榜样，才能产生强大的号召力，才能带领同学们创建我们的优秀的班集体。我相信，你们肯定能够做得很好，以自己的言行赢得同学们的信赖和拥护，努力吧！"两名男生很高兴地点点头。

事实证明，这两名同学在各方面都取得了很大进步。我觉得这两名同学的成长和转变是赢在了起点，在责任心的驱使下，实现了自律，也就是自我教育。

二、明确要求，给予改过的机会

人之初，性本善。每个孩子的心里都充满着向上向善的愿望。犯这样那样的错往往是因为习惯不好，或者是因为无知。所以对于常犯错的学生要明确纪律要求，还要讲明原因，使他们明白为什么做这样的要求。一旦犯错，第一次可以说服教育，第二次做必要的提醒，第三次就要给予必要的惩罚，要让他们明白，自己做错了，就要承担相应的后果，要对自己的过错负责。

9 号宿舍的王某也是一个活泼好动的学生。在他的带动下，有一天晚上，9 号宿舍的纪律不太好，熄灯以后仍大声说话，直到值班老师干预才停止。第二天，我对他们进行了说服教育，他们保证得很好。第二个星期的某一天，可能是因为我们班歌咏比赛获得第三名，有点兴奋，9 号宿舍晚上又大声说话，第二天，我对他们进行了必要的提醒。过了几天，他们又犯同样的错误，我把他们叫到了办公室，了解情况后，要求他们承担后果，接受惩罚，我罚他们在操场上跑 2000 米，因为进行了思想教育，他们愉快地接受了惩罚。这次以后，9 号宿舍便安安静静的了。

三、给家长多报喜少报忧，给学生以正面引导

做好后进生转化工作，要注意和家长常联系。大多情况下，我们给家长打电话的时候，家长总是条件反射似的反问："我家孩子又怎么啦？"我打电话的时候多报喜不报忧。

王某在小学的时候常和别人闹矛盾，严重时会打架，进入初中后曾两

次和其他同学发生纠结，我对他进行了批评教育和必要的处理。有一天中午，他跑来办公室，告诉我说：“老师，我们班的李某要和领班的张某打架，他找到我，让我去帮忙，我说我不去，我劝他也不要去。您快管管吧。”我找来李某和张某，了解情况，正如王某所说，我对他们分别进行了批评教育，解决了他们之间的矛盾，将一场即将发生的“战争”掐死在了萌芽状态。

事后，我给王某的父母打电话表扬了王某的这一做法。由一名爱打架的学生成长为一名及时制止打架的学生，他转变得这样好，成长得这样快，这是一件多么令人高兴的事情啊。他的爸爸接到我的电话非常高兴。第二周周一，王某来到学校很高兴的样子，我想他肯定在家里得到了家长的赞赏。最近一段时间，他十分守纪，而且学习的积极性也很高，上课总是高高地举手，抢着回答问题。这么一个以前爱调皮的学生，现在用自己的表现赢得了很多老师的喜欢。

四、小组管理，消除纪律后进生

我们班分为七个小组，每组四人，以小组为单位进行综合考评，两周一评，前三名发小组奖状，贴在班里，前两组的八位同学可以获得个人奖状带回家。在小组荣誉感的驱使下，在各小组长的督促下，各小组的后进生谁也不舍得后进，都积极表现，为小组挣分，谁也不好意思后进，我们的班级生活热火朝天的，有趣极了。

对于学习后进生，我们主要是多关注。上课的时候，经常性地走到这些同学身边，看他们的笔记是否正确，看他们的练习题是否正确，及时地给予指导，同时适当地对他们降低学习要求，让他们慢慢进步，减轻他们过重的心理压力。上课的时候多给他们一些展示和回答的机会，帮他们树立自信，当他们获得进步的时候，及时给予鼓励、赞赏、掌声和支持。

唐某就是这样，刚上语文课的时候，听写生字，唐某表现得不太理想，经过不懈的努力，他的语文成绩有了明显的提高，并且唐某对于语文的学习表现出了空前的兴趣和热情。对于一些力所能及的问题总是积极举手回答。有人说，没有爱就没有教育，确实如此，在做班主任工作的时候，我们每个人都意识到它的重要。爱学生，要爱在心里。他们确实是那么可爱。

活动体验

活动一：做一名善于指导学生学习的班主任

（一）活动目的

班主任对学生的学习指导，主要是指班主任通过一定的途径和方法，对学生的学习态度、方法、技能等方面给予恰当的指导和训练，以达到提高学生学习效率、帮助学生养成良好学习习惯的目的。

（二）活动方式及内容

1. 对附近某所中小学进行调查，结合学生学习中存在的各种问题，写一篇关于指导学生学习的动员稿，并进入班主任角色进行演讲，由指导教师进行评议。

2. 分小组走访附近中小学的优秀班主任，请他们介绍如何对不同层次的学生进行学习指导，就此写一份调查报告，并在课堂上进行交流。

3. 对附近中小学的优秀学生进行调查，总结他们的学习方法和经验，写一篇关于学生培养良好自学品质的建议稿，并以班主任角色进行演讲。

4. 有五名同学同住一个小区，是初二年级同班同学，关系要好，常常在一起玩。五人中有两人学习优秀，其他三人属于中差水平，常常抄袭两名学习好的同学的作业。如果你是班主任，你将如何针对这五名同学的情况对他们进行学习指导？请以小组为单位，制订一套使他们互帮互学的学习计划。

（三）活动要求

1. 所有训练项目均由学生自己完成，教师在评议后提出建议，不用过度干预。

2. 对于走访、调查等环节，必须进行真实操作和实施。

3. 个人自主训练与小组合作训练相结合。

活动二：对后进生进行适当的学习指导（案例）①

（一）活动目的

参照优秀学生的学习经验，结合后进生自身实际情况进行学习，改变他们的学习方法，提高他们的学习效率。

（二）活动方式及内容

1. 在班级里选取两名后进生进行实践研究。他们的成绩在班上处于

---

① http：//dahuazx. eicbs. com/dh/zonghe/new_ page_ 8. htm，2008. 11. 5。

中下水平，主要问题出在学习方法不对头上。

宋某，女，成绩一般，自认学习压力很重，每天搞得很疲劳，上课无精打采。陈某，男，内向，要面子，不断自我加压，成绩每况愈下。他们对自己在班级中的定位比较合理、准确。两名学生的家庭教育都抓得很严，家长对他们的要求比较高，对他们的期望值也比较高。

2. 在实践活动的几个月中，每周五中午用 30 分钟时间进行一系列的学法辅导与心理咨询。

第一，对初中学生学习的共性方法做具体指导，使他们尽快纠正盲目的学习状态和不科学的学习方法。第二，要教会他们阅读教科书，要求他们课前预习，在认为重要的地方做记号，难懂的地方留下问号，看一遍还没有印象的要多看几遍。第三，引导他们学会听课，勤记笔记。听课时既要注意听那些简单的自己基本能弄懂的内容，更要专心听那些自己觉得疑难的问题。第四，引导他们养成独立作业的习惯，学会质疑问难。第五，引导他们学会做单元小结。要求他们系统整理学过的知识，使之纲目清楚，形成自己的知识体系。第六，引导他们对学习方法正确与否进行自我检查，并及时矫正。

（三）反馈及对策

经过半年的实践研究，对比两名同学前后学习成绩及学习习惯和兴趣的变化，总结成功经验，并就依然存在的问题和进一步的改进提出以下解决策略：

1. 指导学法。通过辅导的形式将优秀的学习方法传授给他们，使他们在较短的时间里掌握先进的、切合自身特点的学习方法、理念。首先，引导他们正确认识学习意义，激发学习兴趣，从而强化内驱力，增强自制力。其次，在教学中严格把好教材深度关，注意突破难点。同时运用实验、电脑信息技术直观性强的优点，采用灵活新颖的教学方式，创设轻松愉快的教学气氛，使他们乐于学习。

2. 锻炼意志。后进生一个显著的特点是情绪波动大，害怕困难和挫折，这无疑影响了他们的学习。要引导他们把战胜困难，攻下难题当作一大乐事，让他们磨炼克服困难的意志，能在情景中循序渐进合理上升，产生向上攀登的情感，这样学习的信心就会逐渐提高。

3. 热情关怀。后进生的自尊心与人格都有着一定的阴影，如受到过同学们的嗤笑、家长的责骂。因此，首先要消除他们心理上的阴影，使他们自尊、自信，使他们潜藏着的学习兴趣爆发出来。二是要特别注意他们的进步，利用各种机会加以表扬，让他们在赞扬声中相信自己有能力去实现自己的追求。三是师生要互信，有时他们心里有隐秘，难以启口，就要求他们用通信或发电子邮件的形式与老师进行交流。当然在热情关怀的同时，对他们还要严格要求。

专题四　技能训练

对班主任而言，学习指导是一个琐碎、复杂而长期的过程，要想取得显著成效，就必须要积累一定的经验和技巧。而对于即将成为班主任的师范生来说，有关学习指导的基本技能是必须要掌握的内容。

一、观察了解学生的技能

观察和了解学生是班主任指导和教育学生的起点。苏联著名教育家乌申斯基说："如果教育家希望从一切方面去教育人，那么就必须首先从一切方面去了解人。"作为班主任，必须对每个学生进行认真细致的观察，才能真正了解学生，从而针对学生存在的问题提供帮助和指导。

（一）观察

观察是了解学生最基本、最直接的方法。第一，班主任要善于在课堂上观察学生。在上课和听课的时候，可以观察学生的学习态度、学习习惯、口头表达能力、听课的注意力及精神面貌。第二，班主任要善于在课外观察学生。课外活动是观察发现每个学生个性特征的有效途径，可以发现一些在课堂上难以发现的东西，如学习兴趣、自主学习的意识和能力等。此外，班主任应充分利用网络途径了解学生，如通过班级日志、QQ群等了解学生的课外表现。第三，班主任还可以创设一定的情境观察学生。为了了解个别学生的行为表现，班主任可以把学生放在某些特定的环境里进行观察。如让学生完成某一项工作，观察其是否有独立完成作业的能力；让学生出一期黑板报或办一期小刊物，以观察学生是否有广泛兴趣，是否具有文字方面的能力等。第四，班主任要善于通过日常生活观察学生。学生在日常生活中是最真实的，其言行举止都是个性的自然表露。因此，班主任要注意在日常生活中与学生的接触和交往，了解学生在日常生活中的学习表现。

一个教育者应当力求了解人，了解他实际上是什么样，他的一切弱点和优点，他的一切日常琐细的需要以及他的一切崇高精神上的要求。

——［苏联］乌申斯基

教育的任务首先是了解孩子，而为了了解孩子，就应该不断地观察、研究。不了解孩子，不深刻注意发生在他们内心深处的复杂活动，我们的教育就是盲目的，因此也就是没有意义的。

——［苏联］苏霍姆林斯基

难道敏锐的观察力不是一个教师最宝贵的品质之一吗？对一个有观察力的教师来说，学生的欢乐、兴奋、惊奇、疑惑、恐惧、受窘和其他内心活动的最细微的表现，都逃不过他的眼睛。一个教师如果对这些表现熟视无睹，他就很难成为学生的良师益友。

——［苏联］赞可夫

（二）谈话

谈话是班主任比较深入地了解学生的有效手段，有助于班主任及时、全面地掌握学生的学习情况，以及在学习中存在的各种问题。在谈话前，班主任应当认真考虑谈话的目的，谈话的中心内容，谈话的方式及时间的选择等。在谈话过程中，对学生亲切自然，态度和蔼，以与学生平等的身份对话，认真倾听学生意见。对学生课堂表现不佳、课后作业无法完成、对学习失去兴趣等问题的原因进行深入了解，要讲究谈话技巧，善于启发学生讲真心话，不要急于求成。听了学生意见应结合自己的观察及其他学生反映的情况一起分析，做出正确判断。谈话要具有教育性，要循循善诱。谈话后，要把掌握的主要情况，以及自己的看法或感受记录下来，以积累资料。

一次谈话纪实①

近一个月以来，天气逐渐变暖，又因为学校连续放假的原因，学生的学习状态很差，学习情绪不好。一天，有一名学生可能意识到自己不能这样昏昏下去，但又不知道该如何做，就去找了班主任。

班主任让他坐在自己对面，先是问了他一句话：“××，怎么了，这一

① http：//302. jiangxi2011. teacher. com. cn/IndexPage/StudentIndex. aspx？UserID = 264651。

段时间以来，我感觉你的状态不是太稳定啊?”

学生：“老师，我这一段时间以来，学习、生活状态都不是特别好，感觉整天在班里没有学习动力、没有压力，看到别人说话时就想说话，有时候还很烦，我想我要是一直这样下去就完了，老师，您说该怎么办啊?”

班主任：“你能意识到这一点，这说明你对自己还是比较负责任的，这一段时间以来，大部分学生都不能真正坐在那里钻研下去，对学习不执着，并且找不到推动自己学习的力量，这些老师能理解，但是这种状态是极其不健康的。究竟为什么不能满腔热情地去完成一些我们力所能及的事情呢？我觉得首先是因为你们的心不静，其次是心态的问题。”

学生：“老师，您说得对，就是心静不下来，浮躁，自己控制不住自己。该怎么样才能让自己静下来呢?”

班主任：“关于这个问题，我有自己的主意，说给你听听，你回去之后可以试试，如果有用的话，你可以传给咱班其他同学，如果不行，咱们再坐在一起探讨。一是练字，当你心烦浮躁的时候，拿出字帖来练练，用心写，直到自己平静下来。二是读书，读一本励志的书，看看别人成功的例子，锻炼培养自己的心理素质，我可以推荐几本，比如说《狼图腾》《读者》等。三是做自己擅长的学科的题，就当是巩固训练，当你的心静下来时，再做其他难一些的题。这样的话，生活学习感觉很充实，又没有浪费时间。这几条你可以试试看。”

学生：“好的，老师，我回去试试。”

班主任：“其实，作为咱们这一代人，最缺乏的是吃苦的精神，缺的是执着的精神，很多事情做一个头就没有了尾，缺的是一个健康积极向上的心态！缺的是一种敢做敢当的气魄！在一些成功人士的心里，永远都有一条信念支持着他！你是一个聪明的人，并且你的人际关系很和谐，如果你能够认真思考自己的未来，给自己定一系列的小目标，立长志，相信你的未来一定是十分美好的！一定会成功!”

学生：“谢谢老师!”

（三）调查访问

调查访问是深入了解学生的又一重要途径。针对全体学生在一段时间的学习表现和存在的问题，班主任可以举办学生调查会、家长座谈会等进行了解。对于在学习上有困难的后进学生来说，定期的调查访问是班主任工作的必要手段。调查访问的对象很多，只要是了解该学生的人都可以进行调查，如同学、任课教师、家长等。调查的方式可以是个别访问，即班主任主动找了解该学生的相关人员个别访谈，了解学习困难学生的基本情况；也可以是家庭访问，向家长了解学生在家庭中的学习表现，以及影响学习的主要原因。无论是哪种方式，都要客观公正地听取被调查者的意见，全面深入地了解学生情况，以便对症指导。

班主任家访记录[①]

蓦然回首，我已担任了多年班主任。多年来，一批一批学生成为合格人才，进入高校，走向社会，令我激动，让我欣慰。这些年的风风雨雨，让我感受到班主任工作的辛苦和甘甜；这些年的不断探索，更让我深深地认识到，家访工作是班主任协调家庭教育的重要方式之一，也是班主任经常性的工作。

家访手记：

1. 学生信息：张某，自习课不遵守纪律，好讲话，自控能力差，学习成绩差，但天资比较聪明，是可塑之才。

2. 家访目的：了解父母对他的教育方法，改进他的学习习惯，增强他的学习兴趣和信心。

3. 家访时间：2010年10月15日18：00—18：30。

4. 家访情况：经过傍晚的家访，我了解到，张某在家中主要由他妈妈负责他的学习生活。张某在小学的时候也是一个好动的学生，经常受到老师的批评，成绩不稳定，有偏科现象。但他天资比较聪明，只要用功成绩就可以进步，所以，在小学时也取得过较好的成绩。进入中学，在众多优秀的学生当中，他也想积极要求进步，但在经过前几次的失败以后，他信心有些不足，再加上自制力差，上课不专心，又屡犯自习课不安分的老毛病，所以成绩总不见起色。张迪在家经常和妈妈交流，他其实也很想进步，就是觉得总是管不住自己，考试也经常会犯错，为此，他很苦恼，不知如何才能避免这些情况，因此想请求老师的帮助。

张某在老师和家长面前表态，以后做到：遵守校规班规；上课认真听讲，不影响老师讲课；自习课提高效率，不讲话；努力学习，争取在下一

---

① 伍信美：《班主任家访详细记录》，http：//www. ruiwen. com/news/59703. htm。

次考试时前进 5 个名次。

5. 结果：学生学习认真了，基本做到自己的保证内容，现在学习颇见起色。

二、与学生沟通交流的技能

与学生的沟通和交流是一门学问，也是班主任在学习指导过程中必须掌握的一种技能。中学生正处在思想和情感急剧发展变化的年龄阶段，加之网络时代带给青少年的巨大影响，使得他们有着不同于以往的时代特征。如果沟通方式不恰当，不仅会影响教师指导和师生交流的效果，还可能会对学生的心理发展产生不利的影响。因此，对班主任来讲，与学生的沟通交流应掌握合适的方式方法，不断提高沟通技巧。

首先，与学生的沟通交流要注重引导，不能命令训斥。中学生正处在身心发展的关键时期，他们渴望得到教师的关爱与呵护，而命令与训斥则会使他们丧失对教师的信任和依赖。因此，在与他们的沟通中，班主任应以问题解决为核心目标，尽可能帮助学生走出困境，通过适当的引导让学生接受教师合理的建议，有效解决面临的问题。这就要求班主任要善于观察了解学生，找到适合不同学生的引导策略，而不是通过发布命令的方式让学生服从。

其次，班主任要学会耐心倾听学生，不能盲目指责和批评学生。有些班主任不愿耐心地倾听学生的心声，对学生的内心世界置若罔闻，很多时候没等学生说完就劈头盖脸进行责骂。学生长期得不到班主任的耐心对待和重视，也就丧失了与班主任真心交流的愿望，班主任从而也丧失了引导教育学生的良机。因此，耐心倾听每个学生的心声，是走进学生内心世界的关键，也是与学生良好沟通交流的钥匙。这就要求班主任要摈弃教师是绝对权威的观念，与学生平等交流，蹲下身子与学生说话，倾听学生，真正了解学生。

第三，班主任要学会换位思考，站在学生的立场思考问题。人与人的沟通之所以会无效，主要是因为沟通双方没有站在对方立场上思考问题。尤其对教师和学生这两个在年龄、阅历、思想等各方面都迥异的群体来说，要想有效沟通就必须尊重对方，能够换位思考。班主任要想和自己的学生融洽相处、有效沟通，就必须时刻牢记自己的教育对象是孩子，不要忘记自己曾经也是孩子。孩子会有许多的不足，会犯许多的错误，他们有他们的思维方式和行为准则，班主任不应该一味用成人的标准来要求他们，而应多站在他们的立场去看待问题，师生间的沟通和交流才能达成一致，取得预期效果。

用心沟通——班主任工作案例①

在我们的班主任工作中，常会发生这样的情况：有的学生脾气很倔，你越是运用教师的权威进行批评，他的叛逆性就越强，就像一个皮球一样，你拍得越重，弹得就越高。有时候虽然表面上虚心接受，但行动上却坚决不改。长此以往，很容易造成关系紧张，师生对立，进而使得班主任在学生中的威信下降，很难管理好整个班级。然而，如果这时候班主任调整一下战术，运用“无条件积极关注”的方法与学生进行心理沟通，仔细观察学生，认真倾听学生，在倾听过程中推断学生的感受、信念和态度，并深入到学生的烦恼中去，细心地注意他的一言一行，注意他如何表达自己的问题，如何做出反应等；然后设身处地地为学生着想，把握他的心理，对他的困难和迷惑加以正确的指导，效果就会大不一样。这就是心理学中所说的“共情”效应。

我们班有一个男同学，自初一起，上学就经常迟到，使得我班在学校流动红旗评比中经常落榜，全班同学的辛勤努力往往因为他的迟到被扣分而付诸东流。初一一年中，我多次对他进行批评教育，大谈集体荣誉感、组织纪律观念等。班干部也多次好言相劝，但都无济于事，他照样我行我素，有时候一星期竟然迟到四次。为此，其他学生对他意见很大。这名学生也变得很孤立，终日郁郁寡欢，独来独往。

在许多措施行之无效之后，我决定去他家家访。那是一天晚上，去到他家，我看到他正在喂他奶奶吃饭。经过询问，我了解到他家里的情况非常特殊，因为父亲的婚外情，他的父母离异了。他判给了父亲，但后来父亲索性跟小三过生活去了，住到了外面，再也不回家。

---

① 陈丽平：《用心沟通——班主任工作案例》，http://blog.jjjxxx.com.cn/u/liepy/Blog.aspx/t-16856。

母亲因为伤心绝望，带着妹妹回老家去了，从此也杳无音信。家里只有他与奶奶相依为命。去年奶奶又不幸患上了中风，行动不便，多由他一人帮着照顾。因为家庭的原因，他感到很自卑，不愿与人接触，没有一个朋友，心理封闭。每天早上他不仅要早早起来做饭，还要把奶奶安顿好了才能安心来上学。

听了他的诉说，我心里的触动很大，没想到他竟然有这么一段苦难的经历，难怪他会迟到。此时此刻，一种怜悯之情油然而生，我决定要帮助他建立自信，要改变别人对他的态度。我当即向他表示，他这一切已经做得很不错了，以前老师、同学并不了解他，对他有误会，并当场向他表示了歉意。临别时，这名同学竟露出了我从没有看到过的笑容，还坚持把我送到大门口，一再对我说“陈老师，您走好”。我也为他这么有礼貌而感动！

第二天，我利用班会课的时间专门讲了他的困难，当然，只讲他是如何的独立，如何的照顾家人，为什么会迟到等，关于他父母的事只字不提。最后，我说像他这种情况能做到这样实属不易，流动红旗与一个人的健康，孰轻孰重，同学们自己去权衡。再说，我们还是可以通过其他努力来弥补这面红旗的，因此我当着全班同学的面特许他迟到，并且还说其他同学当中谁若有他这样困难的，也可以来找我，我也准许他迟到！

说来也怪，我这样一说，不但没有其他人效仿，而且他在以后的几个星期中没有再迟到过！之后的迟到次数也明显地少了。同学们也理解了他，还主动地跟他下棋、聊天等。有时，同学也会轮流去他家帮忙做家务，并帮他辅导功课。从此以后，他与其他同学的交往日渐增多，他脸上的笑容也越来越灿烂了，班级的凝聚力也增强了。

事后我想，如果我按简单粗暴的方法来处理这名同学，效果可能会适得其反，说不定还会毁了他。现在，我用“共情”的方法圆满地解决了这件事，不但帮助了一个人，而且也教给了其他同学理解别人、尊重别人、宽容别人的美德。

三、制订学习指导计划的技能

学习指导是一个复杂的过程，具有很强的计划性，如果没有充足的前期准备，对学生的指导就只是一种随机、偶然的行为。因此，班主任应养成制订学习指导计划的习惯，并进行相应的技能训练。

首先，要对学生的学业水平进行诊断和评估，将班级中的学生按不同层次进行分类，以便给予不同学生合适的学习指导。美国心理学家布鲁姆曾指出，“许多学生在学习中未能取得优异成绩，主要问题不是学生智慧能力欠缺，而是由于未得到适当的教学条件和合理的帮助造成的”，“如果提供适当的学习条件，大多数学生在学习能力、学习速度、进一步学习动机等多方面就会变得十分相似”。因此，适合学生特点的学习指导就显得十分重要。班主任可以根据学生的个别差异，从学生的学习习惯、学习方法、学习技能、记忆能力、理解能力等多方面出发，对学生进行评估，对于学习困难的学生给予特别的关注和指导。学生的个别差异主要表现在知识基础、学习态度、情感、智能等方面，有的学生求知欲望强烈，乐于并且善于积极主动地学习，有的学生则是被动地等待教师布置学习任务，缺乏主动学习的欲望。班主任应根据学生的这些表现，以及平时对学生智力因素和非智力因素的全面考查，对学生进行综合能力评价，客观地认定每个学生的层次。

其次，分层确立教学目标，选择不同的教学指导方法。教学目标要在分析学生的基础上，结合具体教学内容来确定。设置分层目标要遵循培优扶差的原则，使全体学生特别是基础较差的学生达到大纲和课本的基本要求，又使各层次的学生都在各自的起点上前进一步，让不同起点的学生都有力所能及的目标。在课堂提问、作业布置、课后练习等环节都设计分层次指导，使学生都有发挥的空间。例如，根据不同层次学生的特点，对基础好的学生采取“指着走”的指导策略，对他们大胆放手，鼓励他们以自学为主，辅以点拨指导，这样可以挖掘其学习潜力，培养其自学能力；对中等学生采取“领着走”的策略，这部分学生的学习能力较上一层次的学生逊色一些，对于他们不理解的问题，班主任必须深入细致地讲解，使其充分领会；对基础差的学生采取“扶着走”的策略，除了在课堂上进行详细指导之外，还要在课后进行强化训练和巩固性指导，让其建立扎实的基础。

最后，对分层指导的效果进行评价和反馈。经过一段时间的学习指导以后，班主任应及时进行总结和反思，对学生的不同表现给予适当的评价，以正确衡量指导效果。对学生的评价不能放在教学过程的最后环节，而是要贯穿整个教学过程中，对不同层次的学生进行及时客观的评价。针对学生表现出的不同进步或改变，班主任还应随时根据学生的发展变化做出必要的调整，鼓励学生由较低层次向较高层次“递进”，引导学生不断超越。

四、组织合作学习的技能

合作学习是现代教学中必不可少的一种教学和学习方式，班主任应指导学生掌握在小组合作中可能会用到的各种方法和技能，帮助学生在与他人的合作中学会表达、倾听和交流。因此，班主任必须自身具备组织学习进行合作学习的技能。

首先，要指导学生做好合作前的准备。例如，确定分组的形式，选择合作学习的论题，确定讨论的方式，布置每个小组合作交流的任务，规定讨论交流中的基本规则等。其次，要指导学生掌握合作规则，正确运用合作策略。在小组合作学习中，具备规则意识是很重要的，班主任应事先把合作规则告诉学生，比如在小组中如何倾听别人的意见，如何表达自己的思想，如何吸取他人的长处，等等。再次，班主任要及时了解各组讨论情况，给予各小组学生适时的指导，针对小组特点和个别学生的特点给予点拨和引导，帮助学生顺利完成合作交流的任务。最后，班主任要在小组讨论结束后进行总结和交流，以使各小组成员分享全班的讨论成果。此外，还要引导各组学生对自身讨论合作的过程和结果进行反思，让学生总结在讨论与合作中的收获及不足之处，从而真正使合作学习发挥最大效用。

训练活动

训练一：分层制订学习指导计划

（一）训练目的

在学习指导中采用分层指导法，将学生的自主定层与老师的分层相结合，既尊重了学生意愿，又避免了学生不能准确了解自己、出现低估或高估的情况，使学生能主动积极地参与。从各类学生的实际出发，确定不同层次的目标，进行不同层次的教学和辅导，组织不同层次的检测，使各类学生得到充分的发展。

（二）指导方针

1. 了解差异，分类建组；2. 针对差异，分立目标；3. 面向全体，因材施教；4. 阶段考查，分类考核；5. 发展性评价，不断提高。

（三）实施步骤

1. 通过问卷调查让学生自主定层。

2. 对于不能准确定位的少数同学，综合其入学情况、当前的学业水平、学习能力和非智力因素等实际情况，通过面谈，教师再次进行隐性调整。

3. 通过个别告知的办法让学生明白自己的层次和目标。

4. 学期期中、期末结束，学生自我小结，教师对每个学生进行综合分析并做必要的调整：对进步明显的学生提高一个层次；对后退的学生进行提醒，查找原因，矫正补救，鼓励前进。

训练二：如何解决合作学习中的问题

（一）问题呈现

材料 1：李某在小组合作学习中特别爱发言，每当听到老师发布的合作问题后，他就积极发言，答案常常脱口而出，很少考虑是否正确，因而时常出错。

材料 2：张某听到老师提出的问题后，总是长时间反复思考，不轻易发表自己的观点，对小组合作的学习形式表现很淡然。

材料 3：赵某当众说话总是紧张、脸红、心跳加快，低着头不好意思。几次被老师点名发言，他都前言不搭后语，让老师很失望。

（二）对策探讨

步骤 1：每个小组成员针对上面的材料中所述的问题，提出自己的对策，写下来。

针对材料 1，提供的问题对策：____________________

针对材料 2，提供的问题对策：____________________

针对材料 3，提供的问题对策：____________________

步骤 2：将自己的对策在小组内当众交流，大家统一对策，并由小组选一名代表发言。

步骤 3：全体交流，大家对小组代表发言进行评议，提出质疑和建议。

（三）全体讨论

1. 合作学习的指导中需要掌握哪些策略？

2. 对不同的学生学习状况要有不同的对策，为什么？请举例说明。

拓展阅读

1. 李晓鹏：《中学生思维导图学习法》，光明日报出版社，2014 年。

2. 任恩刚：《中学班主任精彩工作案例：学习指导篇》，漓江出版社，2011 年。

3. 班主任工作网，http：//www. banzhuren. cn/.

4. 班主任工作教育叙事案例，http：//www. 177liuxue. cn/info/2010-6/106584. html.

5. 《班主任》杂志。

6. 《班主任之友》杂志。

第五篇

生涯教育

大多数的人就像是落叶一样，
在空中随风飘游、翻飞、荡漾，
最后落到地上。
一小部分人像是天上的星星，
永远走在一条固定的途径上，
地上的风吹不倒他们，
在他们内心中有自己的引导者和方向。

——[德] 赫曼·赫塞

专题一　基本原理

教育的核心，是要很好地疏导学生关注自身生命。而所谓的人的生命成长的历程，实际上就是“生涯”。生涯发展是一个人一生连续不断的过程，它既是每个个体自然生命的成长过程，也是一个自我设计与创造的奋斗过程。关心和引导学生的生涯发展，是班主任工作的重要领域。中学生正处在觉察与了解自我、认识社会与职业、理解并体验生涯过程的起步期和探索期，他们的自我意识正迅猛发展，开始发现自己的兴趣和特长，关注自身的能力水平，衡量自己的职业理想和自己能力之间的差距，并能根据自己的职业理想有意识地调整自己，这会是一个长期持续发展的历程。在实施生涯教育时，需树立正确的学生观，用发展的眼光组织教学，使得所有的教育途径和方法都为促进学生更好的发展而服务。

一、熟悉又陌生的生涯教育概念

生涯教育（career education）是由曾任美国教育署长的马尔兰博士（Sidney P. Marland，Jr.）于1971年提出的一个新的教育理念。“生涯教育是一种综合性的教育计划，其重点放在人的全部生涯，即从幼儿园到成年，按照生涯认知（career awareness）、生涯探索（career exploration）、生涯定向（career orientation）、生涯准备（career preparation）、生涯熟练（career proficiency）等步骤，逐一实施，使学生获得谋生技能，并建立个人的生活形态。”① 马尔兰博士强调，生涯教育是全民而非部分人民的教

① Sidney P. Marland，1971年5月4日美国华盛顿全国州职业教育局长会议上的演讲。

育，它是从义务教育开始，延伸至高等教育及继续教育的整个过程，它教育下一代在心理上、职业上及社会上平衡与成熟地发展，使每一个学生能够成为自我认知、自我实现及自觉有用的公民。这种教育同时具备学术及职业的功能，为学生升学及就业做好准备①。

因此，从广义上讲，学校的一切课程与教育活动都属于“生涯教育”范畴，因其目的都为学生的终身发展而服务，从这一角度来看，生涯教育对我们来说并不陌生；但从狭义上讲，生涯教育是指为帮助学生进行生涯设计、确立生涯目标、选择职业生涯角色、寻求最佳生涯教育途径而进行的专门性课程与活动，以此激发和调动学生自觉学习、自我发展的内驱力，从根本上提高学生的就业竞争力和职业发展能力，最终使个人目标与社会目标相吻合，使个人资源与社会资源充分地、合理地、有效地进行配置与利用，达到个人利益与社会利益的最大化，从而获得更多的人生成就感和幸福感②。这一教育实质上是满足青少年学生在现代社会追求高质量生存与发展的重要举措，也是文明时代人类自身追求的一种生存性探索（见下图③）。

① Sidney P. Marland，1971 年 5 月 4 日美国华盛顿全国州职业教育局长会议上的演讲。
② 张小凤：《一辈子的事——生涯规划与潜能开发》，台北：台北自立晚报社，1989 年。
③ http：//www. hsyj. pudong-edu. sh. cn/school_ xw/view_ notice. aspx？ id=5439。

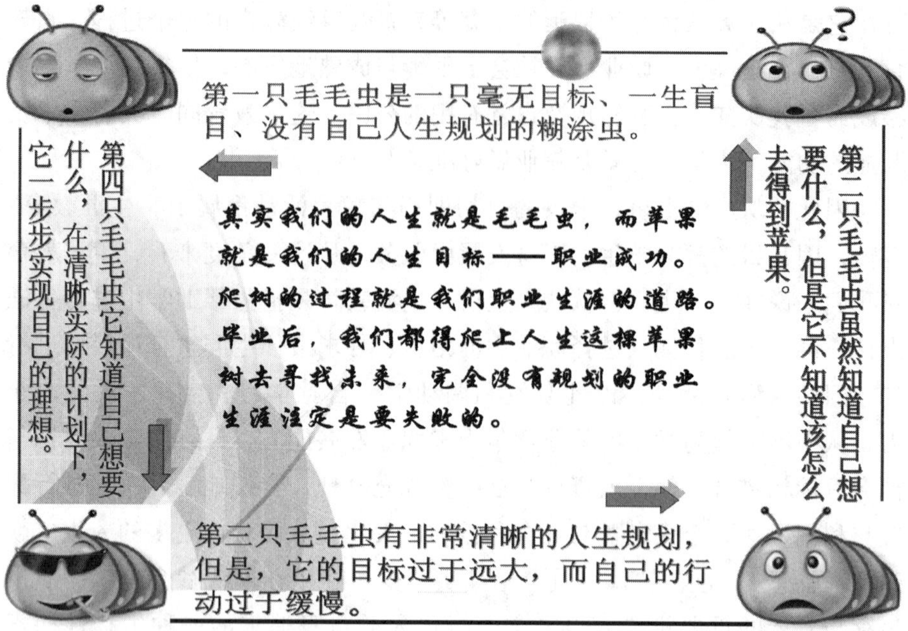

从我国的实际情况来看，符合以上定义的生涯教育在高等教育中尚处于起步阶段，中学阶段的生涯教育零星而不成体系，小学阶段则更可以说是一片空白。本篇从生涯教育的狭义定义出发，结合生涯教育开展的这一现状，重点探讨中小学，尤其是中学阶段的生涯教育。

在我国，中学课程中严重缺乏生涯教育的内容，教师也因缺乏相关的专业学习与训练而无力担负相应的指导职责，而父母也因同样的原因无法给予孩子有效地引导与建议。中学生对自己未来的设计处于模糊与自发状态。这就使许多中学生在升学和就业的过程中往往经历很长的不适应期。

教育部教育发展研究中心一项针对初三和高三学生的调研①显示，过半的中学生对高考时自己选择的专业并不是很了解。而在被问及“你们学校是否有职业教育的内容”时，大约三分之二的初三学生回答“几乎没有”，开“职业技能课”的学校微乎其微。学校和老师本应在中学生的未来规划中起到重要的指导作用，但调查发现事实并非如此，只有 5.7%的学生承认会受到学校和老师的影响。调查还发现近三成中学生不清楚社会需要什么样的人才。总之，目前大多中学生存在着“升学无意识、就业无目标、生涯无规划、学习无动力”的问题。这说明目前中学的生涯教育还

① http：//blog. sina. com. cn/s/blog_ 64aed0b70100ivxt. html。

是相当薄弱的，以致中学生对社会职业不了解，不能根据不同职业的需求正确认识自我、调整自我，对自己的兴趣、特长及能力等不清楚，在个人职业发展前景规划方面的理解、认识非常模糊。

根据生涯教育理论，中学生已进入生涯探索期。伴随着青春期的到来，他们的生理、心理发生了急剧的变化，身体发育趋向成熟，自我意识进一步发展。这个时期是学生成长与学习的关键时期，也是个体生涯教育的最重要阶段。不同类型的学生，对未来有不同的安排。确定走升学路线的同学，所疑惑的问题大概是考虑选择哪一类型的学校，或是担心自己的分数不够理想。要进入职业学校的同学，则势必会去思考未来毕业后的走向。不打算升学的学生，更需要老师的协助，以探索可以接受技术训练的学习机会。不论是哪一类型的学生，完成这个阶段的发展任务并具备相应的生涯规划能力都是有必要的。错过这个关键时期，会对学生造成不可弥补的损失。因此，在中学阶段进行生涯教育具有十分重要的意义。2014年，我国在《教育部关于普通高中学业水平考试的实施意见》（教基二〔2014〕10号）中明确提出“要加强学生生涯发展指导”，此后，各省市也纷纷出台了更为详细的符合本地实际情况的生涯教育指导性意见和规定，如上海教育委员会在2018年制定了《上海市教育委员会关于加强中小学生涯教育的指导意见》。可见，国家对学生的生涯发展教育越来越重视，并有“从娃娃抓起”的趋势。

舒伯的生涯辅导理论①

一、舒伯的一生生涯彩虹图

美国职业生涯规划大师舒伯（Donald E. Super，1953）依照年龄将每个人的人生阶段与职业发展配合，将生涯发展阶段划分为成长、试探、建立、保持和衰退五个阶段，之后扩展出一个更为广阔的新观念——生活广度、生活空间的生涯发展观。据此，舒伯描绘出一个多重角色生涯发展的综合图形，并将它命名为“一生生涯的彩虹图”（Life-career rainbow）。

在生涯彩虹图中，横向层面代表的是横跨一生的生活广度。彩虹的外层显示人生主要的发展阶段和大致估算的年龄：成长阶段（约相当于儿童期）、探索阶段（约相当于青春期）、建立阶段（约相当于成人前期）、维

---

① 金树人：《生计发展与辅导》，台北：台湾天马文化事业发展有限公司，1988年，第49页。（有删节）

持阶段（约相当于中年期）及衰退阶段（约相当于老年期）。而纵向层面代表的是纵贯上下的生活空间，是由一组职位和角色所组成。舒伯认为，人在一生当中必须扮演九种主要的角色，依序是：儿童、学生、休闲者、公民、工作者、夫妻、家长、父母和退休者。

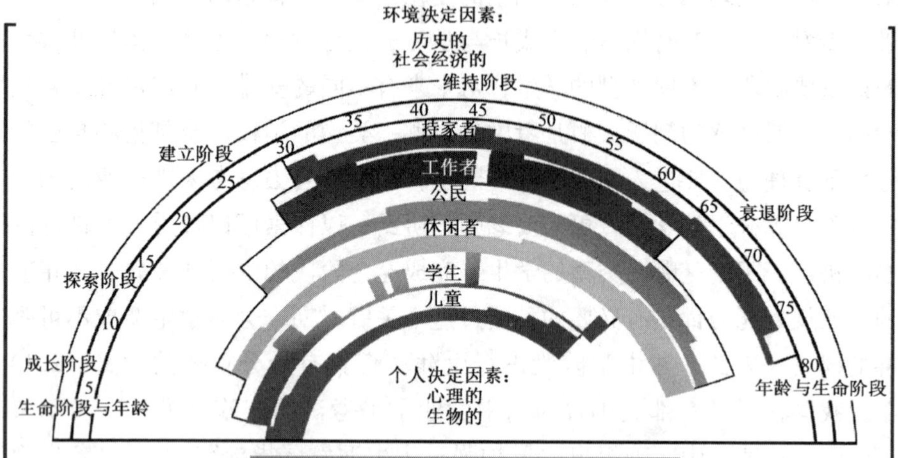

一生生涯的彩虹图

成长阶段：由出生至 14 岁，该阶段孩童开始发展自我概念，开始以各种不同的方式来表达自己的需要，且经过对现实世界不断地尝试，修饰他自己的角色。

这个阶段发展的任务是：发展自我形象及对工作世界的正确态度，了解工作的意义。

这个阶段共包括三个时期：

一是幻想期（4 岁至 10 岁），“需要”为主要考虑因素，该时期幻想中的角色扮演很重要；

二是兴趣期（11 岁至 12 岁），“喜好”为主要考虑因素，是抱负与活动的主要决定因素；

三是能力期（13 岁至 14 岁），“能力”为主要考虑因素，能力逐渐具有重要作用。

探索阶段：由 15 岁至 24 岁，该阶段的青少年，通过学校的活动、社团休闲活动、打零工等机会，对自我能力及角色、职业做了一番探索，因此选择职业时有较大弹性。

这个阶段发展的任务是：使职业偏好逐渐具体化、特定化并实现职业偏好。

这阶段共包括三个时期：

一是试探期（15 岁至 17 岁），考虑需要、兴趣、能力及机会，做暂时的决定，并在幻想、讨论、课业及工作中加以尝试；

二是过渡期（18 岁至 21 岁），进入就业市场或专业训练，更重视现实，并力图实现自我观念，将一般性的选择转为特定的选择；

三是试验并稍做承诺期（22 岁至 24 岁），生涯初步确定并试验其成为长期职业生活的可能性，若不适合则可能再经历上述各时期以确定方向。

建立阶段：由 25 岁至 44 岁，由于经过上一阶段的尝试，一些合适者会谋求变迁或做其他探索，因此该阶段较能确定在整个事业生涯中属于自己的“位子”，并在 31 岁至 40 岁开始考虑如何保住这个“位子”，将其固定下来。

这个阶段发展的任务是统整、稳固并求上进。

这个阶段可细分为两个时期：

一是试验—承诺稳定期（25 岁至 30 岁），个体寻求安定，也会因生活或工作上的变动尚未感到满意；

二是建立期（31 岁至 44 岁），致力于工作上的稳固，多处于最具创意时期，且往往业绩优良。

维持阶段：由 45 岁至 65 岁，个体希望继续维持属于他的工作“位子”，同时面对新人的挑战。

这一阶段发展的任务是维持既有成就与地位。

衰退阶段：65 岁以上，由于生理及心理机能日渐衰退，个体不得不面对现实从积极参与到隐退。这一阶段往往注重发展新的角色，寻求不同方式以替代和满足需求。

在以后的研究岁月中，舒伯对发展任务的看法又向前跨了一步。他认为在人一生的生涯发展中，各个阶段同样要面对成长、探索、建立、维持和衰退的问题，因而形成“成长—探索—建立—维持—衰退”的循环。

举例来说，如一个大学一年级的新生，必须适应新的角色与学习环境，经过“成长”和“探索”，一旦“建立”了较固定的适应模式，同时“维持”了大学学习生活之后，又要开始面对另一个阶段——准备求职。原有的已经适应了的习惯会逐渐衰退，继而对新阶段的任务又要进行“成长”“探索”“建立”“维持”与“衰退”，如此周而复始。

二、舒伯的生涯辅导策略

1. 生涯评估

根据舒伯的基本观念，生涯辅导工作首先需要了解个体的发展状况，通过生涯评估的方式，就个人的潜能与问题，进行综合而积极的分析。生涯发展论特别强调必须深入地了解每个人的发展状况，特别是对工作观念、生涯成熟程度，以及自我观念等方面的内容，包括有关能力倾向与兴趣的资料，必须经过辅导人员与个体共同讨论后，才能作为辅导与咨询措施的依据。

2. 辅导措施

通过以上的评估，咨询员可针对性地采取下列辅导措施：

（1）对于“选择不确定的人”，应特别注意其情绪反应，了解难以确定的各种文化、社会、生理因素，协助个体统整自我的各个方面，并做出适当的抉择。

（2）对于“生涯成熟度不够者”，应从协助个体了解个人、社会及其他与教育和职业选择有关的因素做起，使他认识这些因素与个人生涯发展的关系，并且参照生涯发展任务，逐步地发展对职业与生涯的自我观念。

（3）对于“生涯成熟的人”，要协助个体汇集、评估有关自己及环境的资料，做出一些初步的结论，以便为未来发展或决策提供参考。

3. 指导性与非指导性方式

舒伯认为生涯咨询必须同时涉及个人的理性与情绪，从而进行自我探索、做决定及现实的考验。在“谈话”的过程中，辅导人员可以通过重述、反应、澄清、摘要、解释、面质等技巧，依据个体的问题性质，给予指导式及非指导式的咨询。

指导的方式主要用于咨询过程中汇集资料和进一步探索主题，并进行现实考验，而非指导的方式强调与个体共同探讨行动方向与计划，主要用于协助个体探索问题、描述自我观念、澄清个体对自我接纳的感受、突破因现实考验而引起的态度和情绪感受。

4. 辅导方法

在辅导过程中，辅导人员可利用“生涯自传”“抉择日记”“画生涯彩虹图”等方法，使个体回顾自己发展历程中一些特殊的经验，生活中重要人物的影响、个人的态度与感受，以及各个阶段所扮演的角色和个人目标间的差异，并对每一次的决定加以分析，以增进个体对自己发展历程的认识，引导他自己积极参与到解决问题及设计未来发展计划的行动中。

三、对舒伯的生涯辅导理论的评论

1. 优点

（1）舒伯的生涯发展论综合了差异心理学、发展心理学、自我心理学，以及有关职业行为发展方向的长期研究结果，汲取了这四大学术领域中有关生涯发展的精华，建构了一套完整的生涯发展理论。其理论观点是现今生涯辅导重要的理论基础，指导了目前生涯辅导的具体实施，得到了各国生涯辅导界的普遍认可。

（2）在当时的生涯辅导理论中，多数人关心的焦点都集中在“职业选择”上，只有少数理论工作者对生涯发展的问题发生兴趣，舒伯和金斯伯格等是这少数学者中突出的几位。

（3）舒伯不断地发展与完善自己的理论。以往，舒伯的理论大多局限于他的发展阶段和对职业的自我观念论上，这些可以解释个体一生的生涯发展，其涵盖范围很广，但深度略显不够，随着生活广度与生活空间的生涯发展，即“一生生涯的彩虹图”的提出，正好弥补了原有的不足。在实际应用方面，其横向的发展阶段、发展任务（即生活广度的部分）和纵向的生涯角色的发展（即生活空间的部分），交织成一个具体的生涯发展结构，这对辅导时促进个体的自我了解、自我实现大有裨益。

2. 局限性

（1）由于社会的快速变迁，终身学习观念的提出，以及人的寿命的增加，生涯发展理论中关于中年期、老年期的角色与任务，有待进一步的研究，否则理论会欠完美。

（2）生涯发展理论似乎忽略了经济、社会因素对生涯发展方向的影响，且学习的因素与职业发展历程的关系也须进一步深入研究。

二、灵活开放的生涯教育特征

中学的生涯教育与高等教育中的生涯教育不同。在中学阶段，生涯教育不能仅仅从职业生涯角度出发，虽然它的落脚点是职业生涯，但一定要从人的整个生涯发展的角度去思考，否则，过早关注职业与职业生涯，反而容易让学生导致职业生涯探索的阻隔。要让学生知道职业、职业生涯是我们人生发展中的一段，在全局、全程、全面了解人与自然、人与自己、人与社会中启蒙职业生涯意识，探索职业世界。

因此，中学的生涯教育需将职业理想、职业意识、职业素质、职业规划教育等作为一项主题性综合实践活动引进学校、引进课堂、引进学生的研究性学习和自主性探究活动之中。实施生涯教育的目标是培养中学生的职业意识和职业理想，引导中学生了解丰富多彩的劳动世界，帮助学生发现劳动和职业世界的丰富内涵，激发他们对职业、对社会的积极情感，丰富中学生的职业情感、职业体验和职业认知，使他们养成尊重劳动、珍惜劳动成果的态度，引发他们潜在的职业兴趣，帮助他们发现自己的兴趣、能力、个性和个人需要，学会正确评价个人的生理和心理特征，帮助学生掌握职业规划知识，初步学会依据社会发展、职业需求和个人特点进行职业生涯设计，从而树立正确的择业、就业、从业与创业的意识和观念，提高未来择业、就业、从业与创业的职业素质与竞争能力。具体来说，中学生涯教育有着这样几个特点：

一是中学生涯教育具有较强的实践性。中学生涯教育的目标是培养学生具有职业意识与职业精神，为社会提供具有创业能力与创业精神的创新型人才。中学生涯教育强调学生的亲身经历，要求学生积极参与到各项活动中去，在活动中发现和解决问题，体验和感受生活，并发展实践能力和创新精神。在这一过程中，中学生要走出课堂、走出校门，积极开展社会调查和实践活动，在“做”“考察”“调查”“实验”“研讨”“探究”“设计”“展示”“服务”“劳动”等一系列活动中提升自己的生涯实践能力。这是中学生涯教育区别于一般生涯教育活动的根本标志。

二是中学生涯教育具有明显的综合性。中学生涯教育既以社会实践活动为主要载体，所进行的教育主要为传授多方面的知识，包括职业知识、社会知识、人生观念等，这不能只靠一门学科来获得，需要各科知识系统地融合与统一，需要学校、家庭与社会等多方面的积极参与，因此具有很强的综合性特征。与高等教育或职业教育中的生涯教育不同，中学生涯教育传授给学生的不是系统的科学知识，而是锻炼学生发现知识、运用知识的能力，不是要培养学生单一的职业技能或能力，而是要培养学生综合性的能力与本领，这需要综合性的教育方式与学习方式。

三是中学生涯教育须面向学生的整个生活世界，并随着学生生活的变化而变化，其课程内容具有开放性。在学习活动方式和活动过程上，学生可以根据现有的课程资源、自身的特点与兴趣爱好，以及已有的经验而采取不同的方式。中学的生涯教育活动关注学生在活动过程中所产生的丰富多彩的学习体验和个性化的创造性表现，其评价标准具有多元性，其活动过程与结果均具有开放性。中学生涯教育活动要考虑中学生的现实生活的需要和社会需要，立足于时代对中学生素质发展的挑战和需要，以促进学生个性发展为总的目的，并因中学生所处的社会背景、自然资源，以及学生现实生活的需要和问题的不同而不同。

最后，中学生涯教育还具有生成性。它根据学生的需要与发展现状多层次、多渠道因地制宜、因时制宜地进行，强调学生亲身经历并获得实际的发展性的体验。学生参与了整个活动过程，本身也就在过程中获得了逐步的发展，并且学生对过程中的体验进行反思，这也有利于他们的自我意识和能力的提升。中学生涯教育活动的课程价值就在于学生在活动过程中不断地形成良好职业的意识、情感、态度和价值观，并逐渐地建构自我的整个精神世界，发展创新能力，学生参与活动的过程就是学生自我发展、自我生成的过程。这也是中学生涯教育活动课程在新一轮基础教育课程改革中所发挥的独特价值。

课堂思考

老子说过“知人者智，自知者明”；孙子则有“知己知彼，百战不殆”的名言传世。你能将这些观点与中学生涯教育的内容联系起来思考吗？

三、层次分明的生涯教育内容

中学职业生涯教育内容体系的构建主要是从自我认识、生涯探索、生涯管理三个方面进行设计，每一方面包括多个相关的主题并且在不同的年级教学内容侧重点也有所不同，不可完全照搬高等教育中的生涯教育的模式，不可直接进入职业探索等阶段。比如初一年级侧重自我认识，辅以少部分职业初探；初二年级以认识生涯类群为主，侧重生涯探索；初三年级则以生涯管理为主。

在自我认识方面，让学生学会认识自己、了解自己，进行自我探索。明确自己想拥有的生活方式，了解自己的价值观、职业兴趣、能力与个性特征，学会客观评价自己的能力，学会发现自己的优点和长处，学会尊重人、理解人、与人和谐相处的能力，学会宽容自己、接纳自己，并根据自己的优势领域初步确定个人适合的职业发展方向。

在生涯探索方面，让学生了解职业的基本概念及类别，了解职业及职业环境要求，了解各种职业所需的资格和能力，了解各种职业的意义，了解职业世界的变化和发展，了解企业文化和价值观，了解市场的准入制度、竞争规则、供需状况等，并学会对环境进行评估。可以通过角色扮演等方式，帮助学生试探自己喜欢的工作，学会利用各种方式（如图书馆资料、互联网访问等）索寻各种职业的有关资料，以对工作世界有更深的认识。

在职业生涯管理方面，让学生在了解自我、了解社会的基础上进行生涯管理规划，初步确定自己的职业目标及发展方向，通过不断修正职业生涯的基本模式从而最终实现自我与职业间的匹配。生涯管理重在生涯相关技巧的演练，以及培养学生正确的工作态度、良好的判断和解决问题的能力，让学生学习互助合作的工作模式，并学会科学规划及运用时间的能力，学习如何寻找并运用职业世界的资料，培养正确的工作态度及价值观，培养解决生涯问题的自信与能力等。同时，要帮助学生了解就业政策和就业技巧，调整就业心态，提高学生的就业竞争力和职业发展能力。

课堂思考

雷恩·吉尔森在他所著的《选对池塘钓大鱼》一书中有这样一句话——“无论你是中学生、大学生还是硕士生、博士生，职业生涯规划应该是第一门课也是最后一门课。”你怎么理解这句话？

专题二　案例分析

案例一

一则成功的生涯指导案例——开家属于自己的营养师培训公司（节选）[①]

某职校一年级学生　朱靖雯

营养师对于很多国人来说还是比较陌生的一个职业。目睹了营养师成功帮助邻居男孩减肥后，我才知道了这个神奇的职业，对这个新型职业充

① http：//wenku. baidu. com/view/a98f21e96294dd88d0d26b5a. html。

满了无限的敬佩和好奇。

通过调查我了解到，根据我国权威医疗机构统计，近年来我国居民营养与健康状况不容乐观，与膳食相关的高血压、糖尿病、脂肪肝等富贵病的发病率持续上升，患病者日趋年轻化。预计《国民营养条例》出台后，营养师将成为急需的紧缺人才，“营养师”将是毋庸置疑的黄金职业。国内私人营养师职业已经在广东开始发展，据了解，那里的私人营养师一般可同时承接十几个家庭的营养服务，一些权威的私人营养师还担任食品企业的营养顾问，比如一位刚退休的营养学者，他现在同时担任3家食品企业的营养顾问，仅此一项月薪就达到了8000元。

为了成为一名优秀的营养师，我在老师的指导和帮助下，为自己的职业生涯制定了行动规划：

短期计划（2~3年），学好文化知识并利用课余时间自学营养学方面的知识，找专业营养培训公司进行培训，考取初级营养师证书。

中期计划（3~5年），努力寻找从事营养师工作的机会，在工作中积累经验，考取中级营养师证书。

长期计划（5~10年），争取在30岁左右考取高级营养师证书，成为某个明星或企业老板的私人营养师。在40岁左右的时候，希望成立自己的营养师培训公司，培养出更多优秀的营养师，让更多人获得健康。

我喜欢帮助别人，我希望利用我所学的知识造福大家。营养师就是我向往的职业，我相信成功就是要做自己喜欢的事。

案例分析：

生活中的小事，让善于发现的朱靖雯找到了自己喜欢的一个职业——营养师。兴趣是最好的老师，正是出于对营养师的浓厚兴趣，朱靖雯同学不断学习营养学知识，分析营养师的职业前景，并逐步形成了自己的职业理想。也正是在老师的生涯指导之下，她将她的职业理想逐渐变成了实实在在的个人发展规划。通过生涯指导，她明确了职业方向，知道了自己将来要做什么、现在该怎么努力。她的这个职业理想是那么清晰，她的方案既有学习阶段的目标举措，又有工作阶段的分层目标与达到目标的计划和措施，是一个科学可行、符合专业实际和职业发展方向的优秀职业生涯设计方案。正如她自己所说的，“我相信成功就是要做自己喜欢的事”。

案例二

我的生涯家谱——高中生生涯规划教育教学案例[1]（节选）

一、案例实施背景

我校从 2012 年起开设生涯规划类选修课程，笔者所开发的课程“高中生生涯规划”设置四个课程模块：认识自我、了解环境、生涯愿景和职业素养，共12课时。“我的生涯家谱”是“了解环境”这个模块里的一课时，因此，该教学案例首先是在这样一个课程的背景下实施的。

生涯家谱（career genogram）是用来搜集家族成员三代之间的经纬结构及互动关系的一种分析工具，透过家谱可以从当事人的位置透视其个人行为或问题与原生家族之间的深度关联，分析家族职业与个人职业生涯的相互影响。

课前的调查显示，许多学生在生涯的选择上受父母职业及价值观的影响，有些会沿袭父母的职业和价值观，而有一些会在职业选择上与父母有冲突。文献综述也表明：在个人生涯外在环境影响的众多因子中，原生家庭（family of origin）的影响概居首要，例如原生家庭的性格特点、教养方式、职业类别、职业价值观等都对个人的职业生涯产生影响。

本教学案例通过引导学生搜集、绘制和探讨生涯家谱，了解家族的职业及职业价值观，感受原生家庭对其生涯选择或生涯发展的影响，从而选择适合自己的生涯发展方向。

二、案例的主要目标与定位

本教学案例的主要目标是：引导高一学生了解自己家族的职业，以及这些职业对于自己的职业生涯选择与发展产生的重要影响；在生涯家谱的绘制中体验与感悟自己的职业生涯选择方向。

三、案例的主要过程

1. 课前调查，心中有数

在上课前，教师自制了一份简单的调查问卷对学生进行了调查。该问

① 《中小学心理健康教育》，2017 年第 14 期。

卷包括以下问题：

（1）父母，外公、外婆、爷爷、奶奶，父亲兄弟姐妹，母亲兄弟姐妹，以及自己这一代兄弟姐妹的工作类别和职称是什么？

（2）自己未来的理想职业及高考想报考的专业是什么？

（3）自己理想职业是否有受到家族某个成员职业的影响？如果有，影响体现在哪些方面？

从调查中发现，许多学生在生涯的选择上受父母职业及价值观的影响，有些会沿袭父母的职业和价值观，而有一些会在职业选择上与父母有冲突。比如：有一个学生的父亲是化学教师，受父亲影响，他以后想读化学专业，从事与化学相关的工作；而有一个学生的父亲是公务员、母亲是教师，父母都希望她以后从事类似的较稳定的工作，但是她坚持要学艺术类专业，与父母有较大的冲突。

2. 游戏热身，引出课题

在约定了课堂规则“积极参与，用心体验；心灵感悟，真诚分享；尊重他人，遵守规则”之后，教师通过游戏“我爱记歌词”进行了团体的热身。在游戏当中，教师出示《听妈妈的话》的歌词，请学生们抢答填词。

小朋友，你是否有很多问号
为什么别人在那看漫画
（我却在学画画对着钢琴说话）
别人在玩游戏
我却靠在墙壁（背我的 abc）
为什么我跑得比别人快
飞得比别人高
将来大家看的都是（我画的漫画）
大家唱的都是（我写的歌）
（听妈妈的话）
别让她受伤

因为这是学生们耳熟能详的歌曲，因此学生们基本都能抢答出来，马上就有了兴趣与热情。接下来教师请学生交流：“在周杰伦的家庭中，谁影响了他的职业梦想？如何影响的？”根据学生的回答，教师引导：“周杰伦今天有这么大的成功，他要感谢他的妈妈。他的妈妈在他 3 岁的时候，看出周杰伦在音乐上的天分，就用家里所有的积蓄给他买了一架钢琴。周杰伦的职业生涯受到了她的妈妈的影响。确实，一个人的职业生涯或多或少会受到家庭成员的影响。”从而引出课题。

3. 案例呈现，引发思考

教师呈现了一个案例：

我是晓洁，现在读高一。我初中时与大姑的家人接触较多。表姐的工作与淘宝有关，我经常听她和大姑讲这份工作工资较高。对于未来的工作，我希望我将来能够赚多多的钱，因为妈妈生病了，我想多赚钱来为她治病，也可以改善家庭生活。我的性格和妈妈有些像，不太爱和人打交道，我觉得做淘宝工作比较适合我，因此对电子商务比较感兴趣。”

请学生讨论：家族因素中，哪些对晓洁的专业选择有影响？

学生：（案例中的人物：大姑、表姐、妈妈等，表姐与大姑的互动、大姑能赚比较多的钱、妈妈生病、性格与妈妈像，这些都能影响晓洁的专业选择。）

教师引导：“如晓洁一样，我们的选择也会受到家族因素的影响，你的爷爷、奶奶、爸爸、妈妈、叔叔、姑姑或其他家人及长辈对你的影响是什么呢？现在让我们来画一画属于自己的生涯家谱。”

4. 绘制生涯家谱

教师请学生画出“我的生涯家谱”。要求如下：

第一步：画出自己的父母。圆圈代表女性，正方形代表男性。在图形的下方标明父母的姓名与工作职称。然后在图形上方标示出生年月日。

第二步：画出自己这一代，包括兄弟姐妹。同样的，图形上方是出生年月日，下方是名字与工作职称。

第三步：用同样的方法向上画出祖父母那一代。如果图形中所标示的人已经过世，在图形中用×标示，同时在出生年月日的下方标出过世的时间。

第四步：将家族旁支的其他成员，如姑嫂妯娌等绘入。

为了帮助学生更清楚地了解绘制的程序及方法，教师先绘制了一张自己的生涯家谱，见下图：

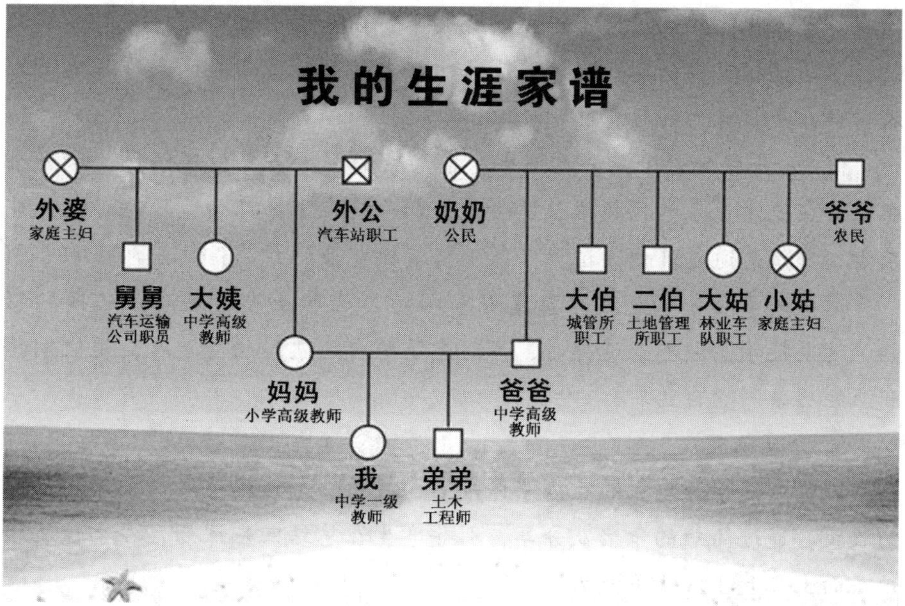

绘制结束后，请学生小组内分析与讨论以下问题：

（1）在家谱图中，哪些职业是重复出现的？

（2）你对其中哪些职业有兴趣？哪些比较了解？

（3）哪些职业是我绝不考虑的？哪些职业是我有考虑的？选择职业时，我还重视哪些条件？

（4）家族中谁的职业想法对我影响深刻？Ta 是怎么说的？为什么会对我影响深远？

以下用几个例子呈现学生的分享：

例 1：小方谈到姑姑对自己的影响时，是这样说的："姑姑是大学心理学教授，一直是我的目标。她对学习的孜孜不倦，使得她从事心理学三十多年都一直在进取，从未因为自己的年龄或者学历而停滞不前。我的姑姑常说，任何事，只要你去做，肯定能成功。其实在我看来，心理学这样的学科，比起语数外这些专业性的学科，更多了一份神秘，也是因为我姑姑，我开始接触心理学。"

例 2：小阮谈到了姨父对自己的影响："我姨父的一生是极其坎坷的，他原先是做木匠的，因为一次意外伤了眼睛，只好改行做电炉。白手起家的那几年是极其辛苦的，没技术，没资本，没客户，创业前三四年，他一直跟着别人学技术，跑穿了四五双球鞋，第三年才扭亏为盈。如今的他，在当地小有名气，许多大客户与他长期保持生意往来，而且他的儿子，我的表哥也以优异的成绩考上中央财经大学，如今已出国留学。我想我姨父的恒心与坚持对我的职业生涯产生了比较大的影响。而我的表哥一直是我的榜样，是我努力的目标。”

例 3：小张的母亲是一名医生，在母亲的影响下，他了解医生这一个职业，在他对未来的预想里，医生这个职业排在了第二位，他决定就目前来看，要试着通过其他渠道多了解一些其他职业的相关信息，再做决定。

通过同学的分享交流可以发现家人对自己职业期待及职业选择的影响，这也提示了做职业选择时，不妨先了解自己熟悉的身边人，用他们的职业经历来影响自己。

5. 分享收获

教师请同学为自己的生涯家谱命名，并用一句话描述本次辅导活动课的收获。通过简短的命名及分享，引导学生在总结回应课题，在感性及理性层面上提升生涯决策能力。

案例分析：

此案例在生涯规划的辅导中选择与家庭相关的生涯家谱作为切入点，是对生涯规划教育的突破与创新。有调查显示，53%的高中生认为家长是对自己生涯规划影响最大的人，但是自己平时却很少跟家长共同探讨生涯规划。此次生涯家谱活动提供了学生与家长探讨生涯规划的机会，从前期的家庭职业调查到绘制生涯家谱，都能让学生好好地梳理家长对自己的影响。

青少年的社会化受生物遗传因素和社会文化因素的双重影响，社会文化因素的影响是最主要的。而在社会文化因素中，家庭是首要的、最基本的文化环境。生涯家谱是家庭文化的一面，探讨生涯家谱既肯定了家庭文化环境对学生的影响，又在此基础上给予一定引导，让这种文化环境发挥正面积极作用。

中国文化里，人们的家族观念很强。在现在这样一个以小家庭为核心的家庭环境里，小家庭很少与长辈族亲们生活在一起，也不存在传统大家族的家风、家训、家规等，传统家庭教育的作用正在弱化，重拾传统文化，探索生涯家谱也是对中国传统家族文化的传承，是具有本土特色的生涯规划方式。

案例三

扬帆启航——
高中生职业生涯规划教学设计①

【教学背景】

1. 活动内容分析

本课程借由“生涯时光列车”等活动环节，通过绘画、游戏、象征等形式，让学生感受生涯发展历程，了解生涯规划的重要性与系统的生涯规划方法，同时再加上签订生涯规划契约书环节，唤起学生的生涯规划意识。

2. 学生情况分析

高一年级学生正处在生涯发展的探索期，他们有强烈的进一步了解自我、探索自我的愿望，具有了理性思索未来生涯发展的能力。然而，目前的社会和教育大背景使得他们在这几方面的思考与探索显得尤为不足。从主观和客观上，学生都迫切地需要生涯规划意识与方法的培养。

【教学目标】

(1) 唤起学生进行生涯规划的意识。

(2) 让学生对于系统的生涯规划方法能有初步的认识。

(3) 学生通过回顾过去和描绘未来，形成新的视角，增加改善自我的可能性。

(4) 让学生通过签订生涯规划契约书，增进对生涯规划的重视。

【教学重点】

(1) 唤起学生的生涯规划意识。

(2) 形成生涯规划新的视角，增加改善与发展自我的可能性。

【教学难点】

营造趣味轻松的体验活动课堂氛围，让学生全情投入到生涯发展的自我探索中。

【教学过程】

一、导入

场景设计：播放背景音乐，范玮琪《启程》（开课前就播，教师开始上课时音乐声停）。

---

① https://wenku.baidu.com/view/838c442f49d7c1c708a1284ac850ad02df800763.html.(2019.08.29)。

教师为每个小组发放彩笔和绘有列车轨道的活动单。

教师开场白：同学们，看到桌面上的彩笔和活动单，会不会对本节课的内容有点好奇呢？本门课的确比较特别哦，它是一门关于未来的课，课程的名称就是“高中生职业生涯规划”（ppt 出示课题），估计同学们对这门课会感到比较陌生，你能想象到我们这门课大致是什么内容吗？

教师和学生交流，听听学生对这门课初步的认识。

二、感受本门课程的特点

教师：金树人曾说，要“根据自己原来的样子，审时度势，随机应变，选择一种可以安身立命的生活方式”，洪凤仪曾说，“生涯规划是一个人尽其可能地规划未来生涯发展的历程，考虑个人的智能、性格、价值，以及阻力、助力，做好妥善的安排，期望自己能适得其所，而不是一颗摆错位置的棋子”，而梁湘明曾说，“生涯规划是一个深思熟虑的过程，让人能整全地规划一生，包括生命中重要的范畴，如工作、学习、人际关系和闲暇。这过程也要求人在其社会环境中按步骤地积极地实施所定的计划”。各位同学，你们有没有想过职业规划的目标呢？

学生讨论。

教师：大部分同学都认为，生涯规划就是计划未来要做什么，这门课的确含有这样的意思，但还不全面。那么这门课到底是什么？我们为什么要生涯规划？生涯需要规划吗？相信大家都带着一大堆的问号。让我们先通过交流下面几个问题，来感受下这门课的特点：1. 你觉得自己性格是内向还是外向？说说你对内向和外向的理解。2. 空闲时你最喜欢做什么？你最大的兴趣爱好是什么？3. 如果你去参加学生会干部竞选，要你用 5 个词汇描述自己的核心能力，你会用哪五个词？4. 假如你刚高考结束，正面临着高考填报志愿，挑选专业，你会考虑哪些因素？

教师与学生交流，分享。

教师总结：从这几个问题，大家可以发现，“生涯规划”是一门属于你自己的课程。它注重的是你自己，你的生活，你的生命。它不是一个注重知识积累的课程，它探讨的是“你是一个什么样的人”“你想成为一个什么样的人”“你适合的工作是什么”“你想过什么样的人生”。曾经有位作家写道：“我想，在我读书的时候，我就知道，很多东西，背了学了将来没有太大意义——出社会后也证明，从前背得死去活来的东西，占据了我年少青春的东西，并没有意义。那些铁路，那些城市，有的现在已经不存在，有的改了名字……”各位同学在埋头苦读的同时，有没有腾出时间思考一下有关自己生涯发展的问题呢？

三、生涯时光列车

教师：每个人的生命历程都像一列开动的列车，由一个站点开往另一个站点，不同的站点代表着我们不同的人生阶段，选择的路线则代表不同的人生体验，有人选择热闹精彩的繁华都市，有人则选择回归宁静，静默地完成生命的使命。不管如何，都是各自丰富精彩的生涯历程。

教师下发生涯时光列车活动单。

教师：请同学们在活动单上用彩笔标注出自己认为重要的生涯节点，如上幼儿园、上小学、上初中、上高中、上大学……从出生开始，一直标注到生涯结束。在对应的铁轨部分写上该段历程的主要生涯内容，并用几个积极的正性词汇来概括这一阶段的生涯主题。学生完成时光列车活动单并交流分享。

教师小结：

人一生的发展是循序渐进的，每一个发展阶段都有应该达到的行为表现与发展水准，如果这个阶段的任务未完成就进入下一阶段，生命会以它独有的方式唤起你的注意，提醒你完成这些功课。没有做这一阶段该做的事，会影响下一阶段的发展，以及日后的生涯历程。因此我们可以了解，个人过去的生涯发展决定了自我今天的位置，而自我今天的努力又决定了明日的生涯发展，未来的生涯发展又是我们另一个新生涯阶段过去的经验，如此周而复始至生命告终。

教师提问：很多同学在完成时光列车未来部分时都思考了很长的时间，为什么？

学生：不清楚未来想要做什么工作，也不知道自己适合做什么工作。

教师：为什么会这样？是什么原因造成了对未来的彷徨？

学生：不了解自己、对职业信息了解太少、社会变化太快……

教师：虽然生涯规划的目的不只是找到一份工作而已，但毕竟人生有大半时间是花在工作上，因而狭义的来看，生涯规划的目的，是协助一个人找到可以倾注一生的事业，是选择适合自己的生活形态。那么，怎样来寻找到适合自己走的路呢？从哪些方面去思考和探索？

教师与学生交流讨论，引导得出结论：

1. 更深入地了解自己（知己）。苏格拉底认为，“认识自己是一切学问的来源”。要设定生涯的方向，必须先找到自己内心的指引，就像船只在大海上的航行，先观星辨位。了解自己是什么样的人，希望自己成为什么样的人。

2. 掌握环境资源（知彼）。包括掌握个人与环境之间的关系，了解教育与职业的信息，借以掌握时代的脉动，以增强自己应变的能力。

3. 学会自己做抉择（决策）。“我们无法选择自己的出身，但可以选择自己的生活方式”，在了解自己和掌握环境资源后，要搜集、分析和比较各种信息，学习做正确的抉择，以将自己放在最恰当的位置。

4. 行动落实（行动）。再好的计划如果没有行动也无法落实，要踏踏实实、一步一个脚印地去履行自己的计划。所以，系统的生涯规划应该是先知己，再知彼，最后决策行动的过程。

四、结束

教师：通过这次课，我们了解了什么是生涯规划，生涯规划的意义，以及系统生涯规划的模式，相信已经唤醒了同学们的生涯规划意识。接下来说明我们这门课的课程结构、成绩考核方式、作业上交方式及上课的规则。最后，请大家签署“扬帆启航”生涯规划同意书。

（再次播放背景音乐范玮琪《启程》）

结束语：希望各位同学加油！为迎接美丽的未来，让我们从今天开始做准备吧！

附：“扬帆启航”生涯规划同意书

“扬帆启航”生涯规划同意书

从今天开始，
我加入生涯航行的队伍。
等待我的是既有绮丽风光，
又有神秘挑战的航程。

作为此次航行的唯一掌舵者，我将秉持信心、毅力和耐心，坚持按计划航行，同时在一段时间过后，我将评估航线的选择是否正确，及时加以修正，以便我能顺利完成我的人生航行。愿我能在人生航行中发现独特的自己，成长为更好的自己！

航行者：
见证人：
日期：

案例分析：

高中阶段的青少年正处在生涯发展阶段的探索期。本发展阶段的青少年应该通过生活经验的积累，逐渐检视自我，评估自我各方面的表现，包括兴趣、能力、价值观等，思考未来的生涯角色定位，探索未来的工作出路。然而，由于升学的压力，许多学生在埋头苦读的同时，忽略了此阶段探索各项事物的重要任务，导致他们对自己在生涯发展中的优势与劣势一无所知，对未来彷徨无措，最后常常只能随波逐流。目前，很多学校已经在尝试开设高中生职业生涯规划课，而这节课能不能唤醒学生的生涯意识，对后续学生的学习积极性有相当重要的作用。本教学设计为生涯规划的唤醒阶段，包括认识生涯规划的重要性，生涯发展的阶段性，以及如何进行系统的生涯规划。希望可以通过老师引导及学生的活动体验，从不同的角度建构出系统的生涯规划意识。

专题三　活动设计

随着人们对生涯教育重要性的理解越来越深刻，对生涯教育形式的探索也在不断地丰富之中。鉴于生涯教育的特殊性，学校一般会有选择地开展集中性的和一对一的这两种形式的活动。

一、集中性的生涯教育活动

集中性的生涯教育活动一般会在同一个班级、同一个年级，具有同一种能力、性格、特点或者同样的兴趣、爱好、特长的学生群体中进行。具体包括这样一些活动形式：

（一）渗透在不同学科教学中的生涯教育活动

在学科教学中渗透生涯教育的内容是开展生涯教育的重要途径。将职业观、职业素质等与职业相关的知识，有计划有步骤地渗入学科教学中，对学生实施生涯教育，不仅有利于学生有目的地选择职业和未来进一步地从事专业学习，也有利于学科教学的健康发展。

美国在这方面进行了成功的尝试，如美国将职业生涯教育内容编入高中化学教材中。教材中设有专栏：“化学职业中的人（People in Chemistry）。”每个专栏介绍一位成功人士（如法医、园艺专家、化学家等）的职业生涯。专栏后设置有相关职业（Career Connection）的小栏目，向学生展示了指纹鉴定员、园艺家、化学工程师、美容专家和环保检测员等 32 种职业类型，以及这些职业所需要的条件。它使学生不仅意识到化学学习的重要性，同时形成对职业的理解，认识到将来职业的发展与高中阶段化学知识的学习是密切相关的，使学科教学与生涯教育相互促进（见表 5-1，表 5-2①）。

表 5-1　化学职业中的人

章节	名称	相关职业
第一章　化学——关于物质的科学	法医	指纹鉴定员、犯罪实验室技术员、私人侦探（P12）
第六章　化学反应与平衡	园艺专家	园艺家、园艺设计师、土壤保护技术师（P212）
第九章　化学键	化学家	化学工程师、化学实验师、化工工人（P316）
第十三章　水和水溶液	废水管理者	环保检测员、环境管理员、机修工（P448）
第十四章　酸碱和 pH 值	美容专家	食品或药品检查员、制造商代理、美容师（P490）
第十七章　氧化还原反应	镀金匠	冶金技术员、采矿工程师、废金属处理员（P596）
第十八章　有机化学	药剂师	药理学家、配药技术师、药物管理员（P634）
第十九章　生命化学	生物化学家	医师、医学实验室技术员、病史档案管理员（P678）

表 5-2　化学相关职业及其要求

相关职业	要求
指纹鉴定员	高中毕业后进警校进修
园艺设计师	学士学历，考取专业资格证书
食品或药品检查员	学士学历，通过专业笔试
采矿工程师	工程学学士学位
医学实验室技术员	高中毕业后接受两年专业培训

① 周青，赵永春：《美国高中化学教材中的职业生涯教育》，《外国中小学教育》，2007 年第 4 期。

（二）专门的生涯教育课程

开设生涯教育课程，尤其是活动课程，将完整的生涯发展理念纳入现实的中学教育课程中，这是实现生涯教育目标最为可行的方法。

在我国的中学阶段，目前已有生涯教育课程化的实践。如从初一入学开始到初三毕业，分别开展“我是谁”“人生导航”“生涯试探”“生涯准备”和“生涯规划”等课程，将上述课程纳入初中整个教育体系中。又如，高中根据学生特点和兴趣取向开设多门选修课，其中与生涯意识培养相关的规划课程主要有“生涯规划”“留学规划”，以及较早开设的“高中生心理健康”，通过制定教学计划、精心设计教学内容，使选修课真正体现应有的价值。除了班主任承担上述课程的教学工作外，其他学科教师也要充分理解生涯发展教育理念的内涵并将其贯注在学科教学中。还可聘请职业生涯规划专家、企业高层管理人员及人力资源资深管理人员等具有丰富实践经验的社会人士作为兼职教师。另外，还可以建立“生涯教育网站”，以此作为学校生涯教育课程的补充。

（三）有针对性的生涯教育实践活动

很多有经验的学校会利用学生的课余时间举办各类与生涯教育相关的实践活动，以此来促进学生对自我探索及对生涯类群更实务的认识，增进学生生涯规划能力。学校可通过多种实践和宣传展示活动增进学生对职业和自我的了解。如有计划地邀请各行业的知名人士来校，通过讲座、座谈、咨询、游戏、演示、职业知识竞猜或问答等多种形式与学生互动，帮助学生更好地理解职业与人生的关系，引导学生对某些职业类群产生好奇心，愿意接触，为将来找到适合自己的工作并在工作中获得成功打下基础；组织到校外的参观、实践、服务活动，让学生在不同职业角色的体验中感受职业、认识职业，进行初步的职业探索，开始职业定向尝试；学校的广播、校报、校刊、板报、宣传栏、电子屏、图书馆或阅览室都可开辟专门的版块或专区用于职业类群（包括专业与职业的联系）的介绍；等等。

学校还可以充分利用周围及外部的资源，如社区、企事业单位等。可以与社区、用人单位等建立良好的关系，将这些单位作为学生参观和实习的基地，让学生通过参观、访问（谈）、实习等活动方式，了解某些单位或某些工作场所的情形，利用寒暑假时间安排学生至相关机构见习和实习，引导学生走出校门，加强社会实践。学校应主动与教育主管部门、劳动人事部门、各行业集团等保持密切联系，广泛收集各类学校、培训机构信息与用人单位需求条件和信息，办理职业或升学数据展示，提供学生毕业后可参加考试的相关资料，并通过学习资料、黑板报、广播等渠道及时向学生公布，让学生知道未来可以发展的方向。如我们可以参考表 5-3 的内容制订一份比较完整的一学期的生涯教育活动计划。

表 5-3　某中学某学期生涯教育活动计划

活动名称	活动内容	举办年级	举办时间	举办地点	备注
生涯规划讲座	自我探索讲座	全体学生	9 月	校内	
	产业专家讲座	高三年级	10 月	校内	
明星博览会	优秀人士职业事迹展览	全体学生	11 月	校内	
毕业校友返校座谈会	学习方法指导 考试指导 职业规划经验分享等	高二年级	12 月	校内	
职业搜索	调查及报告	高一年级	1 月	校外	
技艺你我他	专业技能比赛	高二年级	12 月	校内	

与综合实践活动课程相融合的生涯教育活动

综合实践活动课是基于学生的直接经验，密切联系学生自身生活和社会生活，体现对知识的综合运用的课程形态，也是新的基础教育课程体系中设置的必修课程。它以学生的直接经验或体验为基础进行开发与实施，旨在促使个体获得亲身参与实践的体验和经验，形成从自己的生活经历中主动地发现问题并独立解决问题的态度和能力，发展实践能力，发展对知识的综合运用和创新能力，养成合作、分享、积极进取等良好的个性品质。由此可以看到，综合实践活动课与生涯教育的目的具有一致性，因而学校综合实践活动课成为生涯教育实施的主要途径之一。

在新课程体系中，综合实践活动课是以学生对课题的自主选择与主动探究为特点的，因此，以生涯教育为中心开展的综合实践课程最好以弹性课时为特点，根据需要来灵活安排。这类课程在中学阶段应以与体验型、研究型学习相结合的方式实施。表 5-4 为基隆市立铭传中学 1991 学年度生涯发展教育实施计划，是在综合实践活动中融入生涯教育目标的典型实例①。

① http：//wenku. baidu. com/view/b84b4719964bcf84b9d57b0d. html。(有删改)

表 5-4　铭传中学生涯发展教育实施计划

	融入单元名称	可融入之生涯发展能力指标
综合活动（一年级）	认识你真好	发现自己的长处及优点
	天生好手	发现自己的长处及优点
	班级奥运	了解适合自己能力、兴趣、特质的发展方向
	人我之间	认识不同类型的工作角色
	心灵交流	形成尊敬他人工作的意识
	你真的很不错	探索自我的兴趣、性向、价值观及人格特质
	超级支援网	了解工作世界的分类及工作类型
	亲爱一家人	培养互助合作的工作态度
	爱班总动员	培养工作时人际互动的能力
	E 世代，好身手	培养觉察和解决问题及做决定的能力
	葵花宝典——自我盾牌	探索自我的兴趣、性向、价值观及人格特质
	家庭职业树	了解工作世界的分类及工作类型
综合活动（二年级）	朋友？朋友！	培养互助合作的工作态度
	让你我更接近	培养工作时人际互动的能力
	少年十四、十五时	培养正确的工作态度及价值观
	勾勒少年	觉察自我应负的责任
	青春祭典	发展生涯规划的能力
	极限大比拼	培养解决生涯问题的自信与能力

二、一对一的生涯教育活动

一对一的生涯教育指导主要是通过建立学生档案、使用科学合适的测量工具进行个别化的咨询与辅导等方法，来了解学生成长的轨迹与特点，进行有针对性的个别教育，以使学生能了解未来生涯发展中自己可能会遇到的问题，并从活动中提高解决问题的能力，进而培养正确的工作伦理与价值观。表 5-5 是一份简要的个人档案的样式，供同学们参考。

表 5-5　个人档案

*姓名：	个人照片
*性别：□ 男　□ 女	
*生日：　　年　　月　　日	
*电话：	
*QQ 号码：	
*家中排行：□ 老大　□ 老二　□ 老三　□ 老幺　□ 其他（　　　）	
*家中成员：	
称谓：　　姓名：　　生日：　　年　月　日　关系：	
称谓：　　姓名：　　生日：　　年　月　日　关系：	
称谓：　　姓名：　　生日：　　年　月　日　关系：	
我的偶像：________　　原因是：________	
*我最喜欢的家人：________　　原因是：________	
*我最尊敬的师长：________　　原因是：________	
*我最难忘的一个人：________　　原因是：________	
*我最要好的朋友：________　　原因是：________	
*我的个性：________	
*我的外表：________	
*我最满意自己的地方（或优点）：________	
*我对自己最不满意的地方（或缺点）：________	
*我最喜欢做的事：________	
*我最不喜欢做的事：________	
*我的爱好与专长：________	
*家人、师长及朋友们常说我是怎样的一个人：________	
*家人、师长及朋友常认为我将来适合从事哪些行业：________	
*我自己最喜欢将来从事什么职业：________	

课堂思考

1. 上面的这份个人档案你认为还有哪些信息需要补充？

2. 综合实践活动中的哪些形式、主题和内容可以与生涯教育相结合？

3. 你觉得目前中学实施生涯教育最大的困难或者瓶颈是什么？应该如何解决？

活动体验

1. 请每个学生在纸片上写下“自己从小到大最喜欢做的事情”，并相互交流所写内容。思考这样的问题：我的兴趣是怎样形成的？从小到大的兴趣有没有改变？这样的改变是什么原因？有什么规律？如果我想让同学也对我喜欢的事感兴趣，可以用哪些方法？

2. 情景表演——一位老板想从值得信任的小张、小王、小顾三位助手中选拔一位财务总管、一位业务推广部经理、一位企划部主任。于是老板想出了一个计划。一天晚上，他安排三位助手下班后留在公司与他一起研究工作，这期间，他故意制造了一起火警，想要看看三个人的表现。面对火警，小张连忙站起来说：“我们赶快离开这儿再想办法。”小王一言不发，马上跑到屋角拿来灭火器去寻找火源。小顾却仍坐在那里纹丝不动，说道：“这儿很安全，不可能有火灾。”老板通过三位助手的不同表现，找到了满意的答案。

① 请学生扮演角色并表演以上内容。

② 看完表演请学生回答下面的问题：三位助手不同的表现显示了他们什么样的性格？你觉得老板的答案会是什么？不同性格是怎样养成的？

③ 会不会还有其他不同的性格所带来的不同的表现？请学生再一次即兴创造表演。

专题四　技能训练

一、制定班级生涯教育规划的能力

作为班主任老师，面对不同年级的学生，在考虑生涯教育的时候，一定要学会根据不同年龄学生的不同心理特点与生涯发展特点，有针对性地计划生涯教育的不同目标、内容、形式与要求。因此，制订一份切合实际的班级教育计划便成了优化生涯教育效果的首要条件。

（一）初中阶段

初中学生处于青春期阶段，其中心任务是解决强烈的自我意识与身心限制的矛盾，最终实现自我同一性的发展。所以初中生涯教育的重点也就从小学生涯的认知与幻想逐渐转向生涯发展的试探与尝试，进行生涯探索和生涯规划与计划。具体表现为：帮助学生充分了解自己的兴趣、能力和价值观，并尽可能接触不同行业与职业领域，发掘适合自己的职业生涯领域；帮助学生提升学习技能与学习策略，进行有效学习和恰当休闲，并结合自己未来发展有针对性地了解高一级学校的相关资料与信息来选择，进行生涯与职业定向；帮助学生了解生涯发展理念，扩展生涯认知，并掌握生涯规划技能；帮助学生进行生涯探索，习得基本而恰当的自我展示技能；帮助学生扩展社区与社会参与经验，了解个人特质、知识技能与职业的匹配性；建立良好的责任心、自主性、创造性与职业道德观念。

（二）高中阶段

高中学生处于许多重要决定的选择时期，面临着理想向现实的回归，需协调自我与社会的关系。因此高中阶段生涯教育的重点是逐渐接近特定的生涯定向，即在充分了解相关信息的基础上规划特定的生涯发展目标，并制订确定的生涯发展计划，最终通过相关课程的研修与学习实施该计划。具体表现为：帮助学生综合而深入地了解自己的能力倾向、价值观念、兴趣、生涯期望、职业喜好及其相互关联性；针对学生的实际和未来选择，帮助学生恰当分析自己的能力与特质，并发展出相应的生涯发展计划以增加自己的能力；帮助学生研修恰当的课程，进行相应的学习充实自我，以取得相应的资格或者符合未来工作与学校的资格；帮助学生发展出有效利用闲暇时光的能力；帮助学生对未来学习或职业生活进行总体规划；发展替代性的选择方案；帮助学生进一步发展自我展示与求职面试的技能与技巧。

技能训练

为初中三个不同的年级制订生涯教育计划，注意区分各自的侧重点。

二、在学科教学中渗透生涯教育的能力

目前我国的学科教材中尚无生涯教育的内容。在这一现状之下，要在学科教学中渗透生涯教育的理念和知识，要求教师在平时的教学过程中，有意识地以职业生涯教育的相关目标为依据，善于挖掘蕴藏在学科教学内容中的丰富的生涯教育素材，努力创设生涯教育情境，对学生进行适时的、灵活的渗透。

在学科教学的过程中渗透生涯教育，要有意识地结合教学内容，让学生知道与该学科相关的职业类型及其发展现状和前景，培养学生职业兴趣和职业意识，潜移默化地开发学生职业能力。

将生涯教育融入学科教学，需要教师了解并扩展现有教学目标和内

容，将与生涯相关的活动或材料，例如自我概念、职业知识、对工作世界的了解及做决定的技巧等融入传统的教学活动中。教师还可以将生涯教育理论融入各科的教学，在相关课时内融入与生涯教育有关的活动，配合现有课程设计课堂教学。

教师在教学设计时，要从中学生的年龄特点出发，根据学生所能达到的生涯教育指标，尊重他们的语言习惯和审美情趣，在本学科教学目标的基础之上设计与生涯发展有关的教学环节，以促进学生将书本知识与现实生活相联系，并从中促进学生的组织、协作等能力的培养。

学科教学中的生涯教学设计可分为单元设计和主题系列设计。单元设计要考虑每个单元的教学目标、课时、教学活动的流程等；主题设计则有一个明确的主题，可以一个单元一个主题，也可以多个同类或相关的单元为一个主题进行设计。

以化学选修1“化学与生活”的部分教学为例。在讲授“平衡营养，健全体魄”时，可以通过多种形式向学生传授各种营养知识，让学生养成合理的搭配营养物质的习惯，并指导学生制订食谱计划；讲授“食品添加剂”时，可以让学生辩论“我们是否应该禁止使用食品添加剂”，指导学生学会辩证地、全面地思考问题；讲授“合金材料”时，可以引导学生就“假如我是设计师，计划用钢材建一座大桥，该如何防止钢生锈?”等主题做个性演讲。

技能训练

选择中学的一门学科，结合具体的教学内容说说如何与生涯教育相结合。

三、设计、组织及评价生涯教育活动的能力

有针对性的生涯教育活动是在中学开展生涯教育最有效、最灵活的途径之一，班主任应能够通过设计、组织或引导开展以下各种活动来达到生涯教育的目的。

① 开展班会活动：采用演讲、情景模拟等形式开展主题班会，介绍相关的科学的人生规划方法，指导学生合理进行人生定位。

② 支持社团活动：支持学生会、团委等开展有益的活动，积极引导学生树立良好的人生观、价值观，培养一定的职业素养。

③ 成立课外活动小组：成立各种兴趣小组，积极培养学生的兴趣爱

好；举办各类比赛和优秀作品展示等，充分发挥学生的特长。

④ 组织社会实践：组织学生利用寒暑假到企业参加见习或实习、进行社会调查、参与义务劳动，参观人力资源市场，认识职业、感受职业，主动接受职业教育。

⑤ 指导家庭教育：家长是子女认识职业的直接渠道，子女在职业的选择上会受到家长职业的影响，在人生规划中很大程度上取决于家长的意向决策。教师可以通过家长会，向家长宣传生涯教育的目的、意义和方法，争取家长的配合，与家长共同做好学生的人生领路者。

以组织社会实践为例，班主任要安排学生走出校门、走向社区、走向社会，将学生引入工厂、企业、机关等职业领域进行实地考察，了解各种工作角色的特性及工作者的工作状态；了解各种职业所需的资格和能力；试探自己喜欢的职业的工作状态。通过参观考察活动，让学生走近社会、感受生活，深化学生的职业体验，提高学生对工作世界的认识，增强学生就业、创业的意识。具体来说，班主任可以做到这几点：

一是充分发挥学校的综合实践基地、学农基地等的作用，组织学生深入工厂实习，了解生产情况，熟悉工艺流程，体验职业生活；组织学生深入农村，亲自参加农业生产实践，引导学生树立正确的人生观、学习观和劳动观。

二是发掘学校附近社区资源，与社区建立长期联系，让学生参加社区服务。

三是寒暑假期间鼓励学生深入各行各业，广泛开展社会实践活动。如到饭店、商场、超市当服务员，到街上当交警的义务协管员，到企业当产品推销员等。通过这些活动为培养学生的职业意识、职业精神和创业精神奠定基础。

班主任还要善于发掘地方资源，邀请社会各职业领域的优秀人士参与学校的生涯教育。比如学校可以请成功人士到学校演讲，请职业学校的学生来现身说法，请学生家长和社会职业人员到校介绍其职业情况等，以此来加深学生对各种职业的了解和对职业生涯设计意义的认识。

校内模拟活动是指在学校内进行的模拟某种职业角色的教育活动，它是社会实践活动在学校环境中的体现。中学开展校内模拟活动的主要途径有：

（1）实施校内民主管理。让学生参与校园事务管理，为学生提供发现自己兴趣、特长，锻炼自己能力的机会和展示自己的舞台。

（2）组织学生社团活动。通过学生自主开展各种各样的社团活动达到发掘学生潜能、强化学生特长和培养学生各种能力的目的。

（3）设立校内职业岗位。学校也是一个小型的社会，在学校中也存在着丰富的职业种类，这些离学生最近的职业岗位往往被学校教育者所忽视，比如学校餐厅的服务员、学校复印室和学校商店的服务员、清洁工、园艺师、医务室的医护人员、接待室的礼仪人员，等等。安排学生到这些部门实习，不仅能为学生提供真实、自然的工作环境，使学生体验相关的工作内容、强化工作技能，而且可以节约学校的日常开支。

（4）组织职业活动竞赛。如文艺演出、演讲比赛、职业生涯规划设计赛、生涯设计咨询会等活动。这不仅可以培养、锻炼学生的组织、协调和管理能力，也能促进职业生涯教育在校园的深入开展。

除此之外，学校还应利用一切可以利用的资源，多渠道、多途径地进行职业生涯教育理论知识宣传活动，创造良好的教育氛围，丰富学生职业生涯知识，帮助学生把握社会职业的发展趋势，了解从事有关职业必备的素质和能力，引导学生将个人兴趣、爱好与社会需要充分结合，为今后的职业选择奠定基础。

技能训练

分析下面的活动设计方案[①]：

未来之路——高二（1）班生涯教育活动

一、导入

1. 讲故事：《马和驴子》

在唐太宗贞观年间，有一匹马和一头驴子，它们是好朋友。贞观三年，这匹马被玄奘大师选中，出发前往印度取经。17 年后，这匹马驮着经书回到长安，重到磨坊会见驴子朋友。老马谈起这次旅途的经历，浩瀚无边的沙漠、高耸云霄的山岭、凌云的冰雪、壮阔的波澜……神话般的一切，让驴子听了大为惊异、好生羡慕！驴子惊叹道："你有多么丰富的见闻呀！那么遥远的道路，我连想都不敢想。""其实"，老马说，"我们跨过的距离是大体相等的。当我向西域前进的时候，你一步也没停止。不同

① http：//js. jm. e21. cn/guide/ShowArticle. asp？ArticleID＝1050。（有删改）

的是，我同玄奘大师有一个遥远的目标，按照始终如一的方向前进，所以我们走进了一个广阔的世界。而你被蒙住了眼睛，一生就围着磨盘打转，所以永远也走不出这个狭隘的天地。”

这个故事给我最大的感触就是：要像故事中的马一样，做事情一定要有一个长远的目标，并为之奋斗。对于人生来说，尤其如此，要懂得合理规划自己的职业生涯，有目标有计划地前进。

今天，我们就来关注一个话题：中学生职业生涯规划（多媒体显示课题）

2. 介绍职业生涯规划的概念

二、职业生涯幻游

1. 职业生涯幻游（伴轻音乐）

指导语：尽可能放松，使你自己能舒服地坐在椅子上……，现在，闭上眼睛并完全放松自己……，舒缓你的呼吸……，看看身体还有哪些地方还紧张，请放松、放松、放松……，现在，我希望你想象自己经由时空旅行来到未来的10年，10年后的世界……10年后的你是什么样子，你在做什么，你周围是些什么样的人……好，我们回到现在，回到学校及教室来……好了，你回来了……开始看看这周遭的一切，欢迎你旅游归来。

★“导入”的设计意图是什么？

● 在放松时，可能会有学生不愿意闭上眼睛。教师的对策该是什么？

2. 彩绘职业人生

指导语：好了，你回来了……开始看看周围的一切，请你不要说话，用画笔或文字把刚才的旅途心境与感受描绘出来。

★ 这一步骤的设计意图是什么？

● 睁开眼睛后，有学生可能会兴奋地想和别人沟通。教师的对策该是什么？

3. 分享对十年后的我所从事的工作（含学习）的描述（多媒体显示）

十年后的我居住的场所在____________________。

十年后的我居住的场所周遭环境为何____________________。

十年后的我居住的场所周遭人群为何____________________。

十年后的我从事的工作是____________________。

十年后的我从事的工作具体内容是____________________。

十年后的我从事工作的场所在____________________。

十年后的我工作的场所周围环境为何＿＿＿＿＿＿＿＿＿＿＿。

十年后的我工作的场所周边人群为何＿＿＿＿＿＿＿＿＿＿＿。

请说明下列问题：

我在幻游过程中，印象最深刻的画面是＿＿＿＿＿＿＿＿＿＿＿。

我在幻游过程中，对比现在环境最大不同为＿＿＿＿＿＿＿＿＿＿＿。

我在进行幻游后，我的感觉为＿＿＿＿＿＿＿＿＿＿＿。

我认为我未来会从事＿＿＿＿＿＿＿＿＿＿＿职业。

★ 这一步骤的设计意图是什么？

● 在这一步骤中，可能会出现有的学生不愿意分享的局面。

三、生涯规划

1. 讲述

说说你未来想从事这一职业的理由，并听听同学的意见。

★ 这一步骤的设计意图是什么？

2. 讨论

在憧憬未来时，你都考虑了哪些因素？还应考虑哪些因素？

★ 这一步骤的设计意图是什么？

3. 教师小结

根据学生在制定职业生涯规划时考虑到的问题，教师总结出影响制定职业生涯规划的几大因素：

当前的经济状况。

亲人和朋友的影响。

社会环境、竞争环境。

个人兴趣、志向。

个人能力、体格、气质、性格、价值观等。

● 在这一步骤中，有些因素学生可能考虑不到，教师应该怎样引导？

4. 规划指导

个人职业生涯规划设计应该遵守如下准则：（多媒体显示）

择己所爱。

择己所长。

择己所利。

择己所需。

依据此原则，通过问自己以下几个问题，职业生涯规划就明确了（多媒体显示）：

What kind of person are you?

首先问自己，你是什么样的人？这是自我分析过程。分析的内容包括个人的兴趣爱好、性格倾向、身体状况、教育背景、专长、过往经历和思维能力。这样对自己有个全面的了解。

What do you want?

你想要什么？这是目标展望过程。包括职业目标、收入目标、学习目标、名望期望和成就感。特别要注意的是学习目标，只有不断确立学习目标，才能不被激烈的竞争淘汰，才能不断超越自我，登上更高的职业高峰。

What can you do?

你能做什么？自己专业技能何在？最好能学以致用，发挥自己的专长，在学习过程中积累自己的专业相关知识技能。

What can support you?

什么是你的职业支撑点？你具有哪些职业竞争能力？你的各种资源和社会关系，包括个人、家庭、学校、社会的种种关系，也许都能够影响你的职业选择。

What fit you most?

什么是最适合你的？行业和职位众多，哪个才是适合你的呢？选择最好的并不是合适的，选择合适的才是最好的。

What can you choose in the end?

最后，你能够选择什么？

★ 这一步骤的设计意图是什么？

5. 教师总结

通过前面的过程，你就能够做出一个简单的职业生涯规划了。机会偏爱有准备的人，你做好了你的职业生涯规划，为未来的职业做出了准备，当然比没有做准备的人机会更多。

四、职业体验

不同的职业有不同的特点，现在让我们来表演不同职业的某一个工作场景，表达自己对职业的理解吧！

故事场景（一）：警察捉小偷

一个女士下班回家，在小巷里被两小偷拦住，抢去包和首饰，刚好一警察经过，勇斗歹徒，捉住小偷。

故事场景（二）：医生救治病人

一重症病人在家属的陪同下去医院看病，医生和护士全力救助。

★ 这一步骤的设计意图是什么？

● 这一步骤中，学生可能无法在短时间内进入角色。教师应该如何引导？

五、结束语

最后，希望大家经过这次辅导，能够更好地了解自己的职业倾向，从而在专业选择和择业过程中能够进行有意识的选择，并在工作中扬长避短，最终在未来的职业生涯中获得最大的成功。

六、作业

我的规划：1. 未来我想从事的职业

2. 实现这一目标可能的途径

3. 实现这一目标的步骤及方法

★ 这一步骤的设计意图是什么？

分析与思考：

1. 上面的活动教案中，你觉得每一个标记着★的步骤，教师的设计意图是什么？

2. 上面的活动教案中，在每一个后面标着●的步骤中，学生可能会出现一些情况，你的对策是什么？

按要求为下面的班会设计活动过程：

班会主题："认识自我，高一生涯规划从此刻开始"

活动时间：2012 年 12 月 5 日上午第一节

地点：本班教室

参加人员：高一（15）班全体学生

教学目的：

1. 学生通过自己、他人的评价，学会客观地评价自己。

2. 帮助学生认识到什么是真正的自己，学会走进自己的内心。

3. 帮助学生正确认识高中学习中的问题，端正态度，明确是非。

4. 帮助学生感悟自己的价值，规划好高中学习，并努力实现自己的价值。

四、运用各种人才测评及职业测评系统的能力

班主任可以通过人才测评系统的使用，再结合心理测试等，帮助学生

认识自我、了解职业，以为未来一步的学习和就业做好准备。如学会使用由北京大学心理学博士迟英梅和 GCDF（全球规划师）、心理学硕士谢伟等多名专家多年实践结合专业理念，结合中国高中生特点研发和设计的 Careersky 高中生升学指导专家系统（Cs）来帮助高中生准确认识自我，真实表达自己的性格、兴趣、职业倾向；向应届的中考、高考生提供他们感兴趣的专业的详细信息（包括专业培养目标、专业培养要求、主干学科、主要课程，以及本专业在全国院校的排名情况等），以及根据中考、高考生，尤其是高考生对学校地域的要求，对本地、本省乃至全国的学校按教学质量、专业排名等推荐性价比最好的学校；向学生提供他们感兴趣的职业详细的信息（包括职业性质、工作内容、入行条件、职业前景与知名公司、薪酬待遇、榜样人物等）。以上这些工作涉及各种专业的量表与数据库，要求班主任应熟悉、掌握和运用。

技能训练

为学生设计一份生涯教育及发展档案。

了解并学会使用下面的霍兰德《兴趣岛》[①]。然后，试着给几名中学生进行测试，向他们解释测试结果并给予一定的指导。

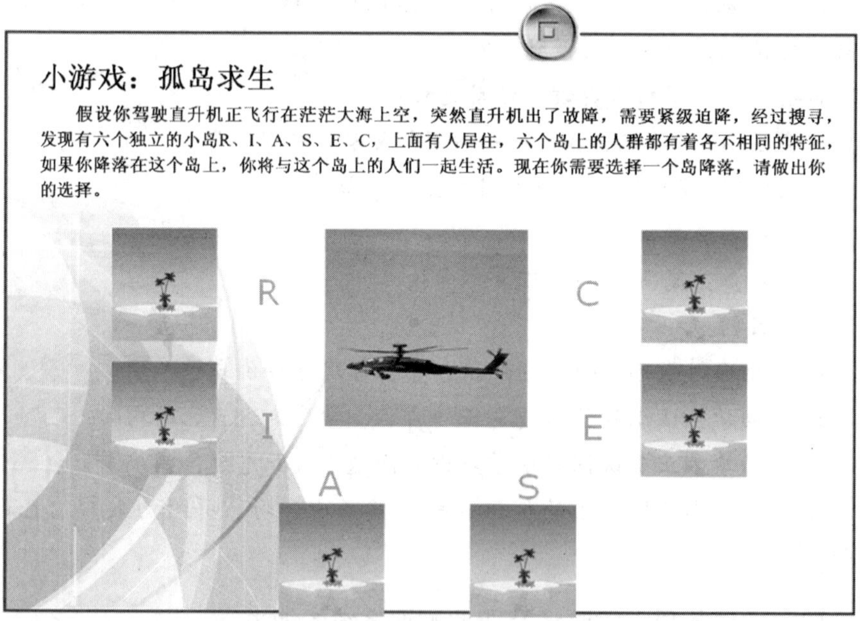

① http：//vision. ciic. com. cn/default. aspx？ tabid = 60&ArticleId = 154。

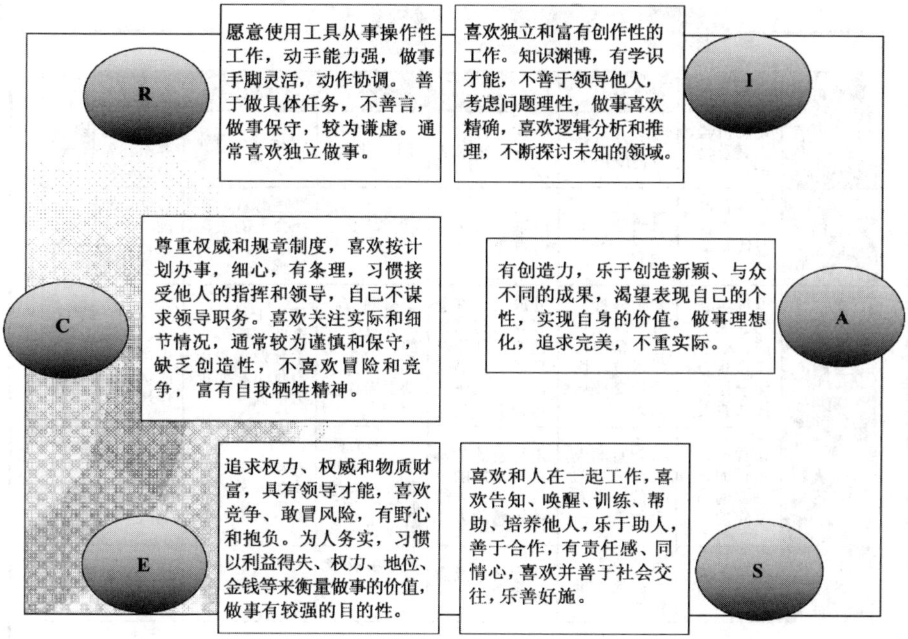
R
愿意使用工具从事操作性工作，动手能力强，做事手脚灵活，动作协调。善于做具体任务，不善言，做事保守，较为谦虚。通常喜欢独立做事。
I
喜欢独立和富有创作性的工作。知识渊博，有学识才能，不善于领导他人，考虑问题理性，做事喜欢精确，喜欢逻辑分析和推理，不断探讨未知的领域。
C
尊重权威和规章制度，喜欢按计划办事，细心，有条理，习惯接受他人的指挥和领导，自己不谋求领导职务。喜欢关注实际和细节情况，通常较为谨慎和保守，缺乏创造性，不喜欢冒险和竞争，富有自我牺牲精神。
A
有创造力，乐于创造新颖、与众不同的成果，渴望表现自己的个性，实现自身的价值。做事理想化，追求完美，不重实际。
E
追求权力、权威和物质财富，具有领导才能，喜欢竞争、敢冒风险，有野心和抱负。为人务实，习惯以利益得失、权力、地位、金钱等来衡量做事的价值，做事有较强的目的性。
S
喜欢和人在一起工作，喜欢告知、唤醒、训练、帮助、培养他人，乐于助人，善于合作，有责任感、同情心，喜欢并善于社会交往，乐善好施。

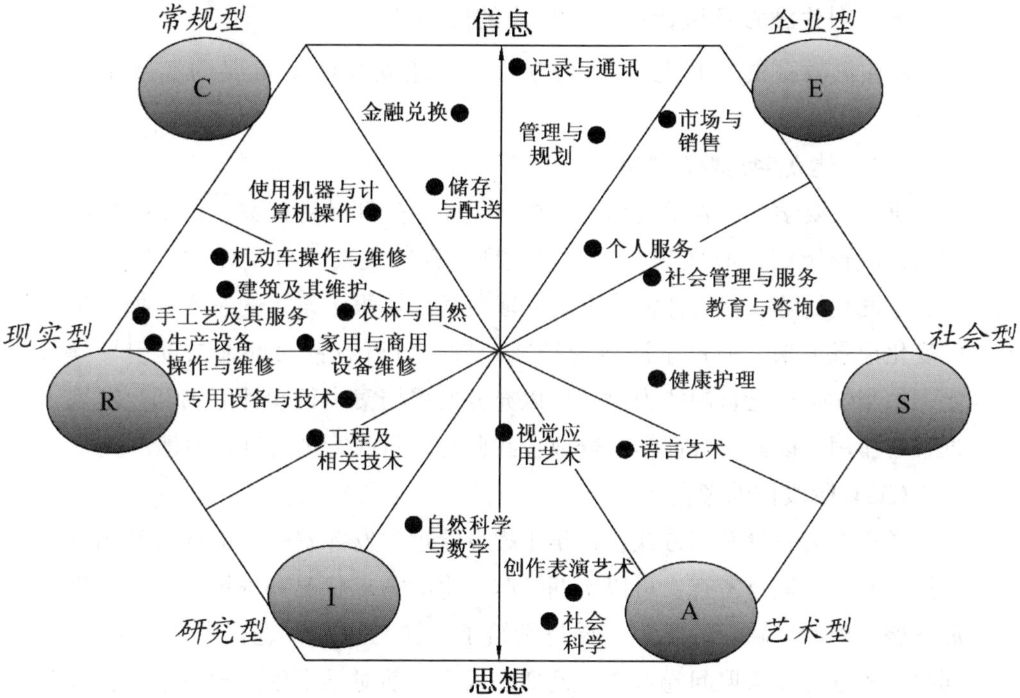
信息
常规型
C
企业型
E
记录与通讯
金融兑换
管理与规划
市场与销售
使用机器与计算机操作
储存与配送
个人服务
机动车操作与维修
社会管理与服务
建筑及其维护
教育与咨询
手工艺及其服务
农林与自然
现实型
社会型
生产设备操作与维修
家用与商用设备维修
R
S
健康护理
专用设备与技术
视觉应用艺术
工程及相关技术
语言艺术
自然科学与数学
创作表演艺术
I
A
社会科学
研究型
艺术型
思想

霍兰德职业类型表

职业类型	现实型(R)	研究型(I)	艺术型(A)	社会型(S)	企业型(E)	常规型(C)
喜欢参与的活动及职业	使用机器、工具及物件	探索及理解事物或物体	阅读、音乐、写作、艺术活动	帮助、教导、辅导或服务他人	游说或指挥别人	依照已有规定办事，符合清楚的标准
看重的价值观	看重看得见的成就、金钱和奖励	看重知识、学习、成就、独立	看重创意、表达自我、审美	看重社会公益、服务和理解	看重财富、在社会上的成功、冒险精神和责任感	看重行政管理准确、效率、节俭、在商务或社会事务上的权利
常常将自己看作	重视实践的、保守的、动手操作能力优于社交技巧的人	善于分析、有智慧、有怀疑精神的、学术技巧优于社交技巧的人	开放的、富于想象力的高智能的、创作技巧优于文书或办公室工作技巧的人	富有同情心的、有耐心的、社会交际技巧优于动手操作技巧的人	信心十足的、喜欢交际的、销售及游说能力优于科研能力的人	尽职的、踏实的、在商业和生产方面的技能优于艺术创作技能的人
在别人眼中的形象	谦虚的、坦诚的、独立的、坚定的人	有智慧的人，内向的、独立的、学者型的人	不平常的、不重视常规的、具有创作才能的敏感的人	乐于助人的、令人愉快的、喜欢与人相处的、富有耐心的人	有动力的、精明的、外向的、有野心的人	谨慎的、循规蹈矩的、有效率的、有秩序的人
避免	与他人的互动	游说他人，或向他人推销商品	例行公事及清规戒律	机械操作及技术性的活动	科研的、学术的或复杂的课题	缺乏清晰指导的工作

五、对生涯教育进行评价与反思的能力

对生涯教育的评价与反思能力的提升建立在两个重要的实践工作之上。

（一）建立生涯教育档案

班主任要学会从入学时为每一个学生建立生涯教育档案，档案内容应包括：成长历程、心理测验、学习表现、特殊表现、自我评估、行动计划、生涯规划等。在具体操作上，采取每学期填报、修正的制度，把学生的变化记录下来。通过生涯教育档案，教师可以有针对性地帮助引导学生，如当学生缺乏自制能力时，可以充分发挥档案中行动计划书和生涯规划书的作用，以此来督促学生养成自我监督、自我管理的良好习惯。

（二）阶段性的考查

考查作为一种考核方式，在学生教育管理中发挥着一定的促进和约束作用。班主任通过考查，可以定期了解学生的需求状况和发展变化。对生涯发展常识严重缺乏的学生，要特别给予关注与重视，进行个性化辅导。同时，考查可以采取问卷形式，例如在入学之前对学生生涯教育了解程度及需求状况进行调查，为未来教育活动的修正和实施提供依据。

在做到、做好了以上两个基础的实践工作之后，班主任便会逐步具备

对生涯教育进行评价与反思的能力，使自己的相关工作效果逐渐得到提升。

技能训练

阅读前面“专题四　技能训练”部分的生涯教育活动案例“未来之路——高二（1）班生涯教育活动”，想一下，活动中的每个环节的设计意图是不是清晰合理？有没有更好的设计？

拓展阅读

1. 王一敏：《中学生生涯教育理论与实务》，广东教育出版社，2016 年。

2. 沈之菲：《点燃心中梦想：上海高中学校生涯教育实践案例精选》，华东师范大学出版社，2019 年。

3. 祝杨军：《生涯教育的逻辑》，首都师范大学出版社，2018 年。

4. 钟敏：《青少年生涯教育的 33 个关键词》，重庆大学出版社，2018 年。

5. 生涯教育教材编写组：《初中生涯指导》，教育科学出版社，2012 年。

6. 朱勇哲：《小学生涯教育》，新时代出版社，2011 年。

7. 黄天中：《生涯规划：体验式学习（中学版）》，北京师范大学出版社，2010 年。

8. 张纪元：《中学生职业生涯规划教学设计》，北京师范大学出版社，2012 年。

9. 曹新美：《学校生涯教育指南》，教育科学出版社，2019 年。

第六篇

心理辅导

学校要逐步建立在校长领导下，以班主任和专兼职心理辅导教师为骨干，全体教师共同参与的心理健康教育工作体制。

——教育部〔2002〕14号文件《中小学心理健康教育指导纲要》

作为心理健康教育的一种主要形式，以班主任为主导，以班级为单位的心理健康辅导在促进学生心理健康发展、提高学生心理素质和培养学生健全人格方面有着重要的作用，它充分体现了现代学校以学生发展为本的科学的教育理念。班主任在心理健康辅导工作中既要注意整个班集体的心理健康氛围的建设，也需针对个别心理有困扰的学生开展具体指导，完整的班主任心理健康辅导工作应是集体辅导与个体辅导的统一。

专题一　基本原理

班主任的心理健康辅导工作主要依据心理咨询及其相关的理论。从辅导理念上看，班主任的心理健康辅导工作遵从人本主义心理咨询的基本理念，强调真诚、同感和积极关注等助人条件在促进学生人格成长中的重要作用。在辅导网络上，班主任的心理健康辅导工作重视学校、班级、家庭和社区等环境因素对辅导工作的制约，主张充分地发挥各种团体在学生心理健康辅导工作中的积极作用。在辅导方法方面，班主任的心理健康辅导工作主要以认知和行为的矫治为核心，强调认知重建和行为转变在心理健康辅导工作中的重要意义。

一、人本主义的辅导理念

卡尔·兰塞姆·罗杰斯（Carl Ransom Rogers，1902—1987），美国心理学家，人本主义心理学的开创者之一。

人本主义心理学从生长和发展的视角理解人类的本性，认为凡有机体皆有一种先天的“自我实现”动机，它表现为一个人最大限度地实现各种潜能的趋向。从这个意义上说，心理辅导的实质即在于帮助人更好地自我实现，以更自由、更充分地发挥其潜在的生命机能。在来访者中心治疗中，罗杰斯指出，有效的心理辅导必建立于良好的辅导关系之上，而良好的辅导关系则源于辅导者真诚一致、同感理解和无条件积极关注的助人态度。因此，在班主任的心理健康辅导工作中，树立人本主义的辅导理念，营造学生能够自由地感受自己的情感体验、探索自我的辅导氛围，就成为心理健康辅导工作得以顺利开展的前提条件。

第一，班主任的真诚一致是心理辅导成效的基本态度。所谓真诚一致，是指辅导者应该以“真正的我”出现在辅导关系中，没有防御式的伪装，不戴假面具，不是在扮演角色或例行公事，而是表里一致、真实可信地置身于与当事人的关系之中。罗杰斯认为“真诚导致信任”，真诚能创造出一种安全、没有威胁的气氛，在这种气氛之下，当事人可以无顾虑地进行自我探索。

从本质上讲，真诚一致是辅导者的基本素养，是其内心的自然流露，而不是靠技巧所能获得的。它建立在辅导者对人的乐观看法、对人的基本信任、对当事人充满关切和爱护的基础上，同时也建立在辅导者接纳自己、自信谦和的基础上。

当然，真诚一致并不是要求辅导者无节制地把自己的内心世界袒露在当事人面前，并不是实话实说。真诚一致以对当事人负责、有助于当事人成长为原则，真诚的表达应适时适度、因人而异，应该实事求是。

第二，班主任的同感理解是心理辅导成效的基本条件。同感理解（empathic understanding）被人本主义心理咨询学家看作影响咨询进程和效果的最关键的咨询特质。按照罗杰斯的观点，同感理解是指体验别人内心世界的能力。它包括三方面的含义：（1）辅导者借助当事人的言行，深入对方内心去体验他的情感、思维；（2）辅导者借助知识和经验，把握当事人的体验与他的经历和人格之间的联系，更好地理解问题的实质；（3）辅导者运用辅导技巧，把自己的同感理解传达给对方，以影响对方并取得反馈。

我国学者江光荣曾将同感理解概括为“设身处地”和“感同身受”两个成语。换言之，同感理解包含两个要点：第一个要点在于“换位”，就是换一个看事情的角度，换到当事人的角度，从当事人的参照系来对当事人进行设身处地的理解；它要求辅导者在辅导工作中将自己的身份、角色、价值观先搁置起来，把自己置身于当事人的处境中来尝试感受他的喜怒哀乐。对此感受越准确、越深入，同感理解的层次就越高。第二个要点强调感受重于概念化的认识。虽然罗杰斯并不排斥对意识内容的概念性的理解，但是他更重视当事人的情绪和感受。因为对于心理辅导来说，当事人的情绪性的感受比能够清楚地诉诸意识的内容更重要。心理辅导引导当事人重新认识、接纳那些被他所忽略、所歪曲的经验，其关键就在于对这些情绪性感受的深刻体验。

盲人摸象与同感理解

从前，有四个盲人，从来没有见过大象，不知道大象长什么样，他们就决定去摸摸大象。第一个人摸到了鼻子，他说："大象像一条弯弯的管子。"第二个人摸到了尾巴，他说："大象像根细细的棍子。"第三个人摸到了身体，他说："大象像一堵墙。"第四个人摸到了腿，他说："大象像一根粗粗的柱子。"

视角不同，所感受到的就不同，而人们常常都有一个误区：以为自己的注意力所在就是事实所在。因此，在心理辅导中，换位思考非常重要。

第三，班主任的无条件积极关注是心理辅导成效的基本策略。无条件积极关注的基本意思就是对一个人表示看重、认可，欣赏其价值，喜欢他，爱他，而且这种感受是自然发生、非强迫出来的。在这里，"无条件"这一限定很重要，它表明这种感受并不以对方的某个特点、某个品质或者整体的价值为取舍、为依据。罗杰斯指出："当治疗者发觉自己怀着一股温情，接纳当事人的任何感受，把它作为当事人的一部分，这时候他就在体验着对当事人的无条件积极关注。"

无条件积极关注涉及对人的基本认识和基本情感。凡是助人工作，首先必须抱有一种信念，即受助者是可以改变的。他们身上总会有这样那样的长处和优点，每个人的身上都有潜力存在，都存在着一种积极向上的成长动力，通过自己的努力、外界的帮助，每个人都可以比现在更好。这一观点对辅导者来说非常重要。所有有效的心理辅导框架都被认为可以使当事人发生积极、正向的改变。

需要注意的是，心理辅导本质上是给人以支持、鼓励和帮助，促使当事人在困境中崛起，消除迷茫，减轻或消除痛苦。因而给予当事人积极的关注并不是泛泛而谈、盲目乐观，而应该是针对当事人的实际问题，客观地分析其现有的不足，同时帮助分析其拥有的资源，将当事人的观点从只注意失败面转到客观分析形势、立足自己的长处和所拥有的资源上来。

陶行知的“四颗糖”与积极关注

一次，陶行知看到学生王友用泥块砸同学，当即制止，让他放学后到校长室。

陶行知来到校长室，王友已等在门口准备挨训了。没想到陶行知却给了他一颗糖，并说：“这是奖给你的，因为你很准时，我却迟到了。”王友惊疑地瞪大了眼睛。陶行知又掏出第二颗糖对王友说：“这第二颗糖也是奖给你的，因为我不让你再打人时，你立即就停止了。”接着陶行知又掏出了第三颗糖：“我调查过了，你砸的那些男生，是因为他们不遵守游戏规则，欺负女生；你砸他们，说明你很正直善良，且有跟坏人做斗争的勇气，应该奖励你啊！”

王友感动极了，哭着说：“陶校长，你打我两下吧！我错了，我砸的不是坏人，是自己的同学……”陶行知这时笑了，马上掏出第四颗糖：“因为你正确地认识错误，我再奖励你一颗糖……我的糖分完了，我们的谈话也结束了。”

二、生态取向的辅导网络

生态取向的心理健康教育强调用生态学的观点来看待学生的心理健康问题，主张在心理辅导工作中要综合考虑学生心理健康的多重影响因素：不仅要考虑学生个体的特征，还要考虑个体的综合环境，教室、同学、家庭、网络、组织单位、社区等方面的因素所存在的大量的交互作用。学校心理健康教育从根本上讲是一种教育理念，它的开展应该由全体教师共同参与，并整合学校、家庭和社会各方面的教育力量。班主任作为各方面教育力量的汇合点，在其工作过程中是最有条件来构建这种生态取向的心理辅导网络的。而且班主任的心理健康辅导工作如果要取得实效的话，也必须要通过这样的网络才有可能实现。

首先，班集体是学生学习、生活的基本场所，是学生成长极为重要的教育资源。班主任的心理健康辅导工作必须充分发掘和利用班集体的心理健康教育功能，实现全体学生心理的健康发展。从这个意义上讲，班主任的心理健康辅导工作必须自觉地运用团体心理辅导及其相关的理论与技术，围绕学生成长中出现的各种共性的问题，开展以班级为单位的集体心理辅导活动。马卡连柯的“平行教育原则”认为，集体既是教育的基础和手段，又是教育的目的和对象；他主张应该把个人的教育与集体的教育协调起来，强调应该在集体中并通过集体对个人施以教育。这样的原则对于班主任的心理健康辅导工作同样是重要的，班主任的心理健康辅导工作可以而且应该以班集体为单位，通过团体辅导的形式进行。

其次，现代的家庭治疗理论主张从家庭系统的角度去理解个人的行为问题，强调个人的改变有赖于家庭整体的改变。发展心理学的研究表明，在青少年的成长过程中，家庭承担着非常重要的教育功能，家庭功能的紊乱往往是许多儿童心理健康问题的直接根源。因此，班主任在心理健康辅导中，将辅导的焦点对准不良的家庭功能，关注家庭结构及家庭成员之间的互动，而不仅仅是局限于学生个人的知觉、情感与行为，这对于辅导成效的取得非常重要。

最后，学科教学、班级活动、班级管理、学校环境等各个方面也蕴含着丰富的心理健康教育资源，在班主任的心理健康辅导工作中，都应该有意识地加以利用。由此，一个以班主任为主导、以班级为单位的心理健康辅导网络才能真正形成，生态取向的心理健康教育系统也才能真正地落到实处。

> 学校心理健康教育应该存在于学校教育工作的各个方面，贯彻于学校教育工作的全过程，它是指导所有教育者教育行为、教育实践的教育思想，而不只是学校教育中的一项具体工作，不仅仅是实现教育目的的一种手段。
>
> ——陈家麟《学校心理健康教育：原理、操作与实务》

三、认知行为的辅导方法

尽管心理咨询与治疗的理论流派非常之多，各种理论对于处理当事人的心理困扰也都有其独到之处，但是，在班主任的心理健康辅导工作中，最切实可行、最直接有效且也最具心理健康教育特色的方法还是认知行为的理论与技术。认知行为治疗是一组通过改变思维和行为的方法来改变不良认知、消除不良情绪的短程心理治疗方法。

认知行为的心理辅导强调当事人的责任意识和主动参与，它以一种结构性的心理教育模型为基础，认为心理困扰是源于当事人的认知过程发生机能障碍的结果，因而都主张通过认知的改变，进而产生情感和行为方面的改变。例如，在理情行为疗法中，埃利斯认为，人的情绪主要是由信念、评价、解释，以及对生活事件的反应而产生的。“造成你困扰的原因不是发生在你周围的事件，而是你对事件的看法。”因此，在心理辅导过程中，如果能够教会当事人一些技巧去寻找和驳斥非理性的信念，并以理性的认知取而代之，则由事件引发的当事人的不良情绪和行为就可以得到改变。理情行为疗法的这一思想典型地体现在其 ABCDE 模式中（如图 6-1）。

阿尔伯特·埃利斯（Albert Ellis，1913—2007），美国心理学家，理性情绪行为疗法之父。

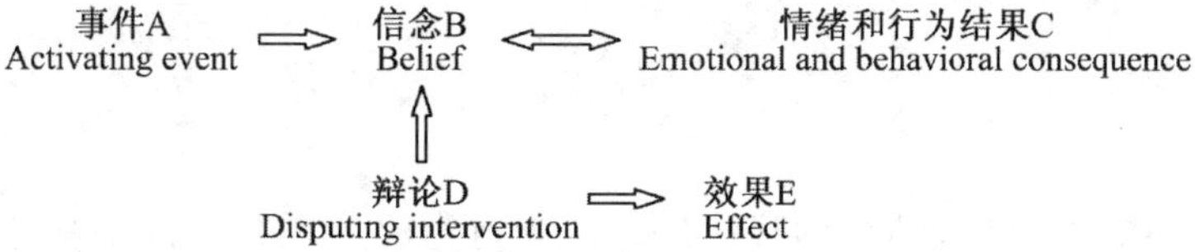

图 6-1　理情行为疗法的 ABCDE 模式

如图 6-1 所示，人们通常认为，事件 A 是情绪和行为结果 C 产生的直接原因。但在理情行为疗法看来，这仅仅是间接原因，直接的原因是当事人的信念 B。埃利斯强调个人的焦虑、忧郁、愤怒和疏离等不良情绪皆源于当事人自我挫败的信念体系。因此，心理辅导的着眼点即在于帮助当事人通过对其不合理信念的辩论，确立合理信念，从而消除负面情绪，产生正面的新的感觉。

埃利斯认为，当事人的不合理信念常常具有绝对化要求、过分概括化和糟糕至极的特征。所谓绝对化要求，是指人们以自己的意愿为出发点，对某一事物怀有其必定发生或不会发生的信念，它通常与“必须”“应该”等字眼连在一起，如“我必须获得成功”“别人必须很好地对待我”“生活应该是很容易的”，等等。怀有这样信念的人极易陷入情绪困扰之中，因为客观事物的发生、发展都有其规律，是不以人的意志为转移的。

过分概括化是一种以偏概全、以一概十的不合理思维方式的表现。如当面对失败的结果时，当事人往往会认为自己“一无是处”“毫无价值”“是个废物”等，以自己做的某一件或某几件事的结果来评价自己整个人，评价自己作为人的价值，其结果常常会导致自责自罪、自卑自弃的心理及焦虑和抑郁情绪的产生。持有糟糕至极信念的人往往会认为，如果一件不好的事发生了，那将是非常可怕、非常糟糕的，甚至是一场灾难。这种想法将导致个体陷入极端不良的情绪体验，如耻辱、悲观、焦虑和抑郁等的恶性循环之中难以自拔。糟糕至极常常是与人们对自己、对他人及对周围环境的绝对化要求相联系而出现的，即在人们的绝对化要求中认为的“必须”和“应该”的事情并未像他们所想的那样发生时，他们就会感到无法接受这种现实，因而就会走向极端，认为事情已经糟糕到了极点。

世事无好坏，人心使之然。

——［英］莎士比亚

子绝四：毋意，毋必，毋固，毋我。

——《论语·子罕》

除了埃利斯的理情行为疗法外，认知行为治疗还存在许多其他的理论与技术，但从某种意义上说，这些方法都可以看作理情行为疗法延伸的结果。例如，贝克的认知疗法的着眼点虽也强调人们对经验的想法决定了他们对那些经验的感觉和他们将会有的行为，但他更侧重于认知的信息加工过程，更注重于对当事人认知结构的分析。又如，梅肯鲍姆虽也假设痛苦的情绪通常来源于适应不良的想法，但治疗中他却更多地注意帮助当事人觉察他们的自我谈话，强调自我言语指导的治疗价值。从这个意义上说，在班主任的心理健康辅导工作中，我们只要系统掌握理情行为的基本方法，其他各种认知行为的辅导方法就容易掌握了。

综上所述，为了有效地开展心理健康的辅导工作，班主任首先应该从态度上确立起人本主义的辅导理念；其次，为整合各方面的心理健康教育力量，班主任必须承担起营造生态取向辅导网络的责任；最后，在具体的辅导工作中，班主任还需系统地掌握认知行为的辅导方法。如此三个方面构成了心理健康辅导工作对班主任的基本素质要求。

专题二 案例分析

从实际操作的层面上看，由于不同心理咨询流派的理论观点不同，它们具体的辅导模式也各不相同。班主任在工作中像心理咨询师一样系统地学习和应用各种流派的理论来开展心理辅导工作，既不现实，也无必要。下面，我们仅以哲学上的因果原理为依据，对班主任心理辅导工作的整体构架做一个简要说明。

从因果原理的角度来看，一切现象都离不开因果，都是因果链条上的一个环节，凡事有因必有果，有果必有因。进一步讲，在引起事物变化的各种原因中，有内因，亦有外因，内因是变化的根据，外因是变化的条件。

因果关系的分析有利于我们把握事物的变化规律，更好地从事社会实践。具体到班主任工作中，通过对学生心理健康问题的成因分析，可以为我们提供一个整合的心理辅导模式，即心理辅导的因果模型（如图 6-2）。

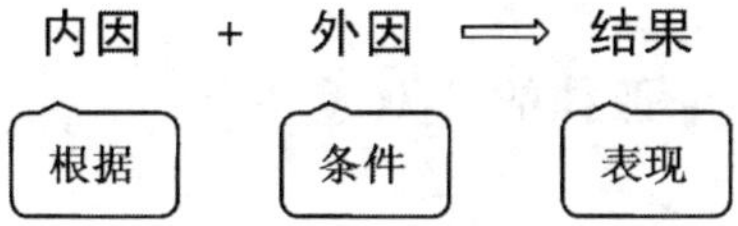

图 6-2 心理辅导的因果模型

首先，班主任要详细地了解学生心理健康问题的具体表现。例如，一个学生有学习方面的问题，那其具体行为表现有哪些？情绪反应如何？他是如何认识这个问题的？在心理辅导的因果模型中，这是心理问题的结果分析。

其次，班主任要具体地探明学生的心理健康问题是在哪些条件下形成的。仍以前面学生的学习问题为例，造成该生学习困难的家庭、学校、社会等方面的实际原因是什么？其在学习环境的适应方面是否存在问题？其与老师、同学的交往如何？他的家庭氛围对其学习有怎样的影响？在心理辅导的因果模型中，这是心理问题的形成条件，即外因分析。

最后，班主任要深入地剖析学生心理健康问题的内在原因。就学习问题而言，学生的学习困难是态度问题吗？是学习兴趣问题吗？是学习方法问题吗？其实际的认知能力是否能够胜任这样的学习任务？在心理辅导的因果模型中，这是心理问题的内因分析。

通过上述三个方面的实际分析，结合心理辅导所要达成的现实目标，班主任就能进行辅导方案的具体设计了。

具体的心理辅导方案可以从结果入手，对心理问题进行认知、情绪和行为的调整；也可以从外因入手，对造成心理问题的各种环境条件进行适当干预；还可以从内因入手，对形成心理问题的直接原因进行必要改变。考虑到现实情况的复杂多样性，班主任有可能仅从其中的一个方面入手来开展辅导工作，也可能从两个方面乃至三个方面入手，综合地进行心理辅导。

总之，有这样一个简单的因果模型作为基础，我们就能够非常方便而有条理地开展心理辅导的实际工作了。

接下来，我们将运用心理辅导的因果模型来对个别学生所存在的心理困扰进行案例分析。事实上，这样一种因果分析的方法，在团体心理辅导中也是必要的。有关详情，我们将在专题三中结合活动设计进行讨论。

案例一

一个孤独的“双差生”①

一、案例描述

赵小南，男，13 岁，某校初二学生，因在校表现一直不好，采取各种教育措施几近无效，故被列为典型个案进行心理辅导。

1. 主要问题概述

(1) 学习成绩急剧下降

当事人以较好成绩考入该中学，开学初摸底测验总分列班级第 17 名，期中考试总分落至班级倒数第 5 名，数学与外语不及格。

(2) 遵守纪律不良

当事人上课总是分心，违反课堂纪律，受批评后反应强烈，影响全班上课。

(3) 同学、师生关系不良

当事人显得孤僻、不合群、敌视他人，和同学处不到一起，常为一些

① 刘华山：《学校心理辅导》，合肥：安徽人民出版社，1998 年，第 383-393 页。（在这里引用时根据教学需要做了一些改动）

小事和同学打架，并不顾后果，见什么拿什么作武器，同学皆惧怕之，不肯与其接触。当事人不愿与老师说话，老师找其谈话，态度抵触，反抗情绪明显。

(4) 教育无效，反应异常

对教师和家长的教育、管束，不明确提出反对，但不理不睬，仍无心学习、违反校规等。特别是受批评或管束后，常见异常反应，如自残行为(以手击墙出血或使劲击打自己头部等)。

2. 背景资料

(1) 家庭背景

主要家庭成员：父亲（43 岁，高中毕业，某工厂工程师）；继母（37 岁，成人大专毕业，某工厂化验室技师）；当事人（独生子女）；母亲(41 岁，成人大专毕业，某工厂科室干部，已与当事人父亲离婚)。

个人成长史：当事人足月顺产，未患过有提示意义的疾病，身体健康。3 岁前由生父母共同抚养（有保姆），3～6 岁入幼儿园，表现未见异常（父母及本人回忆：活泼、积极）。小学 1～4 年级学习等表现尚好，4～5 年级之交，常见违反纪律事件发生，表现为上课小动作多、不安分、易分心等，但无家长认为的“异常反应”。遵师嘱去相关医院检查，诊断为“多动症”，服药 2～3 个月，效果不明显后停服。停药后，学习成绩尚好，顺利考入中学。

家庭变故：当事人 5 岁时，生父母因感情不和离异，当事人随父生活，定期去生母家。当事人 6 岁时，生父再婚建立家庭，但未添子女。当事人 6 年级时，因在生母处总是完不成作业，生父开始不让其去生母家，生母有时到学校看望当事人。这一过程中，当事人适应较快，无焦虑、不满、抵触表现。

家庭教育情况：① 父亲沉迷于自己的工作，较少过问当事人的教育。对当事人出现的问题偶尔过问，但态度粗暴，总是发火，继而又撒手不管，由继母处理。当事人若有些进步，又十分高兴，快乐得像孩子一样。② 继母是当事人家庭教育的具体承担者和与学校的联系者。她与当事人生父结婚系初婚，十分珍惜自己的家庭，主动提出不再要小孩，一心扑在当事人的教育上，对当事人关怀备至，事无巨细，体贴入微。为增强当事人与自己的亲情，也因惧怕外界闲话，很少责罚当事人，也不敢多加管束。但又不放任，总是从事事关心、照顾、过问入手，只要自己在家，总不离当事人身边。近来反省自己，开始严格要求当事人。③ 生母已重组家庭，与当事人生父关系敌对。在与当事人接触时，她总是从物质上满足当事人，放任其游戏玩耍，并说当事人生父、继母的坏话，对当事人的学习、在校表现等不关心、不过问，近来已很少与当事人接触。

（2）学校背景

学校大环境：重点中学，学习风气好，学生对自己的学习普遍重视，要求较高，学生间竞争较激烈，对认为妨碍自己学习的因素普遍排斥。

教师看当事人：① 当事人上课注意力不能集中，总是发愣或做小动作，有时还和同学讲话，干扰课堂教学。当事人学习成绩一团糟，走下坡路，但自己一点也不着急。为此，班主任已将当事人的座位调至教室最前面，一人一桌，但仍觉得无用。② 当事人经常和同学争吵，甚至打架，而且主动挑衅，打人不顾后果，批评、处罚都不服。听说当事人得过“多动症”，认为其心理不正常。③ 为教育当事人，班主任经常约见家长，与家长沟通，并建立家长联系本，每天记录当事人的表现，要求家长阅后签字，第二天检查。因效果不好，后来放弃。

同学看当事人：① 许多同学认为当事人有“毛病”、有“神经病”，不愿和他在一起，因而避之。② 一些同学认为当事人易向他们发火，并会乱打人，太“邪乎”，害怕当事人，因而避之。③ 一些同学认为当事人是差生，学习不行，和他在一起没有益处，看不起当事人，因而避之。

（3）当事人自诉

① 关于家庭：父母离婚时，他还不懂事，并不烦心，只是母亲搬走了家具，觉得家里空荡荡的，有点害怕。喜欢父亲，但又怕他，不敢和他说话。到母亲那里，可以玩，愿意去，但后来不能去了，也无所谓。讨厌母亲，因她见到自己总是说爸爸妈妈（指继母）的坏话，觉得她太自私。继母对自己很好，很快习惯喊她“妈妈”。但她管得太细，“放学一到家，她就翻我书包，看练习本。做作业时，总守在自己身边，真难受。老师的批评，她总认为对，不听我解释。有时对我太亲热，感到别扭”。

② 关于自己的“病”：我没有“多动症”，吃药就头昏，变呆了。可小学同学就说我有“多动症”“神经病”，我很生气，跟他们吵，吵不过就打，打不过就在心里恨他们。中学同学又说我有“神经病”，还说我脑子开过刀，我听了真想用刀砍他们，其实很少打他们，只是气得难受，又说不出来，只好打墙，打自己。我不是“神经病”。

③ 关于在校表现：很想和同学在一起玩，可他们不理我。我听到他们说话就凑上去，他们就躲，有时还嘲笑我，我急了就会和他们打架，有时是同学先打我，可老师总是信他们，不信我，只批评我一个人。我恨同学、恨这个班，又想和他们在一起。上中学后学习不好，主要是没心思学，课听不进去，总是想怎样能和同学在一起玩。现在学习更不容易上去了，我真不想上学了。

二、案例分析

1. 基本需要满足的缺失

（1）亲情的需要

虽然当事人对父母离异未产生明显的不适反应，但客观上母爱的缺失，以及继母因特定的顾忌在对当事人爱的表达上有不自然之处，使当事人从小在家庭中所感受到的温暖、亲子之爱显得不足和略显畸形。由此，当事人更需要从同辈群体及老师处充分满足心理社会需要以补偿之。

（2）归属的需要

从五年级起，当事人对群体的归属或被接纳的需要的满足受到阻抑。在老师的错误诱导下，同学开始讽刺、挖苦与排斥当事人。进入中学后，当事人继续处于被同辈群体排斥的地位，这种情况造成当事人的爱与归属的需要得到满足的双向缺失，本能地（也是合理地）将争取这种满足指向学校中的同辈群体。

（3）表现与尊重的需要

如果说当事人在小学时和同学打架等主要基于对“神经病”等挖苦的情绪性反抗，那么他进入中学后，随着自我意识的发展和独立意识的增强，除需有在同辈群体中的归属感外，还更清晰地产生在其中表现自我、获得承认与尊重的需要，而这些需要基本无法获得满足。

（4）成就需要

当事人从小学五年级开始，除了在学习上有成功感外，无法在其他方面从学校获得成功体验，学习上的成功支撑当事人基本适应了小学生活并考取重点中学。进入中学后，从小学带来的种种“不正常”的挖苦再度出现，扰乱了当事人的心态，导致其学习一落千丈，在学校中无法获得成功体验，从而丧失了对整个学校生活的兴趣。

2. 对立与参与的心理矛盾

在上述情况下，当事人产生了与班级、学校严重的对立情绪并伴随反抗行为。同时，当事人开始进入青春期，加之家庭的特殊情况，当事人又有迫切地参与班级群体的意向，以从中找到归属，获得承认与尊重，体验成功的愉悦与自信。但班级群体的拒绝与排斥，使之无法实现，从而产生剧烈的心理冲突并为之困扰。

3. 冷漠与逃避的结果

基本需要满足的缺失与剧烈的心理冲突，使当事人心理严重失衡，由此带来了行为反应偏差，如厌学、违纪、反应失常等，更加重了环境对他的拒绝。当事人每一次基于参与群体的不当努力，均以获得更大程度的拒绝而告终。恶性循环的结果便是当事人自信的丧失与心理的濒临崩溃，最后导致对学校生活的冷漠与逃避，只有将自己封闭在充满矛盾的心灵中，以求平衡而又无法得到平衡。

4. 基本心理评估

根据当事人在小学 4—5 年级的行为表现，对照“多动症”的诊断标准，当时对当事人做出“多动症”的诊断显得勉强，这一诊断及相应举措产生的负面效应十分明显，造成了当事人的心理损伤和适应困难。目前的状况基本属于环境不良造成的学校适应障碍。

提示：有形成反抗、对立等“反社会性”人格发展缺陷的倾向。

基于上述分析，根据当事人的实际情况，可以采用综合性辅导对策。从当事人本人来说，应从平稳情绪入手，进而调整认知、指导行为。而环境的协调对本个案的辅导成败尤为重要，包括家庭和学校两个方面，其中争取学校的支持更为关键，也是较难突破的一点。

（1）家庭支持系统改善

给当事人以慰藉、积极评价，给当事人一定的自主机会。

（2）学校支持系统改善

戒除极端否定性评价，创造当事人在班级中积极表现机会，及时肯定。

三、讨论题

1. 关于赵小南心理问题的分析，你同意吗？

2. 如果你是赵小南的班主任，你准备如何对其进行心理辅导？

3. 为了获得良好的辅导效果，在辅导中还需进一步收集哪些方面的资料？

案例二

行为问题的心理辅导

一、案例描述

王小花，女，14岁，某校初二学生。上课不遵守纪律，注意力不集中，听讲极不专心，有时还会发出怪叫声，故意破坏纪律以引起他人的注意。当老师批评她、同学反击她时，她毫无不愉快的表现，反而感到高兴。

她在学校里和老师、同学都很少沟通，不愿意交流，有些以自我为中心。虽说是一个女孩子，可她的个性却一点不像女孩子，顽皮、好动，喜欢接老师的话，而且总在当面或背地给同学和老师起绰号。

另外，她还经常无缘无故地欺侮同学，偶尔也有偷窃行为发生，如翻同学书包。有时还鼓动一些其他班级中品行较差的学生在社会上结帮打架。

在学习上，她不像有些同学基础扎实，但也不像一些同学对学习不感兴趣，她想学却不勤奋，有目标但缺乏毅力。

二、案例分析

对于王小花的问题行为，原因是多方面的，有主观因素，也有客观因素。不良的家庭教育使她慢慢养成了自卑、散漫的个性。进入学校后，又因为学习成绩、行为习惯较差，经常受到批评、指责，产生了逆反心理，变得性格孤僻、行为偏激，自暴自弃而甘居落后。以自我为中心，是一种狭隘的、不健康的心理表现，其主要原因是没有树立正确的理想，价值取向发生偏差。不遵守纪律，单纯地从她身上看，有两种情况：不是完全的无理取闹，可能是在认真听课的前提下发生的；起绰号也说明她乐于观察、思考，能较为准确地抓住人的特征，是个聪明的学生。综合来看，她的所作所为可能是爱出风头、卖弄小聪明，迫切想表现自我的一种方式。

基于上述简单分析，在辅导策略上，首先应促进王小花家庭教育环境的改善，加强与家长的联系，让他们了解孩子最近在校内校外的表现情况，并希望家长改变教育的方法，多加引导，逐渐使她走上正轨。例如，可以要求她的父母多抽一些时间来关心她的学习和生活；当孩子有错时，应耐心开导，而不应用辱骂、殴打的教育方式；爷爷奶奶不能一味地放纵，要跟她多讲些他们那时学习生活的艰苦环境，使她从中受到一些启发。

其次，采取情感导入策略正面转化。每个学生都有自尊心，都需要爱，尤其是王小花，平时受到批评、冷落太多，爱的需要得不到满足，当她犯错时，如果再进行指责、辱骂，那只能强化她的负面影响。因此，需要班主任的热情、真诚，班主任应该给她更多的鼓励、表扬和关心，由此使她调整心理、平和心态，正确地认识和看待自己及周围的人与事。同时，在班级活动中，班主任应尽量给她创造施展才能的机会，帮助她树立信心和培养她的荣誉感，并经常把她的进步告诉她的家人。

再者，恢复其学习自信心。学生的心理压力和自我感觉，在很大程度上取决于学习成绩的好坏，因此，班主任可以教给她更好的学习方法，激发她学习的兴趣，增强学习的自信心，从而养成自觉学习的良好习惯。在学习过程中，只要有进步表现，老师就马上鼓励，推动她养成爱学习、守纪律的好习惯，并不断改正过去形成的不良的行为习惯。

最后，也可以根据她爱表现的心理，较多地给她布置工作任务，让她担任班干部，为她提供展示自我的空间。

三、讨论题

1. 你如何看待王小花的行为问题？

2. 根据王小花的基本资料，结合其他类似案例的情况，谈谈你对问题行为辅导的基本看法。

专题三　活动设计

一、个别心理辅导活动的设计

与专业的心理咨询与治疗工作不同，班主任的个别心理健康辅导工作仅仅是处理学生在成长发展过程中所遭遇到的各种轻微的心理困扰，如与社会心理应激有关的各种适应不良、情绪调节，以及心理教育与发展问题。因而在具体的辅导工作中，班主任首先应辨明当事人心理问题的性质，将那些较严重的、需要专业心理健康工作者处理的问题进行及时转介，以免延误治疗的最佳时机。

对于适宜心理辅导的当事人，班主任即可采用认知行为的方法对其进行辅导。以埃利斯理情行为疗法作为心理健康辅导方法为例，班主任个别心理辅导活动的基本过程如下：

（一）结合当事人的具体心理困扰，介绍 ABCDE 模式

通过辅导者的解释与说明，使当事人能够接受理情行为疗法的基本理论，并能对自己的心理困扰进行初步分析。虽然这一阶段的工作并不一定涉及当事人具体的不合理信念，但它却是以后几个辅导阶段的基础。如果当事人不相信自己的问题的根源在于他对事物的看法和信念，那么以后的辅导就难以进行。

ABCDE 模式举例①

小张每次看见母亲严肃的样子，就非常恐慌，担心自己有什么事做错了。只要母亲没有笑容，就感到焦虑，有压力，非常不舒服。只有母亲笑了，才感到好些。但笑容一消失，一切的焦虑和烦恼就又回来了，每天这样，非常苦恼。

诱因（A）：母亲常有不笑的时候。每天看到母亲严肃的面孔。

结果（C）：每日紧张焦虑，唯恐做错什么事，很难受。

信念（B）：

（1）人们（或说母亲）只要没有不顺心的事就必然满面笑容，一个人只要不笑，就必然是在生气。

（2）我决不能做错事，只要做一点错事，就不是好女儿，就会惹母亲生气。如果不能使母亲笑颜常驻，我就是罪大恶极。

（3）母亲对我的要求必定非常严格，只要我出一点毛病，母亲就一定会板起面孔生我的气。而母亲一旦不高兴，也必定是我惹的。

辩论（D）：上述诸观念符合逻辑吗？

（1）一个人只要不笑，就必定是在生气，这对吗？

好像不对，人在心情平静甚至有高兴的事时，也有可能不笑。人不可能有那么多烦恼，而只要不烦恼就笑，笑肌就会累僵了。所以人们经常是不笑的。母亲与常人没有什么不同之处，所以也会经常不笑。

（2）即使母亲不笑是在生气，就一定是针对我吗？

不一定。目前的生活中除了女儿，还有许多其他事情，比如工作、家

---

① 岳国安主编：《咨询心理学》，天津：南开大学出版社，2002 年，第 316-317 页。

事等。她即使不高兴，也不一定是因为我做错了什么事，有可能是因为工作不顺心，家务繁重，或在外受了其他人的气，都有可能。

（3）即使母亲不笑是因为生我的气，就一定糟糕透了吗？

也不一定。应当想到人不可能不出错，如果做错了事，母亲不高兴，也是人之常情，这并不表明母亲就认为我是坏女儿。

效果（E）：通过自己与自己辩论，可以消除一些紧张情绪，但心里仍隐隐有些不通畅。后来回家去，在母亲不笑时问一些“您在想什么？”“您觉得我比别人的女儿如何？”这样的问题，发现母亲时常只是在考虑工作上的事，在动脑筋想问题，所以不笑。而且母亲认为小张是很合格的女儿，感到比较满意。这样就比较彻底地解决了问题。现在虽然在见到母亲不笑时仍会不够放松，但这大概是惯性。相信以后会逐渐好转直至焦虑完全消失。

（二）通过具体问题的分析，协助当事人明确其思维中存在的不合理信念

辅导者可以通过“当……时，你对自己说了些什么？”这样的提问，协助当事人挖掘导致其心理困扰的不合理观念。例如，可以问当事人：“当你一想到最近的两次考试成绩就感到失望和痛苦时，你心里头在说些什么呢？”当事人或许会说：“我想，我要是进不了前五名，肯定考不上大学，那真的是太糟糕了，后果不堪设想。”“我这样的成绩，一定会让爸爸妈妈失望，我真对不起他们。”通过这样的探问，不难发现，隐藏在当事人心中的深层信念，即当事情未按所预期的那样发展时，便是一个极其可怕的灾难，我应该被父母信任。

需要注意的是，在确认不合理信念时，应把它同当事人对问题的表面看法区分开来。例如有一位母亲，常因儿子不爱学习、调皮等行为而生气。有人可能认为“儿子不听我的话”，是导致她生气、愤怒等情绪的信念。但实际上，这只是停留于表面的想法。真正的不合理观念可能是“儿子就应该好好学习，必须听我的话”等一类绝对化的要求。因此，在协助当事人寻找不合理信念时，一定要抓住典型特征，即绝对化要求、以偏概全和糟糕至极，并把它们与当事人不适应的情绪和行为反应联系起来。

在这一阶段中，辅导者需要帮助当事人领悟到：（1）是他的信念引起了情绪及行为后果，而不是诱发事件本身；（2）他对自己的情绪及行为反应负有责任；（3）只有改变了不合理信念，才能减轻或消除他的心理困扰。要使当事人领悟到以上三点，仅凭空洞的理论性解说是难以做到的。辅导者应结合具体实例，从具体到一般，从感性到理性，反复向当事人分析说明，使其真正地领悟。

表 6-1 所示为歪曲认知列表。

表 6-1　歪曲认知列表①

1. 全或无思维：你看问题总是很绝对，非黑即白。	6. 夸大与缩小：你总把事情无限放大或者缩小。
2. 过度概括：你总把一件负面的事情看作永不止息的失败："这种糟糕的情况总是出现。"	7. 情绪推理：你总是从你的情绪中找出原因："我感到我像个傻瓜，所以我一定就是傻瓜。"
3. 精神过滤：你总考虑消极的一面，而忽略积极的一面。	8. 应该陈述：你常说"应该是""不应该是""一定是"和"不得不是"。
4. 优势打折：你坚持认为你的成就或一些好的品质不值一提。	9. 贴标签：你把单个的缺点或不足泛化后标示为自己整个的个人特征。
5. 妄下断语：你下结论的时候总是无根无据。 （1）读心术：你总假设别人给你的都是负面反应。 （2）预测未来：你预言事情的结果都是糟糕的。	10. 责备：你不是去解决问题而是去寻找错误。 （1）自责：对不完全由你负责的事情也常责备自己。 （2）责备他人：你指责他人却不去考虑你自己对待问题的方法。

（三）通过辩论，揭露不合理信念的错误所在，并进而建立新的合理的信念

一般来说，与不合理信念的辩论，可以采用"质疑式""价值式""极端式""更新式"和"夸张式"等方式进行。

1. 质疑式

直截了当质询当事人他这种信念是否有足够的实施根据。例如，"你有什么证据证明自己这一观点?""你有什么理由要求考试成绩一定要符合自己的期望值?"

2. 价值式

质询当事人他目前的情绪和行为反应是否确有价值。例如，"一旦考

① 大卫·伯恩斯：《焦虑情绪调节手册——改变生活的全新心理疗法》，李迎潮、李孟潮、徐维东译，上海：学林出版社，2009 年，第 337 页。

得不如你自己所期望的那样，就可以整天愁眉苦脸，使你放弃继续努力的机会吗?”

3. 极端式

质询当事人这件事最坏的结果是什么。例如，“这两次考试没有进前五名，最坏的结果是什么？真的就有那么可怕吗？又会可怕到什么程度呢?”

4. 更新式

提醒当事人换一个角度看问题。例如，“从另外的角度想一想，考试成绩不像你预期的那样，是否也是一件好事呢?”

5. 夸张式

故意夸大当事人的概念，使当事人看到它的不合理之处。例如，“是不是要广而告之，说你考试未能取得预期的成绩，以至于天都要塌下来，提醒大家小心呢?”

通过不断重复的辩论，辅导者不仅要使当事人认识到其信念的不合理性，而且也要使他分清什么是合理信念，什么是不合理信念，并帮助他学会以合理的信念代替那些不合理的信念。

总之，与不合理信念的辩论是一种主动性和指导性很强的认知改变技术，它不仅要求辅导者对当事人所持有的不合理信念进行主动发问和质疑，也要求辅导者指导或引导当事人对这些观念进行积极主动的思考，促使他对自己的问题深有感触，这样做会使得辩论比当事人只是被动地接受辅导者的说教更有成效。

（四）综合应用各种认知行为的辅导方法，促进当事人将新习得的理性信念迁移到日常的学习和生活之中

在理性信念初步确立之后，辅导者还应帮助当事人进一步摆脱原有的不合理信念及思维方式，使新的观念得以强化，从而使当事人能够将所学到的东西应用于处理各种实际问题。通常，辅导者会运用布置家庭作业的方式，要求当事人在日常的学习和生活中随时检视头脑中可能出现的不合理信念，并自觉地与之进行辩论。另外，辅导者还可应用各种技能训练，如自信训练、放松训练、问题解决训练和社交技能训练等，提高当事人应对各种问题的能力。

综上所述，通过上述四个阶段，以人本主义的辅导理念，通过各种认知行为的辅导方法，并借助班级、学校、家庭和社区的辅导网络，班主任是完全可以就个别学生的轻微的心理困扰展开有效的辅导工作的。班主任心理辅导记录表如表 6-2 所示。

表 6-2 班主任心理辅导记录表

辅导老师			辅导时间		
辅导对象		性别		年级	
问题表现					
原因分析					
辅导对策及过程					

二、班级心理辅导活动的设计

（一）班级心理健康辅导活动的设计思路

班级心理健康辅导活动的设计思路是一种主题单元式的设计模式，即首先确定心理辅导的主题，然后再在主题下面确定相应的单元。一个学期的心理辅导活动可包含几个主题，每个主题下面可涵盖多个单元。班主任应根据班级学生的实际情况，确定相应的心理辅导主题及其单元题目，并酌情考虑主题单元的数量和时间顺序的安排。一般来说，主题单元的设计是比较灵活的，整个辅导活动过程既有明确的辅导目标，又可根据不同时期辅导对象的实际情况安排和组织侧重点不同的心理辅导内容。

（二）班级心理健康辅导活动的目标设计

班级心理辅导是以班级为单位开展的一种团体心理辅导活动，为使辅导活动取得良好的效果，班主任首先需要注意辅导目标的适宜性。一般而言，班级心理辅导主要应关注学生成长发展过程中出现的共性问题，如自我意识问题、情绪困扰问题、人际关系问题和学习行为问题等。同时，辅导活动的目标应明确、具体，并能得到学生的认同。这就是说，班主任在设计活动方案时，应该了解学生的真实想法：他们希望从集体活动中学到什么？想解决什么问题？最后，班级心理辅导活动的目标最好是班主任与学生在磋商的基础上形成的，这样的目标更容易被学生看作“自己的”目标，从而更能提高他们参与活动的积极性。例如，有位班主任曾经设计了这样一个主题，叫“我所喜欢的少男少女形象”。关于这个题目的来源，她写道：“我班学生进入初二后，某些学生的衣着打扮开始追求‘港式’，男孩梳着小分头，敞着衣服，认为是一种时髦、潇洒；女孩刻意打扮，故作姿态，也认为这是一种美。在学生中，这是一个带普遍性的问题。我启发学生就‘什么是少男少女的良好形象’的热门话题进行讨论。”事实表明，学生很欢迎这个活动。这位班主任在总结活动时写道：“几乎所有的学生都认为男孩应是彬彬有礼，富有责任心，有良好的气质风度。讲脏话粗话是一种不文明、使人厌恶的举止，不受女孩欢迎。认为女孩应是落落大方、富有爱心、个性开朗活泼的。爱哭、撒娇、太泼辣的女孩也不受男孩欢迎。这次热门话题讨论后，同学们逐渐重视了自身的形象。”

（三）班级心理辅导活动的内容设计

一旦确立了班级心理健康辅导的目标，接下来就是辅导活动方案的设计，这是最能发挥班主任创造性的一个环节。就每一个具体的心理辅导活动方案的设计而言，应注意如下几个方面的要点。

1. 确定主题和单元题目

班级心理辅导的主题和单元的确定一方面应紧扣辅导目标，不能偏离，另一方面要密切联系学生的心理特点和状况，不能无的放矢。例如，针对学生成绩有所下降，特别是学生抓不住学习重点和难点的情况，可以设计有关学习方法和策略方面的心理辅导，其主题又可细分为“怎样听好课?”“怎样做好笔记?”“怎样整理学习材料并抓住重点?”和“怎样有效地复习?”等单元内容。又如，针对班上人际纠纷增多、班集体不团结的现象，可以设计有关人际关系指导方面的心理辅导，其单元内容包括“你需要朋友吗?”“什么样的人讨人喜欢?”“什么样的人令人讨厌?”和“如何与同学保持良好关系?”等。再如，针对部分学生不能正确认识自己，比较自卑等情况，可以设计以认识与悦纳自我为主题的心理辅导，其单元题目可以是“我是谁?”“我的优点与自我欣赏”“我的缺点与自我改善”和“自尊与自爱”等。

在确定主题单元题目时，还需要注意几点：第一，主题和单元题目必须一目了然，明确而直接地反映某个心理辅导的主题思想；第二，单元题目尽量具体化，而且要有吸引力；第三，各学期的主题和单元题目要有一定的连贯性。

2. 确定各单元辅导的具体内容

单元题目的确定，本身就包含了对心理健康辅导内容的限定。但是，每个单元具体安排什么内容，还需要根据学生的年龄特点和年级阶段来进一步落实。因为针对不同年龄阶段的学生，心理健康辅导的内容侧重是不同的，即使是相同的单元题目，在不同的年级阶段其内容的选择也是不同的。当然，各阶段的心理健康辅导内容必须有一定的连贯性和一致性，并要注意前后辅导内容衔接自然，使整个心理健康辅导起到不断深化的作用。

同时，心理健康辅导内容的确定还需要注意科学性和超前性。由于心理辅导的内容涉及许多心理学的概念、原理和方法，因此，对这些概念和原理的理解要准确、科学，对各种心理学的方法也要准确应用。至于超前性，则体现在心理健康辅导的内容要符合社会发展的要求，即学生的各种心理品质的培养，必须有助于他们将来更好地适应社会和环境的变化与要求。

3. 选择各单元的辅导形式与方法

班级心理健康辅导的各个单元的辅导形式和方法的选择应遵循心理健康辅导活动的组织原则，并注意学生的年龄特点，要有利于辅导目标的实现，并具有可操作性。另外，还应注意各主要辅导环节的衔接和自然过渡，做到动静结合，使辅导方法多样化，以充分调动学生参与辅导活动的积极性。因为无论何种形式的心理辅导方法皆应围绕学生的体验展开，也只有经过切身体验，活动的参与者才会在内心产生碰撞，才会有更深切的感悟。从这个意义上讲，如何设置活动情景来促进学生体验，是提高活动设计有效性的一个重要因素。

常用的心理健康辅导方式有“讲述与讨论”“角色扮演”“自我测验”“填句子”“反馈策略”“心理小测验”“剧情表演”“观看录像片”等。在实际工作中，班主任既可以根据辅导的具体情况灵活选用，也可以自己创造一些有益的辅导方法。

4. 确定每个单元活动的基本程序

班级心理辅导活动的每个单元都应按照一定的程序展开，设计中应对其具体步骤做出详细说明。以台湾学者程国安设计的一个单元“怎样了解我自己”为例，辅导活动共有八个步骤：① 教师讲述由于不了解自己造成不良后果的故事，以引起学习动机；② 讨论了解自己的好处和重要性；③ 欣赏幻灯片“我是谁”，并讨论内容；④ 每个学生提出“我是谁”的问题，并自己说出五句话回答此问题；⑤ 每个学生就听到的答案中最感兴趣的（或最有疑问的）问题，向那个同学提问；⑥ 教师发给每个学生两张白纸，要求学生在一张纸上写出自己的优、缺点各三项，在另一张纸上写出班上三名同学的优、缺点各三项；⑦ 师生共同讨论自己的看法与别人的看法是否一致，就别人对自己的误解加以澄清；⑧ 教师归纳说明了解自己的方法和如何自我检讨。

5. 对心理辅导活动准备做出必要安排

班级心理健康辅导活动既要准备好辅导过程中教师和学生所需要的教具或有关材料，还要注意合理、恰当地使用各种电化教学手段。

必要时还需设置助理教师或在学生中找到助手，以帮助辅导者活跃团体气氛，协助活动的开展，以及处理某些冲突事件。

另外，心理辅导活动有更灵活的时间和场地要求，它既可以在教室里进行，也可以在团体辅导室、音乐室或体育活动室里进行，还可以在户外草地上进行。这些都应该在设计方案中提前做出计划。

最后，班级心理辅导活动还可考虑开展一些拓展性的活动，如社会实践活动、亲子辅导活动等，以深化心理健康的辅导活动。

团体辅导活动设计举例①：“我爱我家”

（一）团体名称

团体名称为我爱我家。

（二）团体活动目标

1. 总目标

总目标是培养班级成员团体凝聚力与团体信任感。

2. 团体具体目标

（1）凝聚团体的共识，强化团体的向心力。

（2）培养团体的默契，增强成员的互信基础。

（3）强化成员在团体中的自我价值感。

---

① 樊富珉：《团体心理咨询》，北京：高等教育出版社，2005 年，第 281-283 页。（有删改）

（4）促进成员的互动。

（5）强调成员间互助合作的精神。

（6）透过活动的特殊设计激发成员的思考力与创造力。

（三）团体对象

团体对象为初中或高中的入学新生。

（四）团体规模

团体规模为20～30人。

（五）团体地点

团体地点是教室或团体辅导室。

（六）活动时间及频率

新学年开始时，共4次，每周1次，每次120分钟。

（七）活动方式

根据活动要求，全班分成7～8组进行，小组内交流与派代表全班分享结合。

（八）领导者及训练背景

班主任1人，助手2人。

（九）理论基础

马斯洛需要层次理论揭示，每个人都渴望被他人接受、尊重和欣赏，团体可以满足人的社交的需要、归属的需要和爱的需要。

社会心理学关于群体的研究证明，在一个团体中，如果成员之间有了互信，团体的凝聚力会更强，也将能更有效地发挥团体的效能。

人际关系理论表明，要信任他人必须要先学习开放自己，接纳他人，袒露自己的情感、思想、情绪、感觉和意见，愿意和别人分享资源和观念。要能与他人有效地沟通、建立亲密的关系，自己应先令人觉得可信、值得信赖、靠得住。

（十）团体活动设计

次数	单元名称	单元目标	活动内容	所需材料
1	知你知我	（1）互相认识； （2）引发兴趣。	（1）无家可归； （2）滚雪球； （3）建立团体规范。	海报纸 水彩笔
2	同舟共济	（1）培养团体意识； （2）鼓励互相信任。	（1）信任跌倒； （2）突围闯关； （3）解开千千结。	

续表

次数	单元名称	单元目标	活动内容	所需材料
3	众志成城	（1）认识合作的重要； （2）增进团体的气氛。	（1）建高塔； （2）汪洋中的一条船。	画报纸、胶带、剪刀、报纸
4	相亲相爱	（1）学习接纳他人； （2）互相欣赏； （3）学习合作共事。	（1）独特的我； （2）优点轰炸； （3）图画接力赛。	海报纸、图画纸、油画棒、图钉

活动体验

活动一：个别心理辅导活动

中学生的情绪两极性明显，他们容易冲动，情感内隐而曲折，因此，对这个时期的学生进行情绪疏导、情感教育是班主任工作非常重要的内容。理情行为疗法从认知入手，重在说理教育，通过对学生思维方式的调整，改善其情绪。这样的辅导方式非常适合于班主任的实际工作。进行理情行为疗法的心理辅导，关键在于辩论；如果你是班主任，你将如何提高自己的说服能力？

活动二：班级心理辅导活动

将团体心理辅导引入班主任工作，针对班级存在的主要心理问题进行集体教育，解决学生共性的心理困扰，是提高心理健康教育效率、发挥班集体教育功能的重要方式。请就初中与高中各个年级阶段的共性的心理问题进行一些整理。

专题四　技能训练

班主任的心理健康辅导工作涉及许多基本的技能，要全面地介绍这些技能既无必要，也不可能。下面仅以倾听与角色扮演这两种典型的辅导技能为例，对班级心理健康辅导的基本技能做一简要说明。

一、倾听技能

倾听（attending）是实施心理辅导的先决条件，有投入、参与、专心、注意等意义。它要求辅导者全身心地专注于当事人，不是只用耳朵听，而是用整个身心听，做到与当事人“同在”，并自然地“忘我”。辅导者的倾听可以分为两个层面：一是指辅导者身体层面的倾听；二是指辅导者心理层面的倾听。

（一）身体层面的倾听

所谓身体层面的倾听，是指在心理辅导过程中，辅导者的全身姿势都传递出他对当事人的关切，愿意聆听与陪伴。艾根认为，身体层面的倾听包括5个基本要素，简称为SOLER（由每个单词的第一个英文字母所合成）技术：① 面对当事人（Squarely）；② 身体姿势开放（Open）；③ 身体稍微倾向当事人（Lean）；④ 良好的目光接触（Eye）；⑤ 身体放松（Relaxed）。

1. 面对当事人

所谓面对当事人，是指辅导者与当事人会谈时座位的安排格局。其正确的摆设方式是在辅导者与当事人之间隔着一张茶几，辅导者与当事人坐在茶几两旁，间隔90°角。借着茶几的缓冲，给当事人足够安全的人际空间，他才会愿意打开心胸，直诉情衷。一般而言，辅导者与当事人的座位以间隔1米为宜：距离太小了易造成压迫感，导致当事人的心理防御，阻碍辅导的进行；距离太大了则形成生疏与冷漠，自然也难以进行有效辅导。

2. 身体姿势开放

辅导者开放的姿势，代表无条件的包容与接纳。这种开放能促进当事人的心安，缓解其焦虑与不安。由此当事人自然愿意敞开心胸，开放自己。此外，辅导者开放的身体姿势，还会带动当事人身体与心理的开放。当事人的身体与心理开放后，深锁的秘密就会缓缓而出。相反，辅导者的身体若萎缩封闭，当事人就会慌乱、退缩，就会导致当事人的心思涣散。

3. 身体稍微倾向当事人

辅导者身体微微倾向当事人的姿势，传递出他对当事人的关心，这能促进当事人的自我开放和自我剖析。如果辅导者的身体后仰，紧贴椅背，则往往传递着辅导者的冷漠与傲气，这样的姿态会令当事人心生气馁，并因畏惧而无力再谈。

4. 保持良好的目光接触

辅导者与当事人的眼神接触，传达出他对当事人的重视。在眼神的交会中，当事人感受到辅导者散发的温暖与支持，由此就能激发起当事人的勇气来面对自己的问题。如果辅导者眼神闪烁不定，则会造成当事人的眼神无法聚焦，注意力无法集中。

5. 放松的身体姿势

辅导者放松的身体姿势，传递出辅导者的身心安顿，平静与柔和。受这种姿态的软化，当事人自然能松弛下来，消除不安和紧张。反之，如果辅导者双拳紧握、双眉紧锁、双肩紧扣，如此大敌压境的姿态将让当事人胆战心惊，躲之唯恐不及。

（二）心理层面的倾听

所谓心理层面的倾听，是指辅导者不只要倾听当事人的语言内容，而且也要注意其语言叙述过程中非言语行为的变化。一般而言，非言语行为蕴藏的信息往往比语言行为更丰富、真实。正确的倾听要求辅导者以机警和同感的态度深入到当事人的感受中去，细心地注意当事人的言行，注意对方如何表达问题，如何谈论自己及与他人的关系，以及如何对所遇问题做出反应。此外，还要注意当事人在叙述时的犹豫停顿、语调变化，以及伴随言语出现的各种表情、姿势、动作等。从某种意义上说，当事人描述人和事时所使用的词语或结构，有时往往比事件本身更能反映出一个人的特点。

总之，心理层面的倾听不但要听懂当事人通过言语、表情、动作所表达出来的东西，还要听出当事人在交谈中所省略的和没有表达出来的内容或隐含的意思，甚至是当事人自己都不知道的潜意识。

（三）常见的倾听错误

1. 急于下结论

辅导者在还没有真正了解当事人所述事情真相之前就急于下结论，提供辅导意见。这会造成许多问题：当事人感到辅导者没有耐心听自己述说，会因讲话被打断而扫兴；辅导者对当事人问题的把握会因此不够全面、准确，若当事人意识到了这一点，就会对辅导者所做的判断和提供的意见表示怀疑；由于倾听不够，辅导者对当事人的个性、思维方式、情感特点等就可能缺乏了解，把握不准，从而影响工作的针对性和有效性。

2. 轻视当事人的问题

辅导者缺乏同感，认为当事人的问题是小题大做、无事生非、自寻烦恼，因而流露出轻视、不耐烦的态度。虽然有些当事人的问题在他人看来没有什么，但对于当事人而言却是一个困扰他的难题，因为他的思维方式、认知模式影响了他对事物做出客观、理智的评价。这也正是心理问题的特点。对辅导者来说，重要的是如何让当事人真实地感知到问题的性质，转变其观念。轻视当事人的问题，某种意义上说明辅导者还不了解心理问题的实质，另一方面也说明辅导者还缺乏同感的特质。

3. 干扰、转移当事人的话题

辅导者在了解情况，尤其是寻找问题根源时，由于把握不了问题背后所潜藏着的东西，不善于透过现象看本质，辅导中东一榔头西一棒槌，常常打断当事人的叙述而转移话题，搞得当事人无所适从，不知道说什么好。

4. 做道德或正确性的评判

辅导者对当事人的言行喜欢做出正确与否或道德上的评判，如“你这种想法是不符合社会道德的”“这件事上明明是你错了，你还说别人的不对”“你这种价值观念是不正确的”，等等。并非说不能做这样的评判，但这样的评判一是不要轻易做出，二是不要在当事人还在叙述问题时就讲，三是不要仅仅只做判断而没有具有说服力的解释，四是尽量少做这样的评判而改用别的方式。辅导者应认识到，当事人是来求助的，而非来听批评、指责的。最好让当事人自己来评价，而不是辅导者把自己的价值观念、是非标准强加于人。

5. 询问过多

如果辅导者询问过多，则会造成当事人只是被动提供资料，处于一种被询问而无奈的状态之中，不利于充分表述自己。当事人充分的表达是非常重要的，一是起宣泄作用，二是提供资料。许多情况下，当事人并不知道自己的问题在哪儿，根源是什么，如果辅导者倾听得当，他就会渐渐理出头绪，找到问题及根源。所以在通常情况下，辅导者应尽量多听少问，非问不可时再问。

训练活动

训练一

1. 两人一组，一人扮演辅导者，另一人扮演当事人。当事人叙述问题，辅导者表现心理与身体非专注、非倾听的态度。约十分钟后，当事人与辅导者讨论辅导者的态度带给当事人的感受。

2. 当事人继续叙述问题，这一次，辅导者表现心理与身体的专注与倾听。十分钟后，两人一起讨论辅导者专注与倾听的态度带给当事人的感受。

3. 角色对调，重复以上的步骤。

训练二

1. 三人一组，一人扮演辅导者，一人扮演当事人，另一人扮演观察员。当事人叙述问题，辅导者表现心理与身体的专注与倾听。每三分钟后，当事人就停止叙述，然后三人讨论辅导者的回应是否正确。

2. 十分钟之后，角色对调，重复以上的步骤。

二、角色扮演

角色扮演是运用戏剧表演的方法，将个人暂时置身于他人的社会位置，并按这一位置所要求的方式和态度行事，以增进人们对他人社会角色及自身原有角色的理解，从而学会更有效地履行自己角色的心理辅导技术。在班级心理辅导活动中，角色扮演是一种应用范围很广、实施较为容易且行之有效的方法，也是班主任开展心理健康辅导的必备技能之一。

（一）角色扮演的要素

角色扮演主要包括五大要素①：

1. 教师

教师是角色扮演的设计者和策划者，其任务是确定角色、设计小品或情景、鼓励学生主动参与表演活动，使活动达到预期的效果。

2. 剧本

剧本主要来自两方面：一是由教师预先设计或准备好的戏剧剧本、小品或情景，学生按照教师的设计进行表演；二是由教师提示情景，学生自行设计动作、对话等表现方式。

3. 扮演者

由一个或几个学生或是全班所有学生根据教师的启发和剧情的要求，自然、主动、创造性地去表现。

4. 观看扮演的学生

他们虽然不是直接参与表演，但也是角色扮演活动的参加者，需要体验扮演者的感受，自然地融于剧情中，与扮演者同喜同忧，起到支持、鼓励、烘托等作用。同时，他们也在进行认知、思考和体验。

5. 舞台

这是角色扮演的场所。教师可以选择讲台，或同学们围坐，留出中心

---

① 樊富珉：《团体咨询的理论与实践》，北京：清华大学出版社，1996年，第29-32页。

空地，这样容易吸引学生集中注意力。对进行角色扮演的学生来说，如果其作为演员的意识得到加强，则可以增加对角色的认同和体验，扮演的效果会更好。

（二）角色扮演的步骤

角色扮演要取得良好的效果，必须遵循如下步骤：

1. 提出问题，说明情境

从学生的学习生活中选取典型情景、典型事例和典型问题，指导学生对这些事件加以具体说明，如谁参与了该事件、当时情境如何，以及事态可能如何发展等，并组织学生讨论。在这一过程中，辅导的关键在于设法促使学生融入情境之中，让学生明确问题的冲突所在。

2. 分配角色，挑选演员

一般说来，主角应由有心理健康问题的学生担任，其任务是扮演自己；配角可由主角挑选，其任务是扮演主角所述事件中的另外的人。虽然角色分配应本着自愿原则，但辅导中教师应有意识地让某些学生扮演特定的角色，以获得相应的社会行为技能。例如，应鼓励害羞的学生多参与，以使其在人际交往中逐渐老练大方。又如，让自制力差的学生扮演哨兵，用哨兵的角色规范自己的行为，锻炼自制力。另外，角色应尽可能丰富些，让每个学生都有相应的角色。同一个角色可由若干学生扮演，每一个人侧重角色的不同方面。对那些想参与但又不敢参与的学生，教师要特别留心，以能从中发现问题。

3. 练习彩排，培训观众

分配角色后，可让演员出去准备一下，思考如何扮演角色。同时，应启发观众留心角色的特点，并要求观众注意观察、记录表演者的言行，对表演进行适当的分析。在彩排时，演员可能几分钟之内解决冲突，也可能一二十分钟才能解决。作为导演，教师应始终注意演出的进展，思考着可能的富有独创性的方法，并鼓励演员和观众也这样做。如果演员不知下文如何，导演可启发他。例如可问："现在他该干什么了?"或转向其他演员："现在发生了什么?"如果启而不发，可中断演出，重新开始。如果演员不能按要求扮演角色，或无法进行下去，或导演发现了更好、更新的设计，均可中止演出，再行准备。

4. 正式演出，讨论评价

正式演出要注意简洁明了，突出关键行为。演出之后，要组织讨论和评价。如果观众也卷了进来，讨论当然不难组织。教师要帮助观众沿着表演活动的轨迹，按角色要求去思考、评价，吸取优点，发现不足，构思设想，提出建议。在扮演过程中，可根据条件进行录音、录像，在扮演结束时重放，并据此讨论。再有，讨论中应指导学生评估角色扮演者的行为而非扮演者本人，以免造成对扮演者的人身伤害。

5. 重复扮演，重复讨论

扮演可以重复多次进行。经过讨论，认识有了提高，体验有了加深，就有必要按新的认识、新的体验再扮演。再扮演可让第一次扮演者再次扮演，此间教师可叫暂停，示范新的行为，再让学生主动模仿。再扮演亦可结合角色互换进行，即主、配角互换扮演。在互换角色扮演之后，可要求再恢复原状扮演一次，以使学生有机会模仿学习新的行为方式。

6. 结束扮演，布置作业

在扮演结束后，教师要对学生在扮演中表现出的新的适宜行为进行强化，并鼓励他尝试把这种新的行为方式运用到现实生活之中。教师亦可以通过布置作业的方式要求学生对新学到的行为进行练习。

总之，作为一种重要的心理辅导技术，教师在运用角色扮演时，应鼓励角色扮演者自然、真诚、有创造性地进行角色扮演，而不要以固定的剧本或模式进行扮演。同时，应让全班所有想参与角色扮演的学生都有机会演出，即使重复的扮演也有助于辅导活动目的的实现。另外，根据辅导活动目的的不同，还可以综合运用多种角色扮演方法，以增进角色扮演的效果。

（三）角色扮演的形式

角色扮演的形式有多种，一般应根据活动的目的、需要、学生讨论和体验的情景来进行选择。

1. 哑剧

教师提出一个主题或一种情境，要求学生不用言语而用表情和动作表演出来。如让学生表演与新同学见面的情景，表演赞美别人、喜欢别人或者讨厌别人等情景。这种方法可以促进学生非言语交往能力的发展。

2. 空椅

让学生轮换扮演两个角色，与之打交道的另一个角色用空椅子代替，让学生练习同想象中的坐在空椅子上的人物说话。这种方法往往适合于社交方面有困难的学生。例如，某学生在异性面前很害羞，难以正常交往。

教师可用空椅表演来训练他。具体做法是将两张椅子面对面放置，让该生坐在一张椅子上，假设另一张椅子上坐的是异性同学。先让该生表演彼此间曾经有的或可能有的对话，然后让该生坐到对面椅子上去，以对方的立场说话。如此重复多次，便可使学生了解对方，改善交往能力。

3. 角色互换

这种方法与上述方法相似，只是参与的人有两个或更多。例如，扮演母亲的改为扮演儿子，扮演儿子的改为扮演母亲，等等。这样做可以暴露学生去理解他人时的曲解，纠正自己不正确的想法。有时，可让真的父母（或教师等）现场指导学生，帮助他们更准确地理解角色的体验和行为。

4. 镜子技术

这种方法要求两个学生一道表演，一个是有问题的学生，另一个是配角。有问题的学生表演什么，配角就模仿其行为重复表演什么，就像平面镜成像一样。这样做可使主角“以人为镜”，认识到自己的行为有哪些不足，以及对他人的妨碍。

5. 独白技术

独白技术可让观众分享角色的内心世界和想法，具体有以下技巧：① 对自己谈话。可通过这一方式向自己提出建议，想象解决问题的方法，鼓舞自己的勇气等。② 自言自语。在某一情节发生后，演员可以自言自语。如刚才的态度是消极的，经过反思，觉得不对，可自言自语表达出来，导演应鼓励演员想出更新的解决办法。③ 对宠物谈话，可将小猫、小狗当作交谈对象，告诉它们心里话，这样可造成一个轻松讲话的机会，有利于表达内心世界。④ 未来自我投射。一旦扮演角色的学生不能完成任务，教师可鼓励他把自己当成一个长大了的、更成熟的、更聪明的人。想象自己如果长大成人了，应如何解决这一问题。

6. 同台竞演

当扮演某一角色的学生未能解决冲突时，另一个事先准备好的学生可上场扮演主角的另一个自我。例如，主角退场后，另一人假扮主角在校园中、庭院里独自思考，自言自语地讲述如何解决问题。教师应启发扮演者和替代者创造性地解决问题，发挥自己的想象力。有时可使用多人扮演技术，尽量调动更多的人参与解决问题的过程，使其相互启发。

7. 创意情景

在角色扮演中，很多时候教师只是给出一个或几个情景，需要学生创造性地自编、自导、自演情景剧，以充分反映学生的实际情况和创造能力，使学生更主动地参与到班级心理辅导活动中来，这样，学生的体验与认知可能更深刻。

训练活动

训练一：多变的情绪[①]

活动目的：

1. 通过对情绪的了解、认识与表演等活动，增强学生对情绪的体验和自知。

2. 增强学生对情绪的判断能力和控制能力。

活动说明：

情绪是人对客观事物的体验，是人的需要能否满足的反映。在人际关系中，情绪起着信号作用，人们通过喜怒哀乐等情绪来交流彼此的思想、愿望、需要、态度等。本活动主要是以哑剧表演的方法，通过学生对面部表情和肢体语言的模仿、表演和学习，提高学生识别情绪、判断情绪、合理表达情绪的能力。

活动过程：

1. 让学生理解什么是情绪。

教师列出有关的情绪，如高兴、兴奋、愤怒、生气、轻松、紧张、悲伤、委屈、平静等，并告诉学生，在我们日常生活中，很多情绪是通过面部表情和肢体语言表现出来的。

2. 哑剧表演。

（1）教师说明情景，让学生进行非语言的表演："在下列情况下，你不用言语，把你的情绪表现出来。"

情景一：今天你过生日，得到一件渴望已久的礼物——你的心情怎样？（高兴）

情景二：你发现不知是哪位同学把你的铅笔盒打翻在地——你的感受怎样？（生气）

情景三：老师说今天要测验了，而你却没有一点准备——你觉得怎样？（紧张）

---

① 吴增强，沈之菲：《班级心理辅导》，上海：上海教育出版社，2001 年，第 119-121 页。

情景四：你提前把寒假作业做完了——你的心情怎样？（轻松）

情景五：你的朋友错怪了你——你的内心感受如何？（委屈）

（2）让学生自愿表演其中的一种情绪，其他同学进行猜测和思考。

这个同学表演的是哪种情绪？表演得如何？你会如何表演这个情绪？

（3）一部分学生表演后，让学生讨论上述问题，并再请学生进行表演。

（4）启发学生进一步思考和讨论：遇到这种情况，你还会有别的情绪反映吗？

3. 教师小结。

“每个人都有各种情绪，一个人的情绪在不同的情景中会发生变化。我们要学会表达自己的情绪，合理控制自己的情绪。”

注意事项：

1. 应充分肯定学生的表演能力。

2. 为提高学生的参与兴趣和积极性，可以对表演进行评比。

3. 教师要尊重学生独特的表现方式，允许不同学生对同样的情景有不同的情绪反映。

训练二：考试焦虑自我辩[①]

1. 通过对考试焦虑的自我意识进行辨析，了解自己对考试的态度和考试焦虑的状况。

2. 增强学生对考试焦虑的积极的自我意识，克服消极的自我意识。

活动说明：

考试会给大多数学生带来无形的精神压力，使他们产生心理紧张和焦虑。学生对考试产生一定程度的心理紧张和焦虑是正常现象。但是焦虑只能适度，不能过度。适当的焦虑有助于集中精力，全神贯注地准备考试。但是，焦虑程度过高会抑制大脑活动，影响感知、注意、记忆、思维等心理能力。本活动采用独白形式和空椅子形式，通过学生对考试焦虑问题的内心独白和自我辨析，帮助其了解自己对考试的自我意识，认识考试焦虑对自我意识消极的危害，强化学生对考试的积极的自我意识。

活动过程：

1. 教师在讲解考试焦虑的基础上，先要求学生写出自己对待考试的

① 吴增强，沈之菲：《班级心理辅导》，上海：上海教育出版社，2001 年，第 121-123 页。

消极意识。如：

（1）“离考试时间越近，我越担心自己的能力是否胜任。”

（2）“要是考不上，以后的前途就完了。”

（3）“都说我考试不成问题，可越是这样，心里就越不踏实，担心考不好丢人现眼。”

（4）“我担心别的同学考得比自己强。”

（5）“父母对自己一直寄予厚望，假如考不上，可怎么向父母交代呢？”

（6）“自己成绩一向不错，如果考差了，老师心里会怎么想呢？”

（7）“我讨厌考试，它让我如此紧张，忧心忡忡。”

2. 引导学生归纳对考试的积极意识。

（1）消极意识是不必要的，而且会有危害。

（2）要保持乐观而自信的心境。

（3）必须抛开各种杂念干扰，减少不必要的精神负担。

（4）要注意劳逸结合，合理安排复习。

（5）平时要掌握放松的方法和技巧。

3. 空椅子上的内心独白。

（1）在表演区里面对面放两张椅子，一张椅子上写着“消极意识”，另一张椅子上写着“积极意识”。

（2）每次让一个学生上台表演。

（3）先让学生坐在“消极意识”的椅子上，表达自己对考试的消极的自我意识，然后让学生坐到对面的“积极意识”的椅子上，以积极意识对消极意识进行辨析。

4. 讨论与总结。

（1）从刚才学生的内心独白中，我们看到了什么？

（2）对考试的积极意识有哪些？我们可以怎样运用？

5. 教师小结。

“每个人对考试都是有所担忧的，同学们的内心独白也反映了这一点，关键是我们怎么看待考试焦虑的问题，这需要同学们自觉意识到考试焦虑的危害，用积极的意识克服消极的意识。”

注意事项：

1. 在运用空椅子形式进行角色扮演时，学生可以在两张椅子之间来回坐，表示消极意识和积极意识之间的互相交错状况。

2. 本活动中角色扮演的关键在于学生内心的表白和思辨。要让学生大胆地表达出来。

3. 观看的同学要着重体验别的同学的内心感受，理解考试焦虑是每个人都会碰到的问题，关键是要以积极的意识来对待它。

拓展阅读

1. 陈家麟：《学校心理健康教育：原理、操作与实务》，教育科学出版社，2010 年。

2. 吴增强，沈之菲：《班级心理辅导》，上海教育出版社，2001 年。

3. ［美］Irvin D. Yalom，［加］Molyn Leszcz：《团体心理治疗——理论与实践》，李敏、李鸣译，中国轻工业出版社，2014 年。

第七篇

文化建设

如果一个孩子生活在批评之中，他就学会了谴责；
如果一个孩子生活在敌意之中，他就学会了争斗；
如果一个孩子生活在恐惧之中，他就学会了忧虑；
如果一个孩子生活在怜悯之中，他就学会了自责；
如果一个孩子生活在讽刺之中，他就学会了害羞；
如果一个孩子生活在嫉妒之中，他就学会了嫉妒；
如果一个孩子生活在耻辱之中，他就学会了负罪感；
如果一个孩子生活在鼓励之中，他就学会了自信；
如果一个孩子生活在忍耐之中，他就学会了耐心；
如果一个孩子生活在表扬之中，他就学会了感激；
如果一个孩子生活在接受之中，他就学会了爱；
如果一个孩子生活在承认之中，他就学会了要有一个目标；
如果一个孩子生活在分享之中，他就学会了慷慨；
如果一个孩子生活在诚实与正直之中，他就学会了什么是真理和公正；
如果一个孩子生活在安全之中，他就学会了相信自己和周围的人；
如果一个孩子生活在友爱之中，他就学会了这世界是生活的好地方；
如果一个孩子生活在真诚之中，他就会头脑平静地生活。①

——《学习的革命》

这段话告诉我们，孩子学会了什么往往并非是我们教育者有意识地给了学生什么东西，而是我们让孩子或我们的教育对象在怎样的条件中生活，当然包括学生在学校中过什么样的生活。“生活”不是别的，就是“文化”②。因此，与社会生活、学校生活、班级生活、家庭生活等对应，就应该有着社会文化、学校文化、班级文化和家庭文化。对于一个学生而言，家和学校中的班级是其最重要的两个生活场所。其中，学生在家庭中，其主要的时间是用来吃饭和休息的，而在学校的班级中，学生往往倾注了最大的活力和精力。因此可以这么认为，班级生活——班级文化对于学生的发展有着与家庭生活——家庭文化相等甚至更加重要的意义。

---

① ［美］珍妮特·沃斯，等：《学习的革命》，顾瑞荣、陈标、许静译，刘海明校译，上海：上海三联书店，1998 年。

② 龚浩然，等：《班集体建设与学生个性发展》，广州：广东教育出版社，1999 年。

专题一　基本原理

一、班级文化是学生成长的重要外部环境

“班级文化”（Class Culture）作为教育的微观现象，早在20世纪20年代就作为教育社会学的分支——班级社会学的研究对象之一，而被西方教育者们重视①，但西方学者并未曾提出这一概念，只是对与之有关的“隐性课程”（Hidden Curriculum）、“班级管理”（Class Management）、班级布置”（Classroom Setting）、“课堂环境”（Classroom Environment）、“课氛围”（Classroom Climate）均有较多研究。

我国学者则对“班级文化”的概念提出了各自不同的见解，目前关于班级文化的概念有多种多样。周勇从战略管理学中的组织文化理论出发认为，班级文化是班级全体成员在实现特定的教书育人目标过程中形成的、并为这一特定目标服务的组织亚文化，它是班级成员的价值观、行为模式、行为规范和班级内部环境的整合。班级文化建设是一种柔性的战略管理手段。吴春燕从日常生活的角度认为，班级文化是社会文化的亚文化，是在社会主流文化、学校教育文化、教师文化的影响下，由班级成员自己创造出来的独特的生活方式。

本书所定义的“班级文化”包括以下的意思：

第一，班级文化是校园文化中的亚文化，受校园文化和社会文化的影响。

第二，班级文化是班级全体师生在一定规范下所创造的各种物质和精神财富的总和。

第三，班级文化是一种具体的生活方式。

班级文化具体主要体现在以下几个方面：学习的自主性与积极性、活动的组织性与参与性、班集体的凝聚力、班集体的心理气氛、学生及师生间的人际关系、学生群体的价值取向、学生群体的意志品质、学生群体的思维方式与思维能力、学生的创造性、学生的责任感、学生的团结协作与竞争的精神，以及学生与教师的行为习惯等。其中，学生群体的价值取向是班级文化的核心内容。

---

① 纪鹏：《初中班级文化建设研究》，山东师范大学硕士学位论文，2009年，第20-21页。

按照不同的标准，班级文化可以被划分为不同的类型。根据文化的物质、行为、精神的层次性划分（即三分法），班级文化可以被区分为班级的物质文化、行为文化、精神文化。后来，随着研究的进一步细化，人们又提出了更加细化的四分法，即班级文化可以被区分为班级物质文化、班级行为文化、班级制度文化和班级精神文化。按外显特征进行划分，班级文化可以区分为班级隐性文化和班级显性文化。隐性文化包括班级观念文化和班级心理文化；显性文化则包括班级物质文化、班级组织文化和班级制度文化。按照文化存在的形态，班级文化可以划分为班级静态文化和班级动态文化等（见图 7-1）。

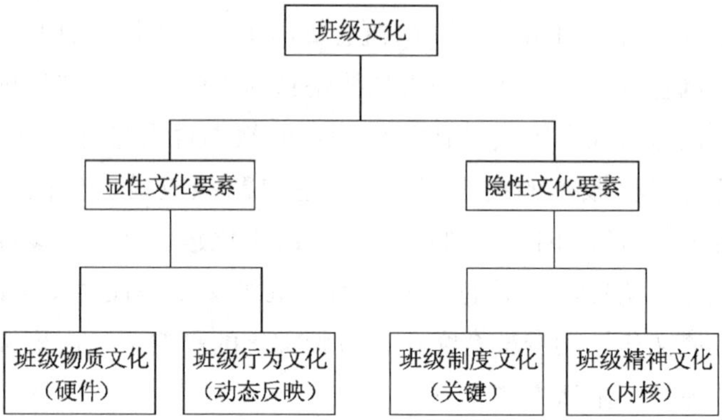

图 7-1　班级文化结构示意图

功能主义文化学派的代表人物马林诺夫斯基说：文化的功能在于满足人的需要（他把人的需要分为基本需要和次生需要）。他认为，无论是在基本需要还是在次生需要的层面上都有一系列的“文化回应”来使需要得以满足。因此，从功能主义的分析范式，我们也会发现班级文化作为一个班级的微观小环境，会在学生的生活、学习等方面产生潜移默化的濡化效应，实实在在地对学生发挥着诸多社会功能。

马林诺夫斯基（Bronislaw Kaspar Malinowski，1884—1942），英国社会人类学家，功能学派创始人之一。生于波兰，卒于美国。1908年以全奥地利最优等成绩获得物理学和数学博士学位。马林诺夫斯基最大的贡献在于提出了新的民族志写作方法。从马林诺夫斯基起，几乎所有的人类学家都必须到自己研究的文化部落住上一年半载，并实地参与部落的生活，使用当地的语言甚至和当地人建立友谊。而这些，都为了完成一份马林诺夫斯基式的民族志纪录。他关于文化功能的基本观点是文化的功能在于满足人的需要①。

具体而言，班级文化对于学生的功能表现在以下几个方面：

第一，导向功能——告诉学生该做什么。班级文化作为满足班级成员身心发展需要的价值规范体系，往往渗透于一切活动之中，它所形成的一种“社会—心理动力场”，对每个学生都起着潜移默化的导向作用。班级文化的这种导向作用不同于课堂教育，它虽是无形的，但又是无所不在的，就像“润物细无声”的春雨，滋润着学生的心田，陶冶着学生的情操，塑造着学生的灵魂，为学生的身心发展起着“导航”的作用。

第二，制约功能——告诉学生不该做什么。班级文化所形成的规范体系，制约着学生的言行。这种规范一旦形成，就会成为一种强大的力量，使班级成员都能自觉地约束自己，让自己的行为符合班级规范。

第三，凝聚功能——满足学生归属的需要。班级文化是班级成员共同创造的组织文化，寄托着他们共同的理想和追求，体现着他们共同的心理意识和价值观念，这种共同的心理意识和价值观念会激发成员对班级目标、准则的认同感，以及作为班级一员的使命感、自豪感和归属感，从而形成强烈的向心力、凝聚力和群体意识。

第四，激励功能——满足学生自我表现的需要。班级文化能为每个班级成员提供文化享受和文化创造的空间，提供文化活动的背景和必要的活动设施、模式与规范，从而有效地激发和调动每个成员参与班级活动的积

① http：//baike. baidu. com/view/167192. htm。

极性、主动性和创造性，使其以高昂的情绪和奋发进取的精神积极投入到学习和生活中去。

因此，班级文化形成的过程，可以说是班级成员的价值观念不断完善的过程，是班级中良好的人际关系形成的过程，是班级良好心理气氛形成的过程，也是班集体中学生个性健康发展的过程。

二、班级文化建设是班主任与全体同学共同完成的事业

班级文化是班集体所有成员的共同生活环境，需要班级中的教师与学生共同建设与维持。因此，在班级文化建设中，班主任与学生都是主体。班级文化建设应当采取民主、平等的管理模式，班级决策由班主任与学生民主协商，班级活动由学生自主决定，班主任充分尊重学生意愿，发挥学生的积极性和创造性，激活每一个生命体的生命力，从而产生源源不竭的生命活水。

班级文化建设，它是一个系统、长期的工程，是需要班主任与学生共同努力、亲密合作，一起来完成的事业。一般而言，班级文化建设主要包括班级的物质文化建设、制度文化建设、行为文化建设和精神文化建设，这四个方面共同构成了班级文化建设的完整内容。

班级物质文化是指一个班级的内部、外部环境，以及各种教学设施所表现出的物质文化形态，是班级文化的基础及其水平的外显标志。由于班级物质是看得见、摸得着、能感知的东西，因而能产生感觉器官所特有的“桃李无言”的隐性教育功能与教育效果，特别是对于认知层次较低的小学生而言，班级物质文化建设就尤为重要。

> 无论是种植花草树木，还是悬挂图片标语，或是利用墙报，我们都将从审美的高度深入规划，以便挖掘其潜移默化的育人功能，并最终连学校的墙壁也在说话。
>
> ——［苏联］苏霍姆林斯基

班级物质文化建设主要包括环境卫生和教室布置。卫生方面，要强调良好的卫生重在日常行为的维护作用，而不是后续的清洁作用。干净的教室不是打扫出来的，而是保持出来的。平时的工作中，经常教育学生看到地上有纸屑就主动捡起来，课桌椅、小黑板、扫帚、水桶要摆放整齐等，让每个学生都感受到主人翁的责任感——“教室就是我的家”。教室布置

和板报陈设方面，强调布置的外表美观性、内容的教育性和学生个性的表达性。通过教室布置，来发挥潜移默化式的渗透作用，激发学生内心深处的“善性”，达到规范学生行为的目的，使班级的秩序文明。

班级制度文化作为班级文化的内在机制，包括班级的传统和规章制度，是维系班级正常秩序必不可少的保障机制，是班级文化建设的保障系统。“没有规矩，不成方圆”，只有建立起完整的规章制度，才能规范师生行为，保证班级各方面工作和活动的开展与落实。在本书的班级管理一篇中，对于班级制度文化建设已经做过详细的介绍，在此不再赘述。

班级的行为文化是指班级成员在共同参加的除课堂教学以外的各式各样集体行为中所表现出来和创造出来的文化。而班级行为文化的建设，就是班主任有目的、有计划地指导和开展形式多样、内容健康的文化活动，以帮助和引导学生养成良好的行为和习惯。班主任要善于组织学生开展丰富多彩的集体活动，且活动形式内容应充分体现学生的主体地位，尊重学生的意愿，力求贴近学生生活和已有经验，让学生在活动中体验、感悟、发展。健康有益的班级活动才能让学生养成好的行为。班主任开展班级行为文化建设的途径主要有开展主题班会活动、开展文体活动、开展评比与竞赛活动、树立行为榜样，以及开展社会实践活动等。

班级精神文化是指班级所形成的价值观念、价值判断和价值取向、道德标准、行为方式、人际关系、集体舆论，以及各种认同意识所表现出的文化形态。它是班级文化的核心内容和深层结构要素，也是班级文化建设的出发点和落脚点。班级精神文化的主体是班风，良好的班风能增强班集体的向心力，使班级的每一个成员精神振作，团结友爱，关系和谐。建设班级精神文化一般包括合理班级目标的建立、班级健康舆论的培养、优良班风的形成，以及具有班级个性化特色的班名、班歌、班徽等的设计。通过这些精神层面的文化建设，可以增强班级成员的集体认同感，形成共同的班级自豪感，进而加强班级的内在凝聚力，增进班级成员间的信任与了解。

结合具体的班级文化建设的实践来看，班级文化建设的整个过程大体可以描述为五个步骤，具体的实施方法为六条。

第一步骤：班级建立初期，在班主任的指导下组织班级成员学习讨论班级文化建设的相关理论，深入理解其内涵和外延，为班级文化建设奠定坚实的思想理论基础。

第二步骤：组织班级成员广泛讨论探究，确立本班文化建设的个性化方向，集思广益，明确本班文化建设的方向和目标。

第三步骤：在参与学校制定的校训、校风、教风、学风和《中学生日常行为规范》（或《小学生日常行为规范》）的基础上，由班级成员广泛讨论，制定本班的班训、班风、学风、班级规章制度。

第四步骤：由班级成员共同制定班级文化建设工作规划，制定具体措施，为班级文化建设顺利开展创造条件。

第五步骤：在班级文化建设过程中，将个性化的班级文化精神内化为班级成员的精神品质、行为规范，为校园文化建设贡献力量。

具体实施办法是：

1. 创设良好舆论氛围，培养造就班级文化建设的生力军。

2. 抓实物质文化建设，教室悬挂国旗、班训、地图、名人挂像或名言条幅等。

3. 班级成员要努力将显性文化彰扬的精神文化内涵内化为个人精神品质和行为规范，做到显性文化建设与隐性文化建设并举。

4. 广泛、深入、有计划地开展班级文化建设活动，要以活动为载体，推进班级文化建设进程。

5. 班级成员是班级文化建设的主体，要做到人人投身班级文化建设活动，将他们在班级文化建设中的表现量化为一定学分，计入学生记录册。

6. 各学科组、备课组要通过教科研活动，制定本学科在班级文化建设中学科文化建设方案，发挥各学科文化在班级文化建设中的作用①。

专题二　案例分析

案例一

借助班级活动，培养学生的集体荣誉感

一、案例描述

三年前，我接了一个特殊的班。说它特殊，是因为无论是在学习、体育活动、文艺活动中，这个班级的女生都占有绝对的优势。男生很被动，

① http：//www. teacherclub. com. cn/tresearch/a/817193280cid00001。

什么活动都不愿意参加，做什么都没有信心，加上班中的几个“老大难”也都是男生，于是乎，男生们对集体不关心了，自己也不上进了。怎么办呢？我是一名男老师，决不能让二十几个男子汉就这样萎靡不振下去。

在连续的几年校运动会中，班级的女生一直是班级的得分主力，但苦于男生的弱势，女生一直是孤军奋战，班级始终也没有得到年组第一。五年级时的运动会前，我把班级的实际情况和同学们做了详细的分析。经过男子汉教育，男生们都积极踊跃地参加，很快几个平时活跃分子都有了自己的角色，并很认真地训练了起来。比赛那天，男生和女生都非常卖力，比分一直咬得很紧。最后一项接力时，一名主力男生摔倒了，全班同学都激动得站了起来，我也着急了，只见他在全班的呐喊声中站了起来。虽然没能取得项目的第一名，但是他得到了全班同学最热烈的掌声。运动会结束了，在放学前，我做了深情的总结，表扬了全班同学的表现。一个月后的篮球赛，出乎了我的预料。赛前，男同学们竟然和我开起了玩笑。“老师，我们要是赢了一班，请我们吃饭啊！”“行啊！”“一言为定！”比赛场上，这些男子汉们真是像换了个人似的，组织进攻是那么流畅。比赛结果是男女生双双获得了年组第一名。捧着奖状，同学们哭了，我也流下了激动的泪水。他们为了这次比赛竟然找了老师训练他们两个星期。我也兑现了我的承诺，请全体队员吃了一顿。从这次活动后我感觉到学生们更加热爱班级了，主人翁意识也明显地得到了升华。六年级的运动会和篮球比赛，我们班已经是无人能敌了。

集体荣誉感催人奋进，引人上进，经过不断教育，这个班形成了浓郁的团结向上的班级氛围。我相信六年级三班这个班集体的每一名学生的明天会更好。

——常伟《在活动中培养学生的集体荣誉感》

二、案例分析

集体主义精神和集体荣誉感是班级文化建设的重要部分，只有让班级中的每一位成员对自己的班级产生了认同感和责任感，他们才会更加积极投入到班级生活中。

开展班级集体活动是培养学生班级认同与形成集体荣誉感的常用方法，学生可以从中得到教育、得到启发、得到激励，从而使集体荣誉感不断增强。常见的集体活动有中小学的游学活动、体育比赛、文艺活动等。

培养学生的集体荣誉感必须启发学生的主人翁责任感，增强其主人翁意识。主人翁意识是一个人的重要心理品质，它使人体验一种道德上的责任，把集体的工作当作自己分内的工作，全心投入，积极奉献。

在本案例中，老师常激励、鼓舞班级活动中原本参与度不高的男生，使他们不断强化班级认同、形成班级的集体荣誉感，最后实现全班同学共同维护班级荣誉的良好效果。

三、讨论题

1. 你是否认同该老师在培养班级集体主义文化中的这种方法？说说你的理由。

2. 如果你是班主任，你怎么看待集体主义精神在班级文化建设中的地位？

3. 通过班级活动培养班级荣誉感的方法，对今天的“00后”“10后”学生是否具有可行性？

案例二

激情七班班级文化建设用语——班级物质文化建设[1]

一、案例描述

1. 迎着晨晖，想一想今天该干什么；踏着夕阳，问一问今天做了什么。

2. 今天幸福地生活，为了明天幸福地生活。

3. 激情七班：为幸福人生奠基。

4. 让美好生活，从叠被子开始。

5. 不闻不若闻之，闻之不若见之；不闻不若一见，见之不若知之，知之不若行之：千里之行，始于足下。

6. 扬自己之长，越扬越长；寻自己之短，越寻越多。

7. 尊道贵德，律己修身，仁爱孝悌，诚信知礼，精忠报国，天下为公，以义制利，勤俭廉正，务实宽厚，自强不息。

8. 把握一分钟，让世界的改变从每一分钟开始。

---

① 王立华：《回归生命——一位班主任的生命教育实践》，济南：山东教育出版社，2007年，第181页。

9. 学校、学生、学习、成人、成材。

10. 让世界因为我的存在而美丽。

11. 埋头思考问题，昂首阔步走路。

12. 风声，雨声，读书声，声声入耳；家事，国事，天下事，事事关心。

……

这些话被轮流张贴在讲桌前的横断面上，便于师生看到和领会，具体由班里的团支部操作。而每一次更换标语的时候，都要由一个人把自己对这则标语内涵、意义的领会详细解释一番，这也是对一个人教育的最好措施之一。

二、案例分析与思考

文化无处不在，以某种物化形式存在的标语、警句、名言等都会构成班级物质文化的重要内容。因此，在班级文化建设中，班主任应当重视这类物质文化的建设与开发，充分发掘这类文化的教育意义。在本案例中，激情七班班级文化建设用语实际上就是有意识地建设和挖掘班级物质文化的一个举措，通过搜集当下流行且具有教育意义的词句，并定期轮流张贴在讲桌前的横断面上，不断地给班级里的每一个成员施加一种健康向上、催人奋进的文化影响，使每一个浸染在班级生活中的学生都可以在此种氛围中获得教育。

三、讨论题

1. 你认为个性化的班级文化建设用语能否激发学生积极向上的意念？

2. 目前中学存在的与主导文化不符的“学生文化”，你将如何加以引导？

案例三

班主任一个玩笑的影响——班主任的行为文化[①]

一、案例描述

2002 年 4 月 26 日的课间操结束后，我照样夹在学生的队伍里跟他们

① 王立华：《回归生命——一位班主任的生命教育实践》，济南：山东教育出版社，2007 年，第 182 页。

一起回教室。看到操场上有一个零食包装袋，我便弯腰捡了起来，藏在手里，走到学生石丹丹身旁时，我灵机一动想和她开个玩笑。“石蛋儿，王老师送你个礼物!”学生很高兴，当她发现我给她的是一个包装袋时，便追着要打我。“好啊，老师，你敢骗我。”学生们看到这一切也笑了。

第二天课间操结束后，我在二楼楼道口捡到了一个白色的塑料袋，又送给了学生赵琨，赵琨发现自己“上当受骗”后伸了伸舌头，做了一个鬼脸，硬要塞还给我。中午放学的时候，他和好几个男生来到我面前，假装和我聊天。一会儿，嘴里吃着奶糖的赵琨说：“老师，送你块奶糖吃!”我便接了过来，一捏软绵绵的，等我打开后，才发觉自己也被学生“骗了”一回。赵琨把一张从卫生区捡来的擦鼻涕的卫生纸包起来当奶糖送给了我。随之，传来了赵琨哈哈大笑的声音。

从此以后，不论是在室外还是在教室里，学生经常捡起地上的垃圾“送”给别人。久而久之，这样一种开玩笑的行为竟然成了一种习惯，只要是我和激情七班的学生走过的地方，地上的垃圾就被我们捡光了。

我是在无意中和学生开玩笑，却给了学生以影响，这种教育行为文化就是无意为之的，因为在这样做的时候我不知道会有什么结果。

二、案例分析

班级的行为文化建设是班级文化建设的重要构成。按照行为的主体来区分，班级的行为文化包括学生的行为文化、任课教师的行为文化、班主任的行为文化，以及其他班级他人的行为文化。一般而言，由于中小学的学生多为未成年人，因此，在日常的班级生活中，教师特别是班主任是尚未成年的学生的重要他人，他的一举一动往往会成为学生模仿的榜样。这就要求，班主任在学生的面前应当注意扮演好自己的角色，注意做好自己给学生的“印象管理工作”，不要给学生带来负面的行为示范效应。也就是说，教师要有意识地通过自己的行为示范，对班级的行为文化建设产生正面的、积极的文化引导。

本案例中，班主任和学生关系融洽，他们之间相互信任。在日常的生活中，班主任的一次不经意的玩笑促成了该班的一种班级习惯，这充分展示了班主任在班级文化建设中的巨大榜样作用和引导作用。这就启发我们，作为班主任，在自己的班级工作中应当巧妙地利用这种效应，对班级的行为文化等进行有意识的引导和塑造，努力营造建设性的班级行为文化氛围，同时要对不良的行为文化进行及时的制止和引导。

三、讨论题

1. 这位班主任的行为是否合适？你怎么看待班主任的“玩笑”？

2. 从这个案例中，你怎么认识教师行为带来的潜在影响？

专题三　活动设计

班级活动是学校教育活动的重要组成部分，是班级教育经常性的形式，是对学生进行教育的主要渠道，是发展学生素质的基本途径。而根据班级文化建设的需要，设计系列化的班级活动是班级文化建设的重要技巧和方法。只有使班级活动系列化，才能使活动如“绵绵细雨”，不停地滋润班级这块“土壤”，使之滋生出美丽的“班级之花”——良好的班级文化。班级活动形式较为多样，它主要包括主题班会活动、班级团队活动、社会实践活动等。班级活动的开展，一般需要班主任的事先设计与规划，在开展此类活动时，往往需要注意以下几条原则。

首先，活动目标要明确。在进行班队活动设计时，我们可以围绕班级文化特色，师生共同制定一个目标作为指导日后开展各项活动的依据，使班级文化建设能按照一定的方式循序渐进地进行。只有大家目标明确了、一致了，才能心往一处想、劲往一处使。目标的形成不是班主任抓抓头皮、一拍脑袋想出来的，需要班级的每一个成员的积极参与，换句话说，是要形成大家的共同目标。

其次，活动要循序渐进。班级系列活动，既然是系列，就不能一蹴而就。只有通过有计划有组织的活动，从中不断显现特定的文化价值，使班级成员在参与活动中受到陶冶和熏染，才能促使其在认识、情感和行动上逐渐趋同于班级文化的预定文化价值，从而达到形成稳定的团体文化的目标。因此在设计班级文化系列活动时要注意循序渐进，设计伊始就应有明确的步骤规划。

再次，活动设计形式要多样。苏霍姆林斯基说过：“集体是教育的工具。”班级的向心力的形成就是一股强大的无形力量，会对每一个学生的个体发展起着巨大的潜移默化的教育、激励和制约作用。开展丰富多彩的活动就是班级凝聚力形成的主要形式。通过组织开展内容广泛、形式多样的活动，参与竞争，提高学生思想修养，培养他们的学习习惯和学习兴趣，形成良好的班集体文化氛围。

最后，活动设计要完整，不要太过片面，也不能有始无终。班级系列活动应该是围绕一个教育主题设计的多层次、多侧面、相互关联的多个活动，正因为如此，系列活动应是分阶段实施的，所以要求我们在设计时要注意活动的完整，要有始有终，不能多头展开，却杂乱无章，没有收尾。系列活动中的每一项活动应有小结，系列活动告一段落时也应有阶段小结。这既有利于总结这次系列活动的成败经验，也有利于班级下一阶段活动的展开。对学生来讲，通过这些活动，他们也会明确班级活动的得失和意义，还可以向班级建议近阶段活动的指向，让他们也有班级主人翁的责任感。

活动体验

活动一：主题班会活动——形成班级文化建设目标

活动目的：

确立班级文化建设的目标。

活动思路：

利用学生的主题班会，由学生自主确立班级文化建设的目标，为班级建设指明方向并增强班级成员的集体认同感。

注意事项：

1. 采取丰富多彩的活动形式。

2. 准备相关的文字材料。

班会就是交流，是师生间、同学间的互动过程，为了确保活动成功，这种语言必须经过预先准备，最好是形成书面材料。书面的发言材料不一定是活动中学生的交流语言，学生在书面准备的过程中，筛选知识、调整思想、形成思路、激活思维，为自己在活动中的发言积聚思想的源泉。

3. 要充分发挥学生的主体性作用。

主题班会是学生自我教育的一种形式，从组织准备到正式举行的全过程都要让学生当主人，即参与要有广度。每个学生都是受教育者，应该同在集体活动中受教育，而不是旁观者。只有亲自参与，投入自己的精力和情感，才会融入其中，达到自我教育的目的。因而主题班会不仅要考虑能歌善舞的学生的参与，还要创设合适的形式为具有其他才能的学生开辟用武之地，让他们共同参与，使主题班会具有普遍的教育意义。

4. 积极搞好总结深化主题和巩固成果。

好的主题班会往往会给学生留下美好和难忘的印象。因此，活动之后班主任应及时总结经验，掌握学生的信息，把教育工作更好地深入下去。不能仅仅停留在活动的过程，还应根据学生的知识情趣和情感变化，因势利导，最大限度地发挥学生的各种非智力因素的作用，使学生的品行、纪律及学习热情一浪高过一浪，促使主题教育得到升华。因此，这就需要班主任搞好主题班会的总结，并在总结中启发、诱导和点拨学生，同时还要搞好跟踪教育，以深化主题和巩固成果。

活动二：主题班会活动——给班级起个有个性的名字

活动目的：

通过主题班会为班级起个有个性的班名。

活动方式及内容：

1. 教师让学生发现自己班级的特点，并将它们写在黑板上。

2. 对已经列出的班名进行筛选，最后由全体学生表决确定最终的班级名称。

活动要求：

1. 将主题班会的主导权完全交给学生，充分发挥学生的想象力。

2. 尊重每一个学生的意见和建议。

3. 发扬班级民主，尊重学生的最终决定。

活动背景资料：

个性化的班级名称是体现班级个性化文化的重要载体和外显表现，好的班级名称可以更好地凝聚全班同学，并导向性地塑造班级成员的个性。

我国的班级名称一般是根据学生受教育程度（年级）和所在班级的序列构成，如高一（3）班。但也有一些非常规的班级名称非常适合建设班级物质文化。

（1）以地域命名的班级名称，如“西藏班”“新疆班”“蒙古班”等。

（2）以志向命名的班级名称，如“宏志班”“火箭班”等。

（3）以班主任名字命名的班级名称，如“魏书生班”。

（4）以学生学习成绩的状况命名的班级名称，如“特快班”“快班”“慢班”“重点班”“普通班”等。

（5）以学生的专业、兴趣、特长来命名的班级名称，如“书法班”“绘画班”“音乐班”“舞蹈班”等。

（6）以感恩之心命名的班级名称，如“逸夫班”“应东班”等。

总之，无论我们如何给班级命名，我们都应该关注到班级名称所蕴含的文化内涵和教育机会，唯有如此，我们的班级文化建设才能取得最佳的效果。

活动三：主题班会活动——“我的祖国”爱国主义主题班会

活动目的：

通过组织这次爱国主义教育主题班会“我的祖国”，帮助学生了解祖国的过去，认识祖国的现在，展望祖国的未来，激发民族自豪感。

活动内容：

1. 整队、唱国歌，宣布班会开始。
2. 祖国知识知多少竞赛。
3. 文艺表演。
4. 班主任老师小结，齐唱国歌。

活动形式：

汇报、表演、竞赛。

活动准备：

1. 学生学唱爱国歌曲。
2. 准备英雄故事。
3. 了解祖国近年来的成就。
4. 搜集祖国历史上曾经有过的辉煌文明和成就。
5. 在黑板上用美术字书写本次班会活动的主题。

活动过程：

自己设计。

专题四　技能训练

对班主任而言，班级文化建设是一个琐碎、复杂而长期的过程，要想取得显著成效，就必须要积累一定的经验和技巧。而对于即将成为班主任的师范生来说，有关班级文化建设的基本技能是必须要掌握的内容。

一、班级文化建设能力——审美能力

建设和谐、健康的班级文化，需要班主任具有一种发现美、感受美、

创造美的审美能力。它是班主任应当具备的一种综合性的人文素养，而这种审美能力的获得需要班主任平时有计划、有意识地积累和习得。一般而言，审美能力的提高需要具有一定的知识文化背景，因为只有具备了一定的知识文化背景，人们才能更加深刻地理解和认识相应的艺术作品和社会现象，因此，多读书、读好书是提高班主任审美能力的基础。除此之外，班主任希望提高自己的审美能力，具体还可以从以下几个方面切入。

（一）通过培养“语感”提高审美能力

语言是人类思想的载体，语言是意义的符号，它蕴含着人类的智慧之美、思维之美，因此通过对语言的锻炼可以提升人的思维能力和审美能力。

步骤一：让自己的语言能力提高。

通过对经典书籍和文章的阅读与朗诵，可以达到对个人的表达能力、谈吐能力、沟通能力的美感塑造。

步骤二：再让自己的内心体会深入。

步骤三：你要提高自己的个人素质，了解艺术的发展史，利用导读书籍来寻找自己的审美观点。

美是没有绝对的，只有个人品位和理解程度之分，审美观也与你自己所受的教育和得到过的信息有关系，在后现代的时代里审美已经没有深度，只有观念上的区分。多看一些前沿的艺术展会对你有帮助的。

（二）通过信息技术与音乐学科整合提高审美能力

1. 创设音乐情境，启迪自己欣赏美。

2. 促进思维发散，培养自己想象美。

3. 引导艺术创新，发展自己创造美。

（三）通过学习形体艺术提高审美能力

这里主要可以学习和了解各种行为礼仪、表达礼仪和公众礼仪，从对人的形体美、行为美中感受和提高自身的审美能力。

站姿：身体挺拢，抬头沉肩挺胸收腹，双腿并拢微收下颌，双目平视，交手。

背手站姿：前交手、后交手、单前手、单背手、背手站姿。

坐姿：是一种静态造型，先看好位置，轻稳入座，要给人安详端庄的形象（垂直式坐姿、侧坐姿、重叠式坐姿、交叉式坐姿、开关式坐姿）。

行姿：脚步节奏和轻重。

蹲姿：拾物和蹲下时的姿态。

有效的手势语：是体态语言中最重要的传播肢体，是通过手臂和手指活动传递信息，是重要的外在形态，手势语的作用有很多种，如情意、象征、指示等。

表情和身体语言：通过面貌或姿态表达内心的思想感情，是人们内心情绪的外在表现，是形体语言中最丰富的部分。感情的表达＝7%书面语+38%声音+55%面部表情。

眼神：又称视觉礼仪，用时间来划分：1～4 秒内，交谈时、倾听时中间可点头表示听明白其内容。

训练活动

审美能力的训练

1. 两人一组，一人扮演教师，另一人扮演学生。教师推荐一篇经典文章，请学生仔细阅读并写出自己对这篇文章的读后感，其中包括文章的文字美、思想美，以及可能的不足等。

2. 学生读出自己的见解，教师表达自己对文章的理解及其推荐本文章的理由，平等、自由地与学生进行沟通和交流，最大限度地寻找文章的美感。

3. 角色对调，重复以上的步骤。

二、班级文化建设能力——舆论（价值）引导能力

要组织和培养出一个健全的班集体，除了要确立班级的共同目标，选拔和培养学生干部和积极分子，形成班级的领导核心，组织班级活动，培养优良的学风和班风外，在班级管理中还离不开正确的舆论导向。

正确的集体舆论，就是在集体中占优势和为多数人赞同的正确言论和意见。它是班主任进行教育和学生自我教育的重要手段。正确班级舆论的形成，不是自发的，而是在班主任的正确引导下，经过老师和全班学生的共同努力形成的。在对班级的日常管理中，班主任一般可以通过以下几个方面来树立班级中正确的舆论导向。

第一，在教育过程中要结合国家的法律法规、学校的规章制度和道德品质的教育，进行舆论导向。培养正确的舆论，最根本的在于树立学生正

确的是非观。班主任要经常教育学生用正确的世界观和人生观、学生守则上规定的行为规范及学校的各项规章制度来提高自身对问题的认识水平和道德评价能力，以指导自己的言行。同时，还要经常结合国际国内的时事，更重要的是结合发生在学生身边的事，以及学校各个阶段的工作重点，帮助学生形成自觉分析其中的是非善恶、荣辱美丑的习惯，使他们面对各种复杂的舆论，也能坚持真理，明辨是非。

第二，结合班级中学生的实际情况，及时进行表扬和批评，为正确舆论的树立创设良好氛围。舆论总是在各种活动中逐步形成的。班主任可以针对班上学生在各种形式的竞赛及各种文娱活动中表现出的积极参与为班级争得荣誉，与对班级活动不闻不问作壁上观两种截然不同的态度，组织全班学生及时正确地开展讨论，对那些表现积极、热心班级活动的予以表扬，使之产生带动他人的作用；而对那些抱着凡事与己无关态度的学生，则发动其余学生对其当众进行批评、指责，使之意识到班级的荣誉仅靠某个或某几个学生是不能赢得的，而必须靠班上每一个同学的共同努力与奉献。如果在每次活动后都能及时开展一次表扬与批评的活动，久而久之，就能让那些无视集体活动和荣誉的学生在强大舆论压力下，逐渐变得自觉与主动。

第三，要充分利用学校与班级的舆论阵地与宣传工具，扩大舆论影响。学校的广播、班上的主题班会、团员会议、墙报、操行评分表都是班级中可供利用的舆论阵地。班主任在管理中要充分利用这些来讨论班级成员共同关心的话题，反映健康思想和情趣，表扬班级中涌现出的先进，鼓励后进，形成你追我赶的良好风气，利用学生的从众心理发挥集体舆论的促进作用和约束作用。同时，还可利用学校的广播，对班级中特别突出的好人好事进行大力宣传，充分激发和调动学生的进取心和“争强好胜”的心理，使班上学生产生“你这次做得好，我下次会比你做得更好”的不甘落于人后的念头，从而在班上形成一种大家争做先进、争着进步的良好态势。

第四，在各种教育活动中，我们一定要教育学生正确处理好集体舆论与自我思想斗争的关系。不管是正确的还是错误的舆论，对学生来说，都只是一种无形的外部压力，而自我思想斗争才是学生进步成长的最重要的内部动力。因此，班主任在工作中要教育班级学生通过自己对各种问题不断地反复思考和权衡后，能把感受到的正确舆论的影响，转化为个体的内在需要和自觉行动。只有做到了这一点，正确舆论的作用才算得到了真正的体现。①

【案例描述】

小Z生病住院了

“老师，小Z生病住院了，这是他的请假条……”

我的心里咯噔一下，有些沉重。小Z是班里的特困生，两岁时父亲就因车祸身亡，母亲改嫁远方，自幼跟随祖父母一起生活。奶奶身体不好，靠爷爷在一家私企看门挣几百块钱养家，村里补助一百多块，家庭经济捉襟见肘。两位老人都非常心疼孩子，也重视孩子的教育，宁可自己多受委屈，也不愿难为孩子，尽他们自己的努力让他和其他孩子一样健康成长。小Z还算懂事，学习很认真刻苦，就是有点内向。我平时在班里也比较关注和关照他，尽力去呵护他幼小的心灵，不让他再受到伤害。我赶紧打电话和他爷爷取得联系，问明情况，知道小Z需要在医院做个小手术，要十多天不能到校。虽然只是个小手术，保险还可以报销一部分，可对于这个脆弱的家庭也是个大问题，还有十多天不能到校，落下那么多功课怎么办呢？我左思右想，虽然有了思路，但最后决定召开紧急班会把这个问题抛给学生，看他们怎么办，也借机对学生们进行一次思想教育。我把小Z面临的困难简单做了说明，学生们马上就炸开了锅，热情高涨地你一句我一句地出谋划策，最后集思广益，决定：老师和全班同学献爱心捐款，选派代表买慰问品去看望小Z，传达老师和同学的关心；征得家长同意，每天选两名学习优异的“小老师”轮流去上门执教，帮助小Z补习功课和做作业，并来回传递作业，以便老师掌握小Z的学习进展情况，提出建议……

在医院的病房里，小Z意外地看到我和同学代表来看望他时，眼中已分明是泪光莹莹。问题就这样“轻而易举”地解决了，小Z没有因为生病住院落下一天功课，他的爷爷奶奶都非常感激、非常高兴，小Z回来后比以前更活泼，和同学们更亲近了，全班同学经过这件事也经受了一次思想的洗礼。②

---

① http：//wenku. baidu. com/view/cbbe037401f69e31433294ba. html。

② http：//www. zhcedu. com. cn/blog/group. asp？ gid＝176&pid＝403469。

【案例分析】

优秀的班集体有着共同的奋斗目标，有严明的纪律和融洽的同学关系，有积极向上的舆论氛围，这些都能形成巨大的教育力量，有助于学生们形成良好的品德，有利于他们增长知识、提高能力、发展特长、陶冶情操，促进身心健康发展。在本案例中，班级特困生小Z生病住院，班主任适时借助这个事件发动班级同学对小Z进行了力所能及的帮助。这一方面为小Z解决了现实的困难，另一方面也通过这个事件引导了班级舆论和班级的价值取向，使得班级处在一个健康、向上的舆论和价值氛围中。

三、班级文化建设能力——环境设计能力

班级环境是师生共处的物理空间，班级环境的好坏往往会直接影响师生的学习、工作与生活，因此班主任应当重视班级的环境设计与建设，为师生创造最优化的生活、学习和工作空间。具体而言，班级的环境设计与建设包括以下诸多方面。

（一）教室墙壁的布置

教室前墙的布置（见图7-2）：教室正前方的墙壁上安放一块400cm×120cm的黑板（或白板）后，黑板的正上方通常会剩下不超过70cm高的空间，黑板的左侧和右侧通常会剩下200cm宽的空间。对这三个空间的常规做法是：把黑板正上方的墙壁空间用于设置“班训”；黑板右侧的墙壁空间可开辟成班级建设、管理的园地；黑板左侧的空间，通常用于悬挂电视，安放其他的电教设备、饮水机等。

教室后墙的布置（见图7-3）：教室后墙如果有黑板，黑板的正上方的空间可以用来张贴本班级荣获的奖状、奖牌，黑板两侧各200cm左右宽的墙壁空间均可开辟成专栏，黑板一般利用来办黑板报；后墙如果没有黑板，那么可以在距离地面120cm左右的高度规划出一块500cm×120cm版面的墙报栏。此外，黑板右侧的教室角落一般用于安放清洁工具。

图 7-2　教室前墙的布置

图 7-3　教室后墙的布置

教室右墙的布置：对于两面采光的教室，教室右面墙壁除开前后门和两扇窗户外，已经没有太多的空间，一般只在墙壁中间的壁柱上悬挂条幅式的字画。如果这面墙只在中间开有一扇窗户，那么窗户两侧可以利用的墙壁空间就较大，这时可以考虑在墙壁离地 120cm 左右的高度开辟两个左右对称、大小均等的专栏。

教室左墙的布置：教室左侧墙壁一般用于教室采光，大多开有两扇窗户，对于主要利用这面墙采光的教室，这两扇窗户面积将很大，那么这面墙壁除了中间的壁柱外将没有空间可利用；而对于两面均可采光的教室，这面墙上的两扇窗户可能是常规尺寸的窗户，由于这面墙壁不开门，因此，除了窗户外，墙壁上还将有一定的空间可以规划利用，班主任可以在教室环境布置时灵活安排使用。

（二）桌椅的安放

桌椅安放要依据教室的整体布局。比如，为了让学生近距离观看左右墙上的专栏内容，左右两大组的桌椅均应向中间靠拢，空出 80cm 左右宽的空间，这也有利于学生上课时看黑板。另外，桌椅的安放一定要整齐，因为安放不整齐的话会影响教室的整体美观。

（三）班训的张贴

班训一般张贴在教室前黑板的正上方位置，它主要起着时刻提醒、告诫、鼓励学生的作用。在选择班训时，一般要考虑字数，字数不能太少，也不能太多，太少显得单薄，太多又会显得拥挤而影响美观。班训制作张贴出来后，班主任一定要利用班会或者德育课时间向学生阐释班训的内涵，让学生领会其精神意义，以此实现班训的教育、警策、启迪作用，切忌不了了之。班训应在每一届学生进班后重新设计、更换，切忌重复使用原班级的旧班训，以免丧失班训应有的教育意义。

（四）班级管理园地的设计

班级管理园地是教室布置时不可或缺的内容，设置班级管理园地既可以杜绝教室里乱贴乱画的现象，也可以促进班级管理的科学化、规范化、有序化。班级管理园地一般设置在教室前墙黑板右侧前门进门处的位置，版面大小可设为 150cm×120cm，上下最好和黑板齐平，可用 1.5cm～2.0cm 宽的蓝色不干胶纸条框边，再在上边框的正中位置加上一个标题，标题可拟为“班级建设”“班级管理”等，标题字可选用 10cm 大小的隶书体。

班级管理园地的内容：主要是《学生守则》《班级公约》《班干部名单及职责》《分组名单》《值日表》《课程表》等一系列涉及班级日常管理和运作的内容。

（五）公布栏

公布栏主要用于张贴一些临时性的内容，如各类通知、各类检查评比的结果、各类评奖结果的公示等。公布栏的设置可以参考管理园地，位置可以考虑在教室后墙黑板左侧墙壁。一些经常性的公布项目，可将其设计成表格的形式，以便学生干部操作，减少重复劳动。

（六）荣誉栏

荣誉栏一般设置在教室后墙的上方，主要用于张贴或悬挂班级荣获的各种奖状、奖牌。荣誉栏一般不需要特别的装饰，只需要把一个班级在整个学段荣获的奖状和奖牌张贴、悬挂整齐，自然就会使每个班级成员产生特别的美感、成就感，促使学生生发热爱班集体、珍惜班级荣誉的感情。

（七）黑板报

教室后墙的黑板报在整个教室布置中占据很大的比重，它在整个教室的美化和班级文化建设中具有重要的地位和作用。办黑板报不仅要达到使整个教室更加美观，让每个学生从中吸收到知识、获取良好教益的目的，而且还要让其成为锻炼学生能力、展示学生才华的舞台。班主任应当做好规划、指导工作。

在小学低年级段，办黑板报，班主任既是主导，也是主体。对于小学高年级段以上的班级，班主任则应让学生成为办报的主体，班主任要做的工作是加强总体规划和具体指导。办黑板报的重点在于：选好一本办黑板报时用于设计版式、题图、插画的书；确定好办黑板报的主题；设计好版式；设计好题图；搭配好色彩；选择好内容等。

（八）学习园地

为配合教学，在布置教室时最好开辟一块类似“学习园地”之类的专栏。对于右面墙壁没有开采光窗户的教室，这面墙壁壁柱的后方墙面可用来开设这一栏目。栏目可开辟在距离地面 120cm 的高度，版面可设计为 250cm×80cm。

对这一栏目，可以采用有颜色的彩纸框边，使栏目版面长期固定下来，平常只是定期更新内容。栏目可以选择带有一定诗情画意的标题，如“百草园”“金手指”“学智角”等。对于这一栏目，既可以把它划分为几个固定的小版面，以填充不同科目或不同项目的内容；也可以以整块版面办专题，如学生作品展专题、学生优秀作文专题、学生摄影专题、学生书法专题等。

（九）阅读栏

阅读栏的设置在班级文化建设中也具有重要的意义。阅读栏的设置与做法基本与“学习园地”相同，具体操作时务必使这两个栏目大小相等、前后对称。阅读栏最好也起一个涵盖面广、具有一定意境的标题，如“百花洲”“天下坊”等。阅读栏的内容可以包括社会新闻、优秀散文鉴赏、诗歌、名人轶事、励志故事等。这一栏目，在版面上不必再细分，内容要注意及时更新。

训练活动

黑板报设计的训练

1. 教师通过 PPT 向学生展示若干优秀黑板报的模版，介绍黑板报设计的注意事项等。

2. 四名学生一组，在课上共同设计并在白纸上画出板报设计的图样。

3. 将各组的板报设计收集起来，请每组推荐一名学生担任评委，共同对所有板报设计进行打分，最终选出最具有设计创意的三幅作品。

4. 将最具设计创意的作品介绍给大家，供大家参考和学习。

拓展阅读

1. 吴小霞：《班主任微创意：59 招让班级管理脑洞大开》，华东师范大学出版社，2018 年。

2. 魏书生：《班主任工作漫谈》，漓江出版社，2018 年。

3. 郑学志：《做一个会“偷懒”的班主任：班级自主教育管理的艺术和技巧（第二版）》，中国轻工业出版社，2019 年。